21世纪邮轮经济与管理丛书

中国交通运输协会邮轮游艇分会组织编写

邮轮安全与救生

闫国东 ◎ 编著

清华大学出版社

北 京

内 容 简 介

《邮轮安全与救生》是邮轮系列教材中的其中一本,作为工商管理邮轮经济专业课程的选用教材,本书主要包括邮轮安全管理概述、海上风险与海上保险、海上危机与应急处理、海上航行事故与海事预防、海上求生与海上救助、邮轮应急预案与消防、邮轮救生设备、邮轮卫生检查与急救护理、野外生存装备和技能、荒岛求生行动共十章。

本书较系统和较完整地阐述了邮轮安全管理的概念、基本原理、特点等,为帮助读者更好地理解本书的内容,每章都配有一定数量的思考题和案例分析,以帮助读者在学习专业理论知识的同时,全面提高实际操作能力。

本书适用于高等院校教师与学生作为邮轮安全管理相关专业课程的案例教材或者教学参考用书,也可作为有志于邮轮安全管理研究与实践的人员,以及企业事业单位从事邮轮安全救生的相关人员作为案头参考用书。

本书封面贴有清华大学出版社防伪标签,无标签者不得销售。
版权所有,侵权必究。举报:010-62782989,beiqinquan@tup.tsinghua.edu.cn。

图书在版编目(CIP)数据

邮轮安全与救生/闫国东编著. —北京:清华大学出版社,2017(2023.8重印)
(21世纪邮轮经济与管理丛书)
ISBN 978-7-302-44121-2

Ⅰ. ①邮… Ⅱ. ①闫… Ⅲ. ①旅游船—安全管理 Ⅳ. ①F590.7

中国版本图书馆 CIP 数据核字(2016)第 139150 号

责任编辑:刘志彬
封面设计:汉风唐韵
责任校对:宋玉莲
责任印制:杨 艳

出版发行:清华大学出版社
网　　址:http://www.tup.com.cn,http://www.wqbook.com
地　　址:北京清华大学学研大厦 A 座　　　邮　编:100084
社 总 机:010-83470000　　　邮　购:010-62786544
投稿与读者服务:010-62776969,c-service@tup.tsinghua.edu.cn
质量反馈:010-62772015,zhiliang@tup.tsinghua.edu.cn

印 装 者:三河市铭诚印务有限公司
经　　销:全国新华书店
开　　本:185mm×230mm　　印　张:17　　字　数:360 千字
版　　次:2017 年 3 月第 1 版　　印　次:2023 年 8 月第 7 次印刷
定　　价:39.00 元

产品编号:055315-01

邮轮安全与救生编委会

主 审 人：郑炜航
主　　编：闫国东
编委成员：（按姓氏笔画排序）
　　　　　叶欣梁　史健勇　齐林恺　孙瑞红　李　霞
　　　　　吴明远　邱　羚　汪　泓　陈心德　金佳雯
　　　　　郑炜航　赵金林　胡　田　高艳辉

目 录

第一章 邮轮安全管理概述 ·· 1
  第一节 邮轮安全管理简介 ··· 2
    一、安全管理的基本概念 ··· 2
    二、邮轮安全管理规则 ·· 3
    三、邮轮安全管理的主要机构 ··· 4
    四、邮轮安全管理的内容 ··· 7
  第二节 邮轮安全管理规章 ··· 10
    一、STCW 公约和船员值班规则 ·· 10
    二、船员管理立法 ·· 15
    三、船员职责 ·· 16
    四、船上安全管理规章 ·· 17
  第三节 邮轮安全公约和法规 ·· 19
    一、国际公约和法规 ··· 19
    二、我国防止船舶污染海洋环境法规 ··· 22
  第四节 邮轮安全应急反应 ··· 23
    一、船舶自救与应急反应 ·· 23
    二、邮轮消防与应急反应 ·· 24
    三、船舶弃船与应急反应 ·· 26
  复习与思考 ··· 28
  案例分析 ·· 28
  作业要求 ·· 30

第二章 海上风险与海上保险 ··· 31
  第一节 海上风险的概念和种类 ··· 31
    一、海上风险的概念 ··· 31
    二、海上风险的种类 ··· 32

第二节　海上保险的发展 ··· 39
　　一、海上保险的定义和特征 ··· 39
　　二、海上保险的历史沿革 ·· 39
　　三、海上货物保险 ·· 41
第三节　海上保险和海损 ··· 43
　　一、海上保险的分类 ·· 43
　　二、海上损失 ··· 44
复习与思考 ··· 49
案例分析 ·· 49
作业要求 ·· 50

第三章　海上危机与应急处理 ··· 51

第一节　海上危机的定义和分类 ·· 52
　　一、海上危机的定义 ·· 52
　　二、海上危机的分类 ·· 52
第三节　船舶应急处理 ·· 54
　　一、船舶失火和爆炸 ·· 54
　　二、船舶碰撞 ··· 56
　　三、船舶搁浅和触礁 ·· 57
　　四、船舶破损进水 ·· 57
第四节　船舶应变部署表规定 ·· 59
　　一、SOLAS 74 公约第 3 章第 8 条规定 ···································· 59
　　二、SOLAS 74 公约第 37 条规定 ··· 59
　　三、国内对应变部署表的规定 ··· 60
复习与思考 ··· 63
案例分析 ·· 64
作业要求 ·· 66

第四章　海上航行事故与海事预防 ··· 67

第一节　海事的定义和分类 ·· 68
　　一、海事的定义 ·· 68
　　二、海事的分类 ·· 69
第二节　海事发生的特点和成因 ·· 70
　　一、海事发生的特点 ·· 70

二、海事发生成因 …………………………………………………………… 71
　第三节　海事发生作用机制及海事预防 ……………………………………… 73
　　一、海事发生的作用机制 …………………………………………………… 73
　　二、海事预防 ………………………………………………………………… 74
　复习与思考 ……………………………………………………………………… 77
　案例分析 ………………………………………………………………………… 77
　作业要求 ………………………………………………………………………… 78

第五章　海上求生与海上救助 …………………………………………………… 79
　第一节　海上求生与海上救助概述 …………………………………………… 80
　　一、海上求生的定义 ………………………………………………………… 80
　　二、海上求生的要素 ………………………………………………………… 80
　　三、海上救助的定义 ………………………………………………………… 81
　　四、海上救助的适用范围 …………………………………………………… 82
　第二节　在水中漂浮时的行动 ………………………………………………… 83
　　一、落水者未穿戴救生衣时应采取的行动 ………………………………… 83
　　二、水面有油火时应采取的行动 …………………………………………… 83
　　三、在低温水中应采取的行动 ……………………………………………… 83
　　四、在鲨鱼出没和其他危险海洋生物海区中应采取的行动 ……………… 84
　第三节　海上国际救助公约 …………………………………………………… 86
　　一、海上救助法律制度的产生 ……………………………………………… 86
　　二、国际救助公约 …………………………………………………………… 87
　复习与思考 ……………………………………………………………………… 90
　案例分析 ………………………………………………………………………… 91
　作业要求 ………………………………………………………………………… 92

第六章　邮轮应急预案与消防 …………………………………………………… 93
　第一节　海事应变 ……………………………………………………………… 94
　　一、应变部署表 ……………………………………………………………… 94
　　二、应变演习操练计划 ……………………………………………………… 98
　　三、事故应急管理过程 ……………………………………………………… 100
　第二节　邮轮消防组织和训练 ………………………………………………… 101
　　一、邮轮火灾控制计划 ……………………………………………………… 101
　　二、邮轮消防应急计划 ……………………………………………………… 102

三、邮轮消防队的组成和人员配备 ……………………………… 105
　　四、船员的消防技能训练和消防战术训练 ……………………… 108
　　五、火灾中船舶通信与协调 ……………………………………… 110
　第三节　消防部署与演习 ………………………………………… 112
　　一、消防部署 ……………………………………………………… 113
　　二、消防警报信号 ………………………………………………… 113
　　三、消防演习 ……………………………………………………… 113
　第四节　邮轮消防设备 …………………………………………… 118
　　一、探火与失火报警系统 ………………………………………… 118
　　二、固定式灭火系统 ……………………………………………… 125
　　三、消防员装备 …………………………………………………… 136
　　四、人员保护设备 ………………………………………………… 137
　　五、测爆仪、有毒气体检测仪与测氧仪 ………………………… 138
　复习与思考 …………………………………………………………… 142
　案例分析 ……………………………………………………………… 142
　作业要求 ……………………………………………………………… 143

第七章　邮轮救生设备 ……………………………………………… 144
　第一节　个人救生设备 …………………………………………… 145
　　一、救生圈与救生衣 ……………………………………………… 145
　　二、浸水服、抗暴露服和保温用具 ……………………………… 148
　第二节　视觉信号 ………………………………………………… 149
　　一、视觉信号的配备 ……………………………………………… 150
　　二、视觉信号在海上求生中的应用 ……………………………… 150
　第三节　救生筏、救生艇与救助艇 ……………………………… 152
　　一、救生筏 ………………………………………………………… 152
　　二、救生艇与救助艇 ……………………………………………… 152
　　三、救生艇、救助艇及救生筏的配备 …………………………… 153
　　四、救生艇、救助艇及救生筏的存放 …………………………… 154
　第四节　其他救生设备 …………………………………………… 156
　　一、救生浮具 ……………………………………………………… 156
　　二、抛绳设备 ……………………………………………………… 156
　　三、降落与登乘设备 ……………………………………………… 157
　　四、其他 …………………………………………………………… 157

复习与思考 ·· 158
　　案例分析 ·· 159
　　作业要求 ·· 159

第八章　邮轮卫生检查与急救护理 ·· 160
　　第一节　国际卫生规则 ·· 161
　　　　一、简介 ·· 161
　　　　二、内容概述 ··· 161
　　第二节　邮轮卫生计划检查 ·· 162
　　　　一、邮轮药物采集和储备 ·· 162
　　　　二、药物的使用 ··· 163
　　　　三、常见药物 ··· 165
　　第三节　邮轮急救的基本技术 ·· 169
　　　　一、人工呼吸的几种方法 ·· 169
　　　　二、脑复苏 ·· 170
　　　　三、止血技术 ··· 171
　　　　四、伤员和病人的搬运 ··· 175
　　第四节　邮轮常见急症的现场急救 ·· 178
　　　　一、心脏骤停与心脏性猝死 ··· 178
　　　　二、急性心力衰竭 ·· 179
　　　　三、心肌梗死 ··· 180
　　　　四、晕厥 ·· 181
　　　　五、昏迷 ·· 182
　　　　六、急性阑尾炎 ··· 183
　　复习与思考 ·· 185
　　案例分析 ·· 185
　　作业要求 ·· 187

第九章　野外生存装备和技能 ·· 188
　　第一节　野外生存个人装备 ·· 189
　　　　一、挑选好的背包 ·· 189
　　　　二、不同的防潮垫 ·· 191
　　　　三、如何选择睡袋 ·· 192
　　　　四、科学的户外服装 ··· 193

五、户外运动鞋 196
　　六、生存必备之火种 197
　　七、善用手套，保护双手 199
　　八、准备一副运动眼镜 199
　　九、户外用品之帽子 200
　　十、水的装载和储存——水具 201
　　十一、黑暗中的希望——灯具 203
　　十二、不同功能的刀具 203
　　十三、记得佩戴手表 205
　　十四、切记涂抹防晒霜 206
　　十五、对登山杖的使用 207
　第二节　野外生存集体装备 208
　　一、便携式避身所——帐篷 208
　　二、安全使用野营炉 211
　　二、通信器材的重要性 212
　　四、定位系统的使用 213
　　五、准备好救生盒 213
　第三节　野外生存技术装备 214
　　一、绳索 214
　　二、安全带 216
　　三、主锁 217
　　四、上升器与下降器 217
　　五、头盔 218
　第四节　野外生存实用技能 219
　　一、野外宿营地点的选择与营地的搭建 219
　　二、火的引燃及实际应用 221
　　三、野外行走的方法 223
　　四、如何避免迷路及辨认方向 227
　　五、如何在野外觅食 231
　　六、如何保存食物 234
　　七、野外简单生活用具的制造 235
　　八、野外如何预测天气 236
　复习与思考 238
　案例分析 238

作业要求 ·· 239

第十章　荒岛求生行动 ·· 240
第一节　荒岛求生之意志力 ······································· 241
　　一、意志力的含义 ·· 241
　　二、意志力的力量——林肯的一生 ································· 242
第二节　荒岛求生之登陆 ·· 243
　　一、救生艇抢滩登陆 ·· 243
　　二、登陆岛屿后的注意事项 ··· 244
第三节　荒岛求生之生存 ·· 245
　　一、饮水问题 ··· 245
　　二、食物问题 ··· 248
　　三、住处的选择和建立 ·· 251
　　四、在冰雪区内荒岛求生 ··· 252
　　五、瞭望与救助 ·· 253
第四节　荒岛求生之自我保护 ······································ 254
　　一、大自然的危险 ··· 254
　　二、遇事急救 ··· 256
　复习与思考 ··· 258
　案例分析 ·· 259
　作业要求 ·· 260

第一章

邮轮安全管理概述

对于一艘盲目航行的船来说,所有的风都是逆风。

——哈伯特

专业英语词汇

邮轮安全:Cruise ship safety　　　交通安全:Transportation safety
国际公约:International convention　　应急部署:Emergency arrangement
港口国:Port state

学习目标

通过本章学习主要了解邮轮安全管理的概念、邮轮安全管理规章、邮轮海上交通安全的公约和法规、防止邮轮污染管理公约以及邮轮安全措施。

学习重点、难点

了解邮轮安全管理规章;熟悉邮轮安全管理的公约和法规;掌握邮轮安全应急部署和应急反应。

 案例导入

1. 歌诗达邮轮翻船拷问安全管理漏洞

内容摘要:2012年1月14日,歌诗达"协和号"触礁事故,意大利警方以涉嫌谋杀邮轮乘客的罪名逮捕歌诗达邮轮"协和号"船长弗朗切斯科·斯凯蒂诺,指认这名船长在乘客尚未完全脱险前便弃船上岸。

2. 海南邮轮游艇产业峰会开幕　安全管理成探讨焦点

内容摘要:2011年12月22日,2011海南邮轮游艇产业发展峰会在三亚海棠湾拉开帷幕,峰会分为四个议程,嘉宾演讲作为峰会开幕后的首要环节备受业界关注。业界专家、知名学者围绕世界游艇产业规律及海南建设国际邮轮母港的基本条件和要素等问题进行研讨,海南邮轮游艇安全管理问题成为会议探讨的焦点。

第一节 邮轮安全管理简介

一、安全管理的基本概念

(一)安全的概念

安全可以是广泛地指"摆脱可能对人身造成伤亡、对设备或财产毁坏或损失的情况"。另一种解释是"使伤害或损害的风险限制在可以接受的水平的一种状态"。不论是哪一种解释,安全包括的内容是一致的,即保护人员免于伤亡的人身安全、保护设备不受损坏的财产安全和保护环境不受损害的环境安全。

在船上的工作环境中,操作就是一种危险,如高空、舷外作业坠落的危险,船舶搁浅的危险等。这些危险有可能对人员造成伤害、对船舶造成损失、对环境造成污染。这些危险可以理解为"隐患",是造成损害的潜在因素。在安全问题中,危害造成的后果有两种:一类是突然发生的事故,其造成的危害称为"职业安全";另一类是由于作业环境中存在的某些物理或化学危害,如噪声、有毒物质辐射等使人体遭受损伤,这一类被认为是"职业卫生"。

(二)管理的概念

根据现代管理科学的一般解释,管理可以定义为"管理者为了达到一定的目的对管理对象进行计划、组织、指导和控制的一系列活动"。因此,管理从根本上讲是通过人的行为来进行一系列工作。管理活动是群体的活动。那种由一个人筹划、单独完成任务的简单情形已经不可能适应复杂工作的完成。这种情况下,建立一个通过有组织的努力去完成集体任务的过程便成为必要的了。管理过程就是决策过程。决策就是做出判断,下定决心。它包括两个或两个以上可供考虑的选择方案,决策者选择其中一个以终止他的考虑以确定行为。行为是有目标、有方向的,人们通过制定决策和实施决策而向目标迈进。

(三)安全管理的概念

安全管理是消除或控制危险的一种活动。安全管理实质上是防止危害的管理,它分为使危险发生的频率减小的预防和防止事态扩大并使之减轻、使损失规模缩小的防护对策。安全管理的进一步详细解释应该是安全的计划、安全的组织、安全的指导和安全的控制。换言之,为了达到安全的目标,把安全管理活动分为计划、组织、指导和控制四个过程,这是管理过程和管理要素应该掌握的循环式周期,它们之间紧密相连、相互影响。

(四)船舶安全管理的概念

为了适应国际海上航运贸易的发展和提高安全管理水平,国际海事组织(IMO)于1993年颁布了《国际安全管理规则》,从而使船舶安全管理统一在该规则的标准基础之上。它标志着船舶安全管理走向规范化、系统化和程序化的高度。船舶安全管理泛指保护船员和旅客的安全与健康、防止船舶和货物的损害以及防止海上污染的一切管理活动。航运企业通过安全管理计划、安全管理组织和安全管理计划的实施和安全管理监控来实行全面安全管理。

二、邮轮安全管理规则

船舶运输业是一种专业性强、高风险的行业,它受到诸多外界因素的影响,特别是海上环境的影响。海上事故不断出现,造成的危害也不断增加,为减少海上事故,国际制定了相关国际公约及法规(见表1.1)。

表1.1 国际公约及法规的制定

年份	公约或法规	成 果
1914年	《国际海上人命安全公约》	公约重点对客轮提出了安全要求,其中对船舶构造、分舱、救生及防火和救生设备做出了严格的规定,并要求配备无线电设备
1958年	《日内瓦公约》	保护平民和战争受难者的一系列国际公约,是国际主义人道法的重要组成部分,是约束战争和冲突状态下敌对双方行为规则的权威法律文件
1972年	《1972年国际海上避碰规则公约》	出于对海上碰撞及其严重后果的重视,会议决定,将规则从SOLAS公约中独立出来,另行签署了《1972年国际海上避碰规则公约》
1973年	《联合国海洋法公约》	1973年,第三次会议在纽约召开协商后,于1982年12月10日在蒙特哥湾通过《联合国海洋法公约》
1974年	《1974年国际海上人命安全公约》	1974公约将过去的修改内容容纳进新版公约,增加默认接受程序,使今后的公约修正案能尽快生效
1978年	《1978年海员培训、发证和值班标准国际公约》	1978年IMO召开了历史上最大的外交会议,来自72个成员国的代表参加了会议。1978年7月7日,会议通过了《1978年海员培训、发证和值班标准国际公约》。公约于1984年4月28日生效。我国于1981年6月8日加入该公约
1993年	A.741(18)号决议	1993年11月4日,ISM规则在国际海事组织第18届大会上以大会A.741(18)号决议形式获得通过
2002年	ISPS规则	2002年12月12日在伦敦召开的IMO海上保安外交大会通过了ISPS规则,13日通过了SOLAS有关加强海上保安的特别措施的修正案

实施安全管理过程中,将一些常用术语和缩写作出规定是完全必要的。在 ISM 规则、IMO 788(19)决议《主管机关实施国际安全管理规则的导则》以及中国船级社的《船舶安全管理体系认证规范》中载有下述定义和缩写,见表 1.2。

表 1.2 邮轮安全管理专用术语及缩写、定义

专用术语及缩写	定 义
国际安全管理规则(ISMCode)	指由国际海事组织大会通过的 A.741(18)号决议并可由其进行修改的《国际船舶安全操作和防止污染管理规则》
公司(Company)	指船舶所有人或其他组织或个人,诸如管理者或光船租赁人,他们已经从船舶所有人那里承担了船舶管理责任,同意承担由 ISM 规则引起的一切义务和责任
主管机关(Administration)	指船旗国政府
安全管理体系(SMS)	指能使公司人员有效地实施公司安全及环境保护方针所建立的文件化的管理系统
符合证明(DOC)	颁发给符合《国际安全管理规则》要求的公司的证明文件
安全管理证书(SMC)	颁发给船舶的证书,以证明公司及其船舶的管理运营符合已批准的安全管理体系
安全管理审核(Safety Management Audit)	确定安全管理活动及其有关结果是否符合计划的安排以及这些安排是否有效地实施并适合于达到预定目标的系统的、独立的检查
内部安全管理体系审核	系指由本公司或本公司聘请的经过培训的适任人员对本公司及其船舶进行的安全管理审核
观察结果	安全管理审核过程中,对事实所作的并有客观证据的陈述
不合格(Non-Conformity)	有客观证据表明不满足 ISM 规则规定的观察结果
严重不合格(Major Non-Conformity)	对人身或船舶安全构成严重威胁或对环境构成严重危险,要求立即采取纠正措施的不合格。此外,严重不合格还包括对 ISM 规则的要求缺乏有效和系统的实施

三、邮轮安全管理的主要机构

我国的安全管理制度采取国家监察(劳动部门)、行政主管(经济主管部门)和群众监督(工会组织)相结合的方式,船舶安全管理由交通部全面负责,包括对国内航运业的安全管理以及对 IMO、港口国政府等的协调,船舶流动性使船舶安全成为国际性问题,邮轮安全管理机构逐渐形成国际化的船舶安全管理网络。

(一)国际海事组织

政府间海事协商组织(IMCO)于 1959 年 1 月 6 日正式成立,现有 152 个成员国,总部

设在英国伦敦,1982年5月22日改名为国际海事组织(IMO),IMO宗旨和任务为解决国际贸易中涉及政府规章和惯例的有关航行技术问题向各国提供合作,在海上安全、航行效率和防止与控制船舶污染方面促进各国采用统一准则,并处理与之相应的行政和法律问题。

　　IMO的最高权力机构为IMO大会(Assembly),由全体会员国组成,休会期间由理事会行使大会的一切职权,IMO常设机构有海上安全委员会(MSC)、海上环境保护委员会(MEPC)、法律委员会(LEG)、技术合作委员会(TC)、便利运输委员会(FAL),IMO文件主要包括公约(Convention)、议定书(Protocol)、规则(Code)、决议(Resolution)、通函(Circular)等,IMO主要公约为SOLAS 74、MARPOL 73/78、STCW 78/95、OPRC、CLC1969(责任)、ITC69(吨位)、L.L.66(载重线)。

　　IMO的船舶安全管理途径是通过船旗国实施对船公司、船员、船舶的管辖;通过船旗国政府验船机构,要求其授权的船级社加强对船舶建造和技术状况维持的控制;通过港口国对到港的外国船舶采取监控行动,来约束船旗国、船级社、船公司和船舶的安全管理效果;通过影响使行业组织加强对本组织内船舶和船公司的安全管理。IMO于1983年7月创办了世界海事大学(WMU),校址在瑞典的马尔默市,校长由IMO的秘书长兼任。WMU专门为发展中国家培训海上运输及海上安全管理方面的高级专业技术人才,培养对象包括海上安全监督官员、航海院校的教师、航运公司的经理、海事调查员、验船师、港口技术管理人员和从事其他海运业务或商务的有关人员。

(二) 船旗国

　　船旗国(Flag State)政府是公约定义的主管机关。我国授权中华人民共和国港务监督为主管机关,船检局负责法定检验(授权中国船级社执行)。1998年10月27日,中华人民共和国海事局成立,实行垂直领导。中国船级社为独立的民间组织。

(三) 港口国监控

　　港口国监控(Port State Control, PSC)是港口国自我保护和监督行为,是保障公约完全一致实施的最有效手段，IMO 正在促使 PSC 向全球化方向发展。第一个区域性 PSC 协议是 1982 年巴黎谅解备忘录（Paris Memorandum of Understanding，Paris MOU），现已有包括加拿大在内的 18 个国家。PSC 以公约和有关规则为统一标尺，对船旗国、船级社、船公司、船舶和船员的不尽职责和不合格行为进行监督检查。

1996 年 1 月，SOLAS 公约 IMO 船舶识别号的修正案生效，从事国际航行的 100 总吨及以上的客船和 300 总吨及以上的货船都要在安全证书中标以 IMO 船舶识别号，目的是给每艘船舶一个永远不变的标识，该标识将有助于 PSC 识别低标准船。PSC 滞留船舶的主要原因包括船舶的保养和管理落后，不可信的检验水平，不适当的船旗国管理，消防设备和航海设备的缺陷等。PSC 或 MOU 会定期公布被滞留船的黑名单，内容包括船名、IMO 船舶识别号、船旗国、船级社和船公司名称以及主要原因。

（四）船级社

船级社（Classification Society）是民间商业性质的组织，从事船级检验和公正检验，对通过船级检验，确认船体和机械的技术状况符合该社的入级与建造规范的船舶，签发相应的船舶入级证书。船级证书是船舶进行法定登记和争取客户的技术状况凭证。船级社还接受本国或外国政府授权，代行船舶法定检验。

中国船级社（CCS）是国际船级社协会（IACS）的成员，于 1993 年通过了 ISO 9002 认证。IACS 现有 11 个正式会员（美国 ABS、法国 BV、中国 CCS、挪威 DNV、德国 GL、韩国 KR、英国 LR、日本 NK、波兰 PRS、意大利 RINA、俄罗斯 RS），两个联系会员：印度船级社（IRS）和克罗地亚船舶登记局（CRS）。IACS 检验的船舶占世界船队的 90%，它与 IMO 和 PSC 的良好合作，展示了改善海上船舶技术状况的美好前景。

（五）行业组织

行业组织（Industry Association）是 IMO 的又一支安全管理力量，它遵循或参照 IMO 的要求对组织内的成员、船舶实施管理或影响。主要有国际航运商会（ICS）、国际航运联盟（ISF）、国际海上保险联盟（IUMI）、IACS、国际运输工人联合会（ITF）、国际船东协会（INSA）、国际海难救助联盟（ISU）、国际保陪协会（P&L Group）、国际船舶管理者协会（ISMA）等。

（六）公司和船舶

公司和船舶（Company and Ship）船公司在船舶安全管理中地位十分重要，人为因素责任主要在于船公司的岸上管理和船上管理，所以船舶的安全目标，只有通过公司对岸上和船上的有机管理才能得以实现。船舶是船舶安全管理的终端，处在安全和防污染的第一线。船长和其他高级船员作用更是重要。有效地组织和激励船员，酌情处理有关事务，是船上安全管理能否成功的关键所在。

四、邮轮安全管理的内容

邮轮安全管理从人员上说主要涉及三个方面：第一是游客。作为旅游活动中的主体，如何在出行时保护自身安全至关重要；第二是旅游相关的工作人员。在整个邮轮旅行的过程中，游客会与各种旅游单位的工作人员进行接触，培养好相关工作人员的安全管理意识对游客是否能够安全完成旅行具有很大的意义；第三是邮轮方面。作为机械设备，在旅行过程中的轮机故障以及船体污染也会造成安全隐患。

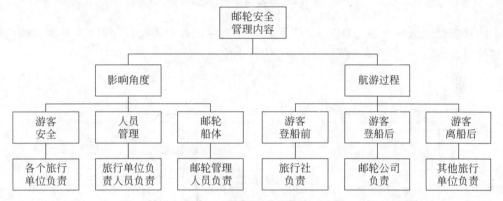

图 1.1　邮轮安全管理内容

同时，从邮轮旅行的过程来说，又可分为游客登船前、游客登船后以及游客离船后三个过程。登船前各旅行相关单位要做好各种风险的预防措施以及保障游客的人身安全，同时游客也要对旅行计划有全面的了解；登船后船上各主要操作人员以及服务人员要保证游客在邮轮上的活动安全；离船后各旅行单位也要做好各种安全善后工作以及对船体的维护管理工作。

1. 游客安全管理

作为所有旅游的主体，游客的地位是举足轻重的，因为没有旅游主体的参与，那么任何旅游客体和方式都是毫无意义的。游客负载着原有的自身文化内涵，前往相异的文化空间中进行旅行和游览，在将原有文化传播到目的地的同时，也将各地文化和风俗带回并传播到原有文化环境之中。为了能让游客能够在整个旅游过程中能够尽情地享受不同文化的冲击，其出行安全的保障至关重要。

在登船前游客要了解整个邮轮旅行的行程，使自己对即将到来的旅行有个基本的认识，同时也要知道其可能存在的风险性并做好防护工作；登船后游客要积极配合船方工作人员进行安全演习，同时了解邮轮上的一些安全规章制度，并全力配合，使自己在旅行过

图 1.2　游客乘坐邮轮出行

程中能够安全完成各个旅行环节;离船后游客也要保证邮轮的船体完好性,不做一些会破坏邮轮设备的行为,同时也要照看好自己的行李物品。

图 1.3　游客安全责任

2. 船员安全管理

在邮轮旅游过程中,作为连接旅游主体和旅游客体之间的纽带,各旅游单位的工作人员为游客能够安全、尽兴地享受整个旅游过程而保驾护航。在游客登船前,与游客接触最多的就是旅行社,从顾客前来购买相关的邮轮旅行产品开始,旅行社要为游客进行保险的购置、安全事项的宣传,同时负责集合游客并将其安全送至邮轮码头;当游客到达港口后,港口的工作人员要协助游客填写相关通关申请单据,并负责游客所携带物品的检验检疫,最后要将其行李物品安全托运送至所在房间;游客登船后各操作人员要负责邮轮航行的安全性,以及各种日常物资的补给,同时还要负责与地接社联络保障游客岸上观光工作的开展正常进行,而邮轮服务人员需要负责游客的日常起居、饮食、娱乐等活动,其中诸多的安全隐患要靠各工作人员交流后进行预防与排除;游客离船后,旅行社要负责游客对于邮轮旅行过程的意见反馈,而邮轮工作人员要负责邮轮的内部维护与整理。

3. 邮轮船体安全管理

从邮轮角度来说,在游客登船前要进行整体维护,将上一行程中游客所遗留的物品进

图1.4 船方工作人员与海关监督人员沟通

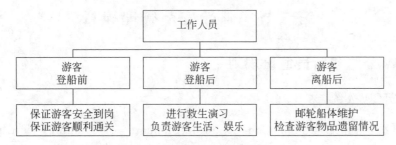

图1.5 工作人员安全责任

行分类与管理,同时要迅速整理好客房以便迎接新的游客的到来,而餐厅、剧场生活娱乐场所要及时进行物资的补给以及室内装修的维护,保证下一批的游客到来时能够看到焕然一新的邮轮内部环境。在游客登船后的海上巡航期间,邮轮要进行不间断的船体检查,保证其机械设备的正常运转,并且及时发现可能产生的燃料泄漏等会造成环境污染的隐患;在游客离船后邮轮也要进行船体机械维护和物资补给,保证下一段旅程的正常开展。

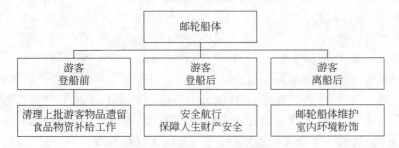

图1.6 邮轮船体安全责任

邮轮在精确导航、海上避碰、海上救生以及减免晕船等硬体设施要求上,均有一套严格配备规范,如:

(1)全球自动定位系统。全球自动定位系统配备,除具有卫星自动导航功能外,又兼具海上航行自动避碰之安全作用。

（2）平衡翼。通常新型或大型邮轮，均会加装预防船舶颠簸的"平衡翼"装置，以避免船舶在遭遇强风巨浪时，导致乘客或本身乘组员晕船之不适。

（3）救生船艇。联合国《海上安全公约》规定，船舶装备紧急救生船艇，必须能一次装载船上所有全额乘组员与旅客总数之125％之容量，以确保万一轮船遇难倾覆时，不致重蹈"铁达尼号"惨剧之覆辙。

（4）救生演习。邮轮于每航次启航的同时，依规定必须进行海上救生演习，旅客亦应依规定一律亲自参加，以确保安全无虞。此为船上最重要的设施，每位乘客必须谨记自己的救生艇集合地点，以防万一。

第二节 邮轮安全管理规章

一、STCW公约和船员值班规则

（一）STCW公约

STCW公约（International Convention on Standards of Training, Certification and Watch keeping for Seafarers, 1978；STCW 78），即《1978年海员培训、发证和值班标准国际公约》。目的与用途为用于控制船员职业技术素质和值班行为，该公约的实施对促进各缔约国海员素质的提高、有效地控制人为因素对海难事故的影响贡献巨大。随着海运业的发展、船舶科技水平的提高以及配员的多国化，各国对海上安全和海洋环境的高度关注以及对人为因素的日益重视，STCW公约也做了相应调整，STCW公约于1991年、1994年和1995年三次修正，1995年STCW修正案和STCW规则于1997年2月1日生效，1998年8月1日起强制实施，现有船员应在2002年2月1日前全部符合规定，除正文条款外，STCW公约做了全面的修改，原附则和附属的大会决议都重新起草，并新增了与公约和附则相对应的、更为具体的《海员培训、发证和值班规则》（STCW规则）。

STCW公约主要包含公约正文、附则、STCW规则。STCW规则分为A、B两部分，A部分为强制性规定，其条文编排与公约附则规定相对应。A部分的船员知识和技能要求采用表格形式陈述，分为管理级、操作级和支持级三个责任级别，计有7项职能：航行、货物装卸和积载、船舶作业管理和人员管理、船舶轮机、电气、电子和控制工程、维护和修理、无线电通信；B部分为建议性要求和指南，其条文编排与STCW公约、附则及规则A部分的规定相对应。现行STCW公约主要增加了以下方面的内容：全面、严格、多方位的遵章核实机制，包括对缔约国的监督、对船舶和船员的港口国监控、对方便旗船舶海员发证的监督等；加强对海员的实际技能培养和评估，并规定海员必须接受系统的专业教育和培训；对海员培训、考试、评估和发证，必须建立质量标准体系并受到连续的质量控制；

允许重组传统的船上职务分工体系,引入适应自动化船舶的"职能发证"体系;增加了包括模拟器训练、特殊类型船舶、基本安全和人员管理等多种培训项目;严格并扩大对证书再有效的规定和适用范围;系统地规定了海员在各种条件下保持正常和安全值班的原则和要求。

(二)船员值班规则

1. 一般要求

为加强海船船员值班管理,防止船员疲劳操作,保障海上人命与财产安全,保护海洋环境,根据《中华人民共和国海上交通安全法》和《中华人民共和国海洋环境保护法》等有关法律、法规的规定,以及国际海事组织1995年修正的《1978年海员培训、发证 值班标准国际公约》和国际电信联盟《无线电规则》的要求,将STCW规则A、B部分的甲板、轮机值班要求和实际工作要求整理为《中华人民共和国海船船员值班规则》(以下简称《值班规则》),于1998年1月1日起施行。本规则适用范围:本规则运用于在100总吨及以上中国籍海船上服务的组成值班的船员,但下列船舶上的船员除外:军用船舶,渔业船舶,非营业的游艇,构造简单的木质船,我国海事局是实施本规则的主管机关,STCW规则和《值班规则》中对值班安排和应遵循的原则有如下基本规定:

(1)人员适任。

第一,每一艘海船,不得以低于主管机关颁布的船舶最低安全配员证书所列数目和级别的数额配备员工。

第二,负责航行或甲板值班的高级船员的资格应完全符合STCW公约中所规定的强制性最低要求或可供选择的发证标准,使负责航行和甲板值班的高级船员的资格与其担任的职责相适应。

(2)值班的一般原则。

第一,船长和值班人员注意遵守航行和在港值班中应遵循的原则,以确保在任何时候均能保持安全值班。

第二,船长必须确保值班的安排足以保持安全航行值班,在船长的统一指挥下,值班的高级船员在他们值班期间,特别是他们在涉及避免碰撞和搁浅时,负责船舶安全航行。

第三,轮机长必须与船长协商,确保值班的安排足以保持轮机安全值班。

2. 港内值班

(1)港内值班原则。

第一,正常情况下在港内系泊或锚泊的所有船上,为了安全,船长必须安排适当而有效的值班。对于具有特种形式推进系统或辅助设备,以及对装载有危害的、危险的、有毒的、易燃的物品或其他特种货物的船舶,还应按有关规定的特殊要求值班。

第二,船长应根据系泊情况、船舶类型和值班特点,配备足够的且具有熟练操作能力能够保持相关设备安全有效运转的值班船员。为了有效地值班,还应安排好必要的设备。

第三,船舶在港内停泊期间的值班安排应始终确保人命、船舶、货物、港口和环境的安全,确保所有与货物作业有关的机械的安全操作;遵守国际的、船旗国的及港口国的规定;保持船上秩序和日常工作。

第四,停泊值班人员的组成,应包括一名值班驾驶员和至少一名水手。

第五,各船的轮机长应与船长商量,保证轮机值班的安排适于保持在港轮机的安全值班。在决定轮机值班人员的组成时,应予考虑必须保持有一名轮机员负责值班;推进功率为 750 kW 及以上的船舶,必须安排至少一名机工协助值班轮机员值班;轮机员在负责值班期间,不应被分派或承担任何会妨碍其监管船上机械系统的其他任务。

第六,值班驾驶员或值班轮机员如有任何理由,认为接班的高级船员不能有效地履行其职责,则不应交班,并应报告船长或轮机长。接班的高级船员应确保本班人员完全有能力并有效地履行他们的职责。

第七,在交接班时若正在进行重要操作,除非船长或轮机长另有指令,该操作应由交班的高级船员完成。

(2) 靠泊中值班驾驶员的职责。

第一,掌握全船人员动态,经常巡查船舶四周、装卸现场及工作场所,关心从事高空、舷外及封闭舱室内工作的人员安全,督促值班人员坚守岗位,保持部门间联系畅通。

第二,督促值班水手按时升降国旗,开关灯,显示或悬挂有关号灯号型;经常检查舷梯、跳板及安全网,及时调整系泊缆绳,特别是在较大潮差的泊位上,应加强巡查,必要时,应采取措施以确保系泊设备处于安全工作状态。

第三,注意吃水、龙骨下的富裕水深和船舶的一般状态。

第四,根据各船舶种类特点,按大副积载计划的要求,负责船港联系和协作,监督装卸操作安全和质量,掌握装卸进度,解决装卸中发生的问题,制止违章作业,注意天气变化及海况,及时开关舱;装卸一级危险品、重大件、贵重货时到现场监督指导。

第五,注意及时收听天气预报,当收到恶劣气象警报时,采取必要的措施以保护船舶、人员和货物的安全。

第六,按船长或大副的指示或者情况需要,通知机舱注入、排出或调整压舱水,并注意船体平衡。注意检查污水沟、压载舱及淡水舱的测量记录。监收加装淡水和物料,加油船来时通知机舱并注意防火安全。

第七,严格遵守有关安全及防火规定,遇火警、人落水或船进水时,应即发警报,船长、大副不在船时,要负责指挥在船人员全力抢救,以避免船舶、货物和船上人员受到损失,必要时请求水上安全管理机关或附近船只给予援助。

第八,掌握船舶稳定性情况,以便在失火时能向港口消防部门提供可洒在船上的水的大致数量,并不致危及本船。

第九,船上进行明火作业及修理工作时,要严格按规定报批,并注意查看和采取必要的预防措施。

第十,采取各种有效预防措施,严禁在系泊区域内排放油污水、垃圾及杂物,防止本船对周围环境的污染。

第十一,注意过往船舶,当有他船系够本船或前后泊位时,应在现场守望,并采取相应安全措施,一旦发生事故,应立即记下该船船名、国籍、船籍港及事故经过,并向船长报告。对遇险船舶和人员提供援助。

第十二,主机试车前应确认推进器附近无障碍物,不阻碍他船,不致损坏舷梯、跳板、系缆、装卸属具及港口设施等方可进行,并注意查看和采取必要预防措施。

第十三,靠泊期间船舶的工作事项须记入航海日志。

(3) 甲板值班交接班。

第一,交班和接班驾驶员都应在交接前巡查全船和周围,认真做好交接工作。

第二,交班驾驶员应告知接班驾驶员下列事项:航海日志和停泊值班记录簿所记载的有关内容、公司指示和船长命令,有关人员来船联系及对外联系事项;气象、潮汐、泊位水深、船舶吃水、系缆情况;锚位和所出锚链的情况,转流时船舶回转等安全注意事项、主机状态和应急使用的可能性,以及对船舶安全有关的其他情况;船上应完成的所有工作,积载计划,大副的要求,装卸进度,开工舱口及工班数,货物的分隔衬垫,装卸质量,装卸属具情况,危险品、重大件及应采取的预防及应急措施,贵重货,水手监舱情况及与港方联系事项;污水沟、压舱水、淡水的水位情况及加装燃油、淡水情况;消防设备的情况;港口及本船悬挂的信号、显示的号灯号型和鸣放的声号,港口特殊规定,当发生紧急情况或需要援助时船方与港方的联系方法;全体人员的动态情况;厂修、自修、检修工作的项目、质量、进度和采取的安全措施;旁靠船、驳情况,周围锚泊船的动态,发生事故的经过、原因、责任和取得的签证文件;有关船舶、船员、货物的安全和防止水域污染的其他重要情况,以及由于船舶行为造成环境污染时向水上安全管理机关报告的程序。

第三,接班驾驶员在负责甲板值班之前应核实系泊缆绳或锚链状况是恰当的;了解正在装卸的有害或危险货物的性质,并知道万一发生溢漏或失火时应采取的相应措施;本船悬挂的信号、显示的号灯号型以及鸣放的声号是合适的;各项安全措施和防火规定都在严格遵守之中;外界的条件或环境没有危及本船,本船也不危及其他船舶。

第四,交接中或交接后对交接事项有怀疑,应及时请示大副或船长。

3. 驾驶轮机联系制度

(1) 开航前。

第一,船长应提前 24h 将预计开航时间通知轮机长,如停港不足 24h,应在抵港后立即将预计离港时间通知轮机长;轮机长应向船长报告主要机电设备情况、燃油和炉水存量,如开航时间变更,须及时更正。

第二，开航前1h，值班驾驶员应会同值班轮机员核对船钟、车钟、试舵等，并分别将情况记入航海日志、轮机日志及车钟记录簿内。

第三，主机试车前，值班轮机员应征得值班驾驶员同意。待主机备妥后，机舱应通知驾驶台。

(2) 航行中。

第一，每班下班前，值班轮机员应将主机平均转数和海水温度告知值班驾驶员，值班驾驶员应回告本班平均航速和风向风力，双方分别记入航海日志和轮机日志；每天中午，驾驶台和机舱校对时钟并互换正午报告。

第二，船舶进出港口、通过狭水道、浅滩、危险水域或抛锚等需备车航行时，驾驶台应提前通知机舱准备。如遇雾或暴雨等突发情况，值班轮机员接到通知后应尽快备妥主机。判断将有风暴来临时，船长应及时通知轮机长做好各种准备。

第三，如因等引航员、候潮、等泊等原因须短时间抛锚时，值班驾驶员应将情况及时通知值班轮机员。

第四，因机械故障不能执行航行命令时，轮机长应组织抢修并通知驾驶台速报船长，并将故障发生和排除时间及情况记入航海日志和轮机日志。停车应先征得船长同意，但若情况危急，不立即停车就会危及主机或人身安全时，轮机长可立即停车并通知驾驶台。

第五，轮机部如调换发电机、并车或暂时停电应事先通知驾驶台，在应变情况下，值班轮机员应立即执行驾驶台发出的信号，及时提供所要求的水、气、汽、电等。

第六，船长和轮机长共同商定的主机各种车速，除非另有指示，值班驾驶员和值班轮机员都应严格执行。

第七，船舶在到港前，应对主机进行停、倒车试验，当无人值守的机舱因情况需要改为有人值守时，驾驶台应及时通知轮机员，抵港前，轮机长应将本船存油情况告知船长。

(3) 停泊中。

第一，抵港后，船长应告知轮机长本船的预计动态，以便安排工作，动态如有变化应及时联系；机舱若需检修影响动车的设备，轮机长应事先将工作内容和所需时间报告船长，取得同意后方可进行。

第二，值班驾驶员应将装卸货情况随时通知值班轮机员，以保证安全供电。在装卸重大件或特种危险品或使用重吊之前，大副应通知轮机长派人检查起货机，必要时还应派人值守。

第三，如因装卸作业造成船舶过度倾斜，影响机舱正常工作时，轮机长应通知大副或值班驾驶员采取有效措施予以纠正。

第四，对船舶压载的调整，以及可能涉及海水污染的任何操作，驾驶和轮机部门应建立起有效的联系制度，包括书面通知和相应的记录。

第五，每次添装燃油前，轮机长应将本船的存油情况和计划添装的油舱以及各舱添装数量告知大副,以便计算稳性、水尺和调整吃水差。

4. 船员健康适任要求

(1) 每一海船,不得低于主管机关颁发的船舶最低安全配员证书中所列数目和级别的数额配备船员。

(2) 船长应采取有效措施防止疲劳操作。所有参加值班的船员在 24h 内必须有至少 10h 的休息时间。休息时间可以分开,但不超过两段时间,其中一段时间至少要有 6h。10h 的最短休息时间可以降到不少于连续的 6h,但这种降低每周不得超过 2 天,并且 7 天内不少于 70h 休息。在紧急、操演及特殊情况下可不必如此。

(3) 一定时间内的平均工作小时最长每天不应超过 12h。工作小时的一般规定可以不计必需的日常工作,如就餐替人或正常交接班所需的额外时间。

(4) 各船应将值班安排表张贴在易见之处。船上应做好船员工作小时和休息时间的记录,以备主管机关检查,以保证有关工作小时和休息时间的规定得以执行。这种检查每 6 个月进行一次。

(5) 船长在安排船员值班时应充分考虑女性船员的生理特点和国家的有关规定。

(6) 严禁船员酗酒,值班人员在值班前 4h 内禁止喝酒,其值班期间血液中酒精含量不得超过 0.08%。(注:体重 70～80kg 的人员,血液中允许酒精总量不得超过 4.5～5.1g)。

(7) 严禁船员服用可能导致不能安全值班的药物。严禁船员有吸毒和贩毒行为。

二、船员管理立法

几十年来,国际劳工组织(International Labor Organization,ILO)在海员就业、资格证书和身份证、工资、工作时间和配员、社会保障、在船上和在港口的福利等方面制定了大量的公约,见表 1.3。

表 1.3 国际劳工组织公约

《1976 年商船最低标准公约》(ILO Convention No. 147)	缔约国应对所属船舶的下列情况立法并行使有效管辖:安全标准,包括任职资格、工作时间和配员标准,以确保海上人命安全;适当的社会保障措施;船上工作条件和船上居住安排等。执行该公约需涉及附录所列的 15 个 ILO 公约,内容包括最低年龄、海员伤病的船东责任、医疗保险和津贴、体格检查、防止海员事故、起居舱室、食品与膳食、高级船员适任证书、船员协议条款、海员遣返、结社自由和组织权利保护、集体谈判等

续表

《1926年海员协议条款公约》 (ILO Convention No. 22)	协议可为定期或订明一个航次。协议应明确载明双方的权利与义务。协议必须载明如下各项：海员姓名、出生日期及出生地；订立协议的地点及日期；服务船舶名称；全体船员人数（如果法律规定）；从事航线（如可能）；担任职务；上船服务地点及日期（如可能）；工资数额；协议终止条件；海员在同一公司服务一年后每年的国定假期工资；国家法律规定的其他项目。遇下述情况，协议自然终止：双方同意；海员死亡；船舶灭失或完全不适于航海；国家法律或本公约规定的其他情况
《1976年海员带薪年假公约》 (ILO Convention No. 146)	适用本公约的每个船员，每工作一年，有权享受不少于30天的最短带薪年假。下列情况不属于带薪年假：船旗国承认的公共和习惯假日，不论其是否适逢带薪年假期间；因疾病、受伤等造成的无能力工作的时间；海员受雇期间准许的临时上岸度假；受政府保护的任何种类补偿假日
《1936年船东责任公约》 (ILO Convention No. 55)	船东应对海员按协议服务期间所发生的疾病、受伤、死亡负责。但下述情况除外：并非在船上工作时发生的受伤；自身的故意、违章或不正当行为造成的患病或伤亡；签约时故意隐瞒的疾病或虚弱；受雇时拒绝体检等
《在船舶灭失或沉没时的失业赔偿公约》 (ILO Convention No. 8)	任何船舶灭失或沉没，导致海员失业，船东或与海员的签约方应向失业船员支付总额为2个月工资的失业赔偿
《海员遣返公约》 (ILO Convention No. 166)	海员在下列情况下享有遣返权利：在国外雇用期满；因伤病或其他身体原因需遣返且适于旅行；船舶失事；因破产、变卖船舶、改变船舶登记等原因，船东不能继续履行义务；船舶驶往协议禁止的、船员不愿前往的战乱区；船员在船服务满12个月等。海员应被遣返到下述地点：开始受雇地；集体协议规定地点；海员居住国；开始受雇时商定的地点。海员有权从规定的目的地中选择遣返目的地
《防止海员工伤事故公约》 (ILO Convention No. 134)	所有工伤事故都应报告和统计，而不应限于死亡事故和船舶事故

三、船员职责

1. 船员组织

船员由高级船员（管理级、操作级）和普通船员（支持级，生活服务人员）组成，高级船员可跨部门地从事其适任证书许可的职能，表现为一职能多人和一人多职能，可根据情况需要灵活地组织值班。

2. 部门分工

（1）甲板部（驾驶部）。负责船舶营运和船舶驾驶，包括业务联系，货物积载，装卸准备、协助和监督，途中保管，单证处理；船舶的安全航行；负责船体保养。驾驶与甲板设备、器材的使用和养护，包括主管驾驶设备，助航仪器，信号、旗帜，航海图书资料的管用养修和添换；主管舵设备、锚设备、系缆设备、装卸设备及其属具的使用和机械部分的一般性保养；主管货舱系统和在机舱外的淡水、压载水、污水系统的使用和保养；主管救生、消防、堵漏工作及其设备器材的管理；负责船铂停泊安全；VHF对外联系；人员上下船安全；无医生时负责全船医务；其他有关事项。

（2）轮机部。负责主机、发电设备、舵机、锚机、锅炉，各种辅机和管系的管用养修；负责全船电力系统及用电设备的管理；负责全船的明火作业、舱面机械转动部分的保养、修理，舱面管系的修换；负责其他有关事项。

（3）事务部。负责全船人员的伙食、公共场所卫生、卧具、来客招待、主管船舶财务，如配备医生，应负责全船医务。

四、船上安全管理规章

（一）船员日常防火防爆守则

应遵守《运载船舶消防管理规定》等法规，健全消防制度，搞好消防教育，严格消防演习，保持消防设备完备良好，消除和限制火灾和爆炸危险。船舶装运易燃易爆货物，应严格遵守国际国内的有关规定，如IMO的《国际海运危险货物规则》和交通部《船舶装载危险货物监督管理规则》等。全体船员均应严格遵守下列规定，油船船员还应遵守交通部《油船安全生产管理规则》。

（1）吸烟时，烟头火柴杆必须熄灭后投入烟缸，不能乱丢或向舷外乱扔，也不准扔在垃圾桶内。禁止在机舱、货舱、物料间或储藏室内吸烟，在卧室内禁止躺着吸烟。装卸货或加装燃油时禁止在甲板上吸烟。

（2）禁止私自存放易燃易爆物品，禁止任意烧纸或燃放烟花爆竹，严禁玩弄救生信号弹。

（3）离开房间时应随手关闭电灯和电扇等电器，靠近窗口的台灯尤应关熄。风雨或风浪天气应将舷窗关闭严密，航行中禁止锁门睡觉。

（4）禁止私自使用移动或明火电炉。使用电炉、电水壶、电熨斗、电烙铁等电热器具时，必须有人看管，离开时必须切断电源。

（5）不准擅自直接拆电气线路；不准在电热器、蒸汽器上烘烤衣服、鞋袜等。

（6）大舱货灯必须妥善保管。使用时要检查灯泡及护罩，如有损坏应及时换新，电缆应防止压坏，用后应放在指定地点。

（7）废弃的棉纱头、破布应放在指定的金属容器内，不得乱丢乱放；潮湿或油污的棉毛织物应及时处理，不准堆放在闷热的地方，以防自燃。

（8）明火作业须经船长同意，在港内必须事先报经当局批准。作业前须严格清除、隔离现场周围及上下邻近的易燃物，特别要查明焊接处是否通向油舱。当进行气焊作业时，要严防回火事故。作业中应有专人备妥消防器材在旁监护。作业完毕应仔细检查有无残留火种和复燃可能。

（9）严格遵守与防火防爆有关的安全操作规程和有关规定。发现任何不安全状态和行为，人人有责及时制止和报告。

（二）驾驶台规则

（1）驾驶台是船舶航行的指挥中心，由操舵室和海图室、两翼甲板及标准罗经甲板组成。航行中，除船舶领导和当值人员外，其他人员非工作必要，不得随意进入。

（2）驾驶台当值人员必须严肃认真，集中精力工作；不做与值班无关的事；不得嬉笑闲谈、高声喧哗或收听广播；除船长和引航员外，不得坐着值班，不得在驾驶台用餐和睡眠。

（3）驾驶台值班人员应穿着整洁，不得仅穿背心、内裤、拖鞋。进出国外港口时，船长和驾驶员应穿着制服制帽，仪容端正。

（4）驾驶台必须经常保持内外整洁，窗要明亮，桌、柜、四壁、地板要干净；禁止随地吐痰和丢弃杂物。航行中每天0400～0800班水手负责驾驶台内外清洁，到港前尤应彻底清洁；离港前，值班驾驶员应通知离泊时的上一班值班水手进行全面的清洁和整理。

（5）航行中，操舵室的门窗在任何时候都不可全部关闭，尤其在能见度不良时，瞭望人员应在两翼甲板值守。

（6）驾驶台各种仪器、仪表、设备、航海文件、通告、图表、资料等，无关人员不得擅自翻动，未经船长许可，不得任意销毁或携出驾驶台。

（7）操舵室和标准罗经附近不可放置铁质或磁性物件，必要的航行用具和物品，应在限定地点放置整齐。

（8）夜间航行时，严禁有碍正常航行和瞭望的灯光外露。

（9）驾驶台无人值守时，二副应将可携带的贵重仪器和重要物品收藏柜内并加锁，驾驶台所有门窗均应闭锁，未经船长、政委批准，不准外人参观。若有外人参观或检修，应派有关人员陪同配合。

（10）值班驾驶员有责任维持驾驶台秩序，保持驾驶台的清洁，并严格执行本规则。

第三节 邮轮安全公约和法规

一、国际公约和法规

(一) 国际海上人命安全公约 (SOLAS 74 公约)

SOLAS 公约的制定与 1912 年发生的"泰坦尼克号"灾难有着密切的关系。该惨剧引起了全世界对海上安全的关注,制定一部世界认可的安全准则势在必行。1913 年年底,在英国伦敦召开了首次国际海上人命安全会议,讨论制定安全规则。1914 年 1 月 20 日,出席会议的 13 个国家代表签订了世界上第一部被认可的海上安全准则《国际海上人命安全公约》。SOLAS 公约旨在保障船舶、海上人命安全,现行的公约是由 SOLAS 74 公约及其附则和 1978 年议定书、1988 年议定书三个部分组成,其核心部分是公约的附则,它规定了与安全密切相关的船舶构造、设备及其操作的最低安全标准,由各缔约国强制执行。SOLAS 74 公约除了将过去的修改内容容纳进新版公约外,还增加了默认接受程序,使今后的公约修正案能够尽快生效。

(二) ISPS 规则

1. 适用范围

恐怖主义具有非常明确的政治目的,并具有以非正常的暴力手段打击无辜者的特点。2001 年,"9·11"事件震惊全球,反恐成为全球各国关注的头等大事。2001 年 11 月,IMO 在 22 次大会上通过了"审议防止威胁乘客、船员和船舶安全的恐怖行为的措施和程序"的大会决议,成立了海上保安会间工作组,负责起草 SOLAS 公约有关保安条文的修正案以及 ISPS 规则。2002 年 12 月 12 日在伦敦召开的 IMO 海上保安外交大会通过了"船舶和港口设施保安国际规则"(ISPS 规则)以及 SOLAS 有关加强海上保安的特别措施的修正案,该修正案于 2004 年 7 月 1 日生效。ISPS 规则由 A、B 两个部分组成,其中 A 部分为强制性要求,B 部分为对实施 A 部分的指导。ISPS 规则适用范围为从事国际航行的客船(包括速客船)、500 总吨以上的货船(包括速货船)、移动式海上钻井装置以及为上述船舶服务的港口设施。

2. 定义

《船舶保安计划》(SSP)系指为确保在船上采取旨在保护船上人员、货物、货物运输单元、船舶物料或船舶免受保安事件威胁的措施而制订的计划。《港口设施保安计划》(PFSP)系指为确保采取旨在保护港口设施和港口设施内的船舶、人员、货物、货物运输单元和船上物料免受保安事件威胁的措施而制订的计划。船舶保安员(SSO)系指由公司指定的承担船舶保安责任的船上人员,此人对船长负责,其责任包括实施和维护《船舶保安计划》以及与公司保安员和港口设施保安员进行联络。公司保安员(CSO)系指由公司所指定的人员,负责确保船舶保安评估得以开展,《船舶保安计划》得以制订,提交批准,而后得以实施和维持,并与港口设施保安员和船舶保安员进行联络。港口设施保安员(PFSO)系指被指定负责制订、实施、修订和维持《港口设施保安计划》以及与船舶保安员和公司保安员进行联络的人员。

(三) 国际安全管理规则(ISM Code)

1. 要求

海上安全委员会(MSC)于1992年4月草拟并顾及修改中的SO 9000,于1993年11月4日由IMO第18届大会通过A741(18)号决议,即ISM规则。1994年3月的OLAS公约外交大会上通过SOLAS 74第11章"船舶安全营运管理",使ISM规则获得了法律强制力。ISM规则要求船公司和船舶建立、实施、保持安全管理体系(SMS),并分别取得"符合证明"(DOC)和"安全管理证书"(SMC)。客船,包括载客高速艇、500GT及以上的邮轮、化学品船、气体运输船、散货船和载货高速船,应不迟于1998年7月1日满足ISM规则的要求。500GT及以上的其他货船和移动式近海钻井装置应不迟于2002年7月1日满足规则的要求。从规定的日期起,各港口国主管机关将对未执行ISM规则的船舶实施滞留或不准其进入港口。

2. 规则内容

《ISM规则》由13个部分组成。包括目标、适用范围、安全和环境保护方针、公司和船长的责任和权力、指定船岸间直接联系的人员、对岸上和船上人员进行培训,以保证他们胜任工作,熟悉SMS,制定与船舶安全和防污染有关的操作方案及应急部署及其演习和操作计划、船舶及设备的维护制度和计划、船上对不合格的情况与事故及险情的报告和分析,编制用于叙述SMS的"安全管理手册"、公司定期对SMS的运行进行内部审核,主管机关对符合ISM规则的公司审核及发证与监督等。

(四) 国际防止船舶造成污染公约

MARPOL 73/78公约是世界上最重要的国际海事环境公约之一。该公约旨在将向海洋倾倒污染物、排放油类以及向大气中排放有害气体等污染降至最低的水平。它的设定目标是:通过彻底消除向海洋中排放油类和其他有害物质而造成的污染来保持海洋的环境,并将意外排放此类物质所造成的污染降至最低。所有悬挂缔约国国旗的船舶,无论其在何海域航行都需执行MARPOL公约的相关要求,各缔约国对在本国登记入级的船舶负有责任。MARPOL 73/78公约即防止船舶造成污染国际公约,最初于1973年2月17日签订,但并未生效,现行的公约包括了1973年公约及1978年议定书的内容,于

1983年10月2日生效。截至2005年12月31日,该公约已有136个缔约国,缔约国海运吨位总量占世界海运吨位总量的98%。

(五)港口国监督检查

1. 港口国监督检查缘由

1978年3月17日,Amoco Cadiz邮轮在法国的Brittany海岸搁浅,造成溢油23万吨的严重污染事故。在强大的社会压力下,1980年12月,法国海洋部部长邀请西、北欧13个国家的有关当局的部长们召开会议,就如何加强对进入本地区的外国籍船舶进行检查进行了研究讨论,并形成了一致意见,决定对船舶的实际技术状况进行检查。会后由设立的工作组起草了港口国监督谅解备忘录。1982年1月,13个国家的部长们在巴黎签署了该备忘录,并于1982年7月1日正式生效实施,正式实施时为14国,之后波兰、加拿大和俄罗斯先后加入达17个成员。另外,美国、日本和克罗地亚作为合作当局参加了有关活动。继巴黎备忘录签署并付诸实施之后,越来越多的国家和地区认识到港口国监督的重要性和必要性。1992年拉丁美洲7个国家签署了拉美港口国监督谅解备忘录。1993年亚太地区18个国家和地区签署了亚太地区港口国监督谅解备忘录,又称为东京备忘录,目前正式成员有14个。1996年,加勒比海地区20个国家签署了加勒比海地区港口国监督谅解备忘录。

2. 港口国监督的法律依据

港口国监督(PORT STATE CONTROL)。从主管机关与被管理对象的角度,对船舶的管理一般可分为三种:船旗国(FLAG STATE)监督、沿岸国(COASTAL STATE)监督、港口国(PORT STATE)监督。港口国监督即港口国政府对抵达其港口的外国籍船舶实施的监督,有广义和狭义之分。我们所讨论的是狭义上的监督,是指港口国政府针对船舶安全和防污染方面的监督。广义上的监督还包括海关、移民及卫生和动植物检疫方面的监督等。港口国监督进行的检查包括检查船舶、船员证书的合法、有效性、适航性和适任性,检查船舶和船员的实际情况同证书所载内容是否一致。实施港口国监督的依据是国际公约,主要如下(见表1.4)。

表1.4 国际公约及其控制条款

国际公约	控制条款
1966年《国际载重线公约》及1988年议定书(LOAD LINE)	Article 21
1974年《国际海上人命安全公约》及其1978年、1988年议定书(SOLAS)	Regulation I/19
1973年《国际防止船舶造成污染公约》(MARPOL)	Article 5
《1978年海员培训、发证和值班标准公约》(STCW)	Article X
《1972年国际海上避碰规则》(COLREG)	SOLAS(Regulation I/7、8)
《国际劳工组织的商船(最低标准)公约》(ILO147)	Article 4

二、我国防止船舶污染海洋环境法规

（一）《中华人民共和国海洋环境保护法》

1. 适用范围

《中华人民共和国海洋环境保护法》是为了保护和改善海洋环境，保护海洋资源，防治污染损害，维护生态平衡，保障人体健康，促进海洋事业发展的国家法律。该法共8章48条，适用于中华人民共和国的内海、领海以及中华人民共和国管辖的一切其他海域。在中华人民共和国管辖海域内从事航行、勘探、开发、生产、科学研究及其他活动的任何船舶、平台、航空器、潜水器、企事业单位和个人，都必须遵守本法。在中华人民共和国管辖海域以外，排放有害物质，倾倒废弃物质，造成中华人民共和国管辖海域污染损害的，也适用本法。

2. 海洋环境保护管理体制

国务院环境保护部门主管全国海洋环境保护工作。国家海洋管理部门（国家海洋局）负责组织海洋环境的调查、监测、监视，开展科学研究，主管防止海洋石油勘探开发和海洋倾废污染损害的环境保护工作。中华人民共和国港务监督负责船舶排污的监督和调查处理，以及港口水域的监视，主管防止船舶污染损害的环境保护工作。国家渔政渔港监督负责渔港船舶排污的监督和渔业港区水域的监视。军队环境保护部门负责军用船舶排污的监督和军港水域的监视。地方环境保护部门，主管防止海岸工程和陆源污染物污染损害的环境保护工作。

3. 法律责任

凡违反本法，造成或可能造成海洋环境污染损害的，有关主管部门可以责令限期治理，缴纳排污费，支付清除污染费用，赔偿国家损失；并可以给予警告或罚款。完全是由于第三者的故意或者过失造成污染损害海洋环境的，由第三者承担赔偿责任。凡违反本法，污染损害海洋环境，造成公私财产重大损失或者致人伤亡的，对直接责任人员可以由司法机关追究刑事责任。

（二）《中华人民共和国船舶污染物排放标准》排放规定

（1）船舶排放的含油污水（邮轮压舱水、洗舱水及船舶舱底污水）的含油量，最高容许排放浓度应符合表1.5的规定。

表1.5 含油污水排放标准

排放区域		排放浓度(mg/L)
内河		不大于15
沿海	距最近陆地12n mile以外海域	不大于100
	距最近陆地12n mile以内海域	不大于15

(2) 船舶排放的生活污水最高容许排放浓度应符合表1.6的规定。

表1.6 船舶生活污水排放标准

排放区域 项目	内河	沿海	
		距最近陆地4n mile以内	距最近陆地4～12n mile
生化需氧量(5天)	不大于50	不大于50mg/L	
悬浮物	不大于150	不大于150	无明显悬浮物固体
大肠菌群	不大于250个/100mL	不大于250个/100mL	不大于1000个/100mL

(3) 船舶垃圾排放应符合表1.7规定。

表1.7 船舶垃圾排放标准

排放物	内河	沿海
塑料制品	禁止投入水域	禁止投入水域
漂浮物	禁止投入水域	距最近陆地25n mile以内,禁止投入水域
食品废弃物及其他垃圾	禁止投入水域	未经粉碎的禁止在距最近陆地12n mile以内投弃入海。经过粉碎颗粒直径小于25mm时,可允许在距最近陆地3n mile之外投弃入海

第四节 邮轮安全应急反应

一、船舶自救与应急反应

(一) 船舶自救的基本原则

船舶发生火灾、爆炸、碰撞或搁浅海事后,为最大限度减少损失,遇险船舶应不失时机地采取限制损害和救船的行动。

(1) 不同种类的海事采取不同的自救措施。对于碰撞、触礁等海事导致船体破损进水,进而有沉船危险时,首先应将主要精力放在堵漏和排水上,以保证船舶有足够稳性、浮力及抗沉能力。如进水速度较快难以控制时,即应考虑适当场所实施抢滩;对于火灾或爆炸等海事,应立即按照应变部署表,组织船员自力灭火,并尽可能驶离会危及邻近船舶和设施的区域。

(2) 船舶自救重点因船而异。客船的自救重点永远是旅客安全;而油船及液化气船的自救重点则在于灭火,防止进一步的爆炸,控制油料外泄,防止船体断裂和沉船。

(3) 船舶自救组织工作,应以迅速而准确地调查船舶受损情况为基础。情况不清盲目地实施自救,可能会招致损失的扩大与险情的增加。

(4) 抓紧时机,按应变部署施救。在迅速准确调查的基础上,船舶自救是否能够有效实施,往往取决于能否抓紧有利时机。

(5) 船舶自力救助的实施组织,应按应急部署表进行。这是有条不紊地做好该项工作的保证;但不妨碍根据船舶实际受损情况临时做些局部的人员调整。

(二) 船舶自救行动

1. 自救应急措施

船舶发生海事,应尽最大努力采取自救行动,以确保船舶、人员的安全。这是每个船员应尽的责任与义务。在尚未严重危及人身安全时,船员必须采取一切有效行动保全船舶,当确认无法避免船舶的沉没或灭失时,船长应果断下令弃船求生,以保证旅客、船员的安全。通常,船舶自救保全应急措施包括碰撞后应采取的行动;渗漏的临时堵塞;紧急情况下旅客和船员的安全措施及救护;火灾与爆炸后的损害控制及人员救护;搁浅后应采取的措施;抢滩时应注意不论发生任何海事,应想方设法保护螺旋桨,尽力保持船舶动力机械设备正常运转。

2. 争取救援

船舶遇险时,船长若对本船自救保全的可能性持怀疑态度,则应在尽力自救的同时,争取其他船舶的救援。通常可采取发送遇险求援电文遍告外界;择机发送救生火箭等视觉求救信号,直到确认已引起邻近航空器或船舶的注意为止;当遇险船获悉有众多他船前来救助本船时,应及时选定救援船舶和通知这些船舶,并立即明确谢绝无须来救助的他船。

二、邮轮消防与应急反应

(一) SOLAS 公约的消防规则

船舶失火是对船上人命的严重威胁,为此,SOLAS 对防火、探火和灭火的船舶构造、设备方面作了广泛、具体的规定,消防规则的基本原则如下:

(1) 用耐热与结构性限界面,将船舶划分为若干个主竖区。

(2) 用耐热与结构性限界面,将起居处所与船舶其他处所隔开。
(3) 限制使用可燃材料。
(4) 探知火源区域内的任何火灾。
(5) 抑制和扑灭火源处所内的任何火灾。
(6) 保护脱险通道或灭火通道。
(7) 灭火设备的即刻可用性。
(8) 将易燃货物蒸发气体着火的可能性减至最低程度。

(二) 火灾的防火灭火要领

(1) 船舶火灾的主要原因是人为因素,由于管理不善,人员的违章行为和物的不安全状态,使得"燃烧三要素"(可燃物、助燃物、燃点)在失控状态下发生相互作用,从而引发火灾。直接的火灾源主要有:①电焊、气割气焊、喷灯等明火作业;②烟火、烟蒂;③电器短路、漏电、电火花;④过热;⑤货物、废弃物等化学反应、自燃;⑥机舱残油、漏油;⑦静电;⑧厨房炉灶火、烟囱火星等。

(2) 防火要领在于实现"人—机—环境—管理"系统的本质化安全,从根本上避免"燃烧三要素"发生交叉。这要求船员具有较高的职业素质和良好的行为习惯;船舶符合SOLAS公约等的消防规则,货物装运符合国际国内有关规定;对环境进行正确的判断、有效的调适;船上管理要完善和落实消防规章,按章举行有效的消防培训和消防演习,关键操作必须具备现场监督机制。

(3) 灭火的要领,在于人为迅速地控制"燃烧三要素"中的薄弱要素,基本方法有隔离、窒息、降温等。灭火时首先应迅速探明火情,作必要的隔离以防止火势蔓延,根据火灾种类和火情采用针对性的灭火剂和灭火措施。周到的灭火计划、训练有素的船员、保养良好的设备、正确的指挥、有效的通信和协同,是灭火成功的关键。

(三) 火灾应急反应及人员安全

(1) 船员发现火灾应立即发出消防警报,就近使用灭火器材进行灭火。
(2) 全体船员听到警报后,应立即就位并按"应变部署表"的分工进行灭火。
(3) 探火人员应在大副(机舱为轮机长)的指挥下,迅速查明火源,掌握燃烧物名称、特性、火烧面积、火势蔓延方向等,并报告船长。如货舱着火,应了解着火货舱及邻近舱装货情况。
(4) 如有人在火场受威胁,应立即采取抢救措施,如确定火场无人应关闭通风口和其他开口,停止通风并切断火场电源,然后控制火势。
(5) 在港外或航行时,应注意操纵船舶使火区处于下风方向,并按规定显示号灯号型。

（6）在港内发生火灾应立即停止装卸作业，视情况做好拖带出港准备，备车待命。

（7）船长应根据具体情况决定灭火方案，并对是否可能引起爆炸作出判断。消防人员应根据"应变部署表"的分工和船长的指示全力扑救。

（8）如火势严重，有外援帮助救火时，应提供防火控制图，详细介绍火场情况，并予以配合。

（9）如采用封闭窒息方法灭火，必须经过相当长的时间，并组织足够的消防力量做好扑灭再燃的准备，才能逐步打开封闭设施，再视情况缓慢予以通风。

（10）如火灾引起爆炸，经抢救确属无效时，船长应宣布弃船。

三、船舶弃船与应急反应

（一）弃船演习的内容组织

1. 弃船演习内容

IMO 海上安全委员会第 66 届会议于 1996 年 6 月 4 日通过了《国际救生设备规则》，简称 LSA 规则，为 SOLAS 公约第 Ⅱ 章所要求的救生设备提供了国际标准。按经修正的 SOLAS 公约第 Ⅲ 章的规定，LSA 规则 1998 年 7 月 1 日起将成为强制性的要求。因此，从 1998 年 7 月 1 日起，所有船舶上的救生设备应符合 LSA 规则的相应要求。每次弃船演习应包括：

（1）利用有线广播或其他通信系统通知演习，将乘客和船员召集到集合地点，并确使他们了解弃船命令。

（2）向集合地点报到，并准备执行应变部署表中所述的任务。

（3）查看乘客和船员的穿着是否合适。

（4）查看是否正确地穿好救生衣。

（5）在完成任何必要的降落准备工作后，至少降下一艘救生艇。

（6）起动并操作救生艇发动机。

（7）操作降落救生筏所用的吊筏架。

（8）模拟搜救几位被困于客舱中的乘客。

（9）介绍无线电救生设备的使用。

另外，每艘救生艇一般应每 3 个月在弃船演习时乘载被指派的操作船员降落下水一次，并在水上进行操纵，在合理可行的情况下，专用救助艇应乘载被指派的船员每个月降落下水一次，并在水中进行操纵。在任何情况下，至少应每 3 个月进行一次；如救生艇与救助艇的降落下水演习是在船舶前进航行中进行，因为涉及危险，该项演习应在遮蔽水域，并在有此项演习经验的驾驶员监督下进行；在每次弃船演习时应试验供集合和弃船所用的应急照明系统。

2. 弃船演习的组织

（1）集合地点。船或其演习的集合地点应设在紧靠登乘地点。集合与登乘地点一般在艇甲板。通往集合与登乘地点的通道、梯口和出口应有能用应急电源供电的照明灯。客船应有旅客容易到达登乘的集合地点，并且是一个能集结和指挥旅客用的宽敞场地。

（2）演习组织。听到弃船警报信号后，全体船员应在2min内穿好救生衣并到达集合地点；艇长检查人数，检查各艇员是否携带规定应携带的物品，检查每人的穿着和救生衣是否合适，并加以督促、指挥，然后向船长汇报；船长宣布演习及操练内容；由两名艇员在（船长发出放艇命令后）5min内完成登乘和降落准备工作。其他船员按分工各就各位；在完成任何必要的降落准备工作后，至少降下一艘救生艇；启动并操作救生艇发动机；操作降落救生筏所用的吊筏架；模拟搜救几位被困于客舱中的乘客；介绍无线电救生设备的使用；试验集合与弃船所用的应急照明系统；演习结束，船长发出解除警报信号；收回救生艇，清理好索具；由艇长进行讲评后解散艇员并向船长汇报。

（3）记录。弃船演习的起止时间、演习及操练的细节由大副记录于航海日志。

（二）弃船决策

当船舶发生严重海事，且经全船人员全力抢救最终无效，船舶濒临沉没或毁灭危险时，船长应考虑弃船。下达弃船命令的时机非常重要：过早，会使本来可以挽救的船只灭失；过迟，会使船上人员来不及撤离而随船毁灭。船长在下达弃船命令前一定要准确而全面了解和评估本船失事的原因、现状、可能导致的严重后果及船上已经采取的自救措施和挽救的可能性等，并尽可能征求船上主要人员的意见。当确认不弃船就无法保全船上人命安全时，船长应果断地下令弃船。如船舶因碰撞进水，则应对进水量与排水量进行估算，以确定是否弃船和弃船时间。

（三）弃船应急反应及人员安全

（1）船长下达弃船命令后，除"船中固定值班人员"外，全体船员应立即穿着救生衣，按应急计划的分工完成各自的弃船准备工作。

（2）无线电员须在电台值守，按规定发送遇险电文，直至通知撤离。

（3）机舱固定值班人员在听到警报信号后仍应坚守岗位按令操作。在得到完车通知后，在轮机长领导下，抓紧做好熄火放汽、关机、停电等弃船安全防护工作，弃船后携带规定物品撤离机舱。如果接到两次完车信号或船长利用其他方法的通知后，应立刻撤离机舱登艇。

（4）船长应督促检查下列工作：降下国旗并携旗下艇；销毁秘密文件；锅炉熄火放汽；关停发电机和机舱内正在运转中的其他一切设备；关闭海底阀及各个应急遥控油阀等；是否已发出遇险求救电报并已投放应急无线电示位标；油舱在甲板上的呼吸口是否封

死；检查艇长的放艇准备工作。

(5) 船长应检查按应急计划规定须携带的物品，如国旗、航海日志、VHF 和雷达应答器(若艇筏上没有)以及足够的食品、淡水、毛毯等物品。

(6) 在登艇前，船长应布置、艇长应请示如下事项：本船遇难地点是否发出；发出的遇难求救信号是否有回答；可能的遇救时间、地点；驶往最近陆地或交通线的航向、距离；各艇筏间的通信约定及其他有关指示。

(7) 接船长命令放下救生艇和救生筏，有序地登艇。

(8) 最后，船长应通知坚守岗位的无线电员和机舱值班人员撤离，在确证全船无任何人员后方可离船登艇。

(9) 各艇应迅速在离开难船数百米以外集合，以防船舶沉没时产生浪涌的袭击。

(10) 离船后，船长对全体船员和旅客仍保持完全的职权。

复习与思考

1. 了解目前我国有哪些邮轮安全管理法规和规章。
2. 理解船舶自救与应急反应。
3. 理解客船弃船时，船员应如何负责保护和照顾旅客。

案例分析

中国豪华邮轮"海娜号"遭韩国扣留

海航旅业邮轮游艇管理有限公司的"海娜号"邮轮原定于当地时间 2013 年 9 月 13 日 16:00 由济州开往仁川，但在离港时，被济州地方法院扣留。此时船上有旅客 1 659 人及员工 650 人。事件的缘起是海航集团旗下大新华轮船与江苏沙钢集团旗下沙钢船务之间的一起经济纠纷。沙钢船务 9 月 15 日凌晨就"海娜号"邮轮在韩被扣事件作出说明：2008 年 8 月 6 日，沙钢船务(注册在香港)与海航集团下属公司大新华轮船有限公司(注

册在香港)签订租船协议,即沙钢船务出租一条好望角型巨轮给大新华公司,海航集团为大新华公司出具了担保函,该轮于2010年4月20日交给大新华公司,但大新华公司于同年12月起就拖欠直至停付租金。对此,沙钢船务根据合同约定,向英国伦敦仲裁庭提交了仲裁申请。

2012年11月2日,仲裁庭裁决,大新华公司须支付沙钢船务5 837.57万美元(不包括利息及律师费用等约700万美元)。同时,沙钢船务向英国高等法院提出了要求海航集团履行担保义务的诉讼。该说明称,目前,大新华公司因拖欠多方租金已在香港进入破产清算程序,因此,海航集团作为担保人必须履行担保责任。沙钢船务为此多次同海航集团沟通,要求其依法履行担保责任,但海航集团拒不履行。在多次努力无果的背景下,沙钢船务不得不在全球范围内追索海航集团资产,并向韩国济州地方法院提交了扣押海航集团资产的申请,济州地方法院按照司法程序于2013年9月13日,裁定扣押了"海娜号"邮轮。沙钢方面表示,按照两家公司的合同约定,产生债务纠纷时,适用于伦敦法院裁定。债权方发出申请后,债务人或担保方的船只在任何一个港口都可以被扣留。

海航方面表示,2013年9月13日下午收到"海娜号"在济州岛被扣押的通知后,立即着手安排船舶解扣事宜,并于9月14日凌晨3点,将扣船通知要求的30亿韩元(折合1 688万元人民币)保证金支付到韩国当地律师账户,但由于适逢周末,保证金无法及时支付至济州法院账户,邮轮无法解扣。据海航方面介绍,公司成立了应急工作小组,启动了应急预案,从9月15日上午起已调4架包机前往济州接滞留旅客回国,包括海南航空两架A330和首都航空2架A320飞机,每架航班将连续执行2个往返。海航有关负责人表示,A330飞机可容纳旅客约280人,A320飞机可容纳旅客约150人,原计划这4架飞机连续执行2个往返,8个航次将全部滞留旅客接回国。但目前怕时间来不及,海航又调派了第五架飞机。目前该飞机正赶往济州,力争滞留旅客15日全部回国。海航本次执行任务的第一架飞机HU8006航班已于北京时间约16:40抵达北京首都机场,首批抵达旅客共283名。其余3架飞机也已全部从济州机场起飞。海航有关负责人告诉记者,此次执行任务的飞机将全部返回北京首都机场。对于需要返回天津的旅客,海航邮轮将安排大巴将其从北京送回天津。

2013年9月16日晚清关手续的完成,被韩国方面扣留3天的"海娜号"邮轮已顺利返航,预计将于18日抵达天津港码头。据了解,此次"海娜号"邮轮韩国被扣事件,截至17日,总计影响了9月11日和9月16日两个航次,波及3 000余名游客。从15日下午到晚上,共4个航班陆续运送了850名游客回到北京;16日再运输了3个航班大约700多名游客回国。而在交付了保证金后,"海娜号"也于16日晚载着剩余的80多名游客离开济州岛,17日返回到天津港。

问题:

1. 韩国是否有权扣留"海娜号"?

2. 针对此次滞留事件,海航如何进行赔偿?
3. 游客无辜被困应当如何维护自身权益?

作 业 要 求

1. 论述邮轮安全管理与陆上安全管理的不同。
2. 简述邮轮安全管理组织机关构成,并分析各部门的职责有哪些。
3. 为何要防治邮轮污染,邮轮污染的处理办法有哪些?
4. 简述 SOLAS 公约的消防规定。

第二章

海上风险与海上保险

航船是水手的家,水手是航船的主人。

——马克思

专业英语词汇

海上风险:Perils of the Sea　　　海上保险:Marine Insurance
推定全损:Constructive Total Loss　　实际全损:Actual Total Loss

学习目标

通过本章学习主要了解海上风险的定义和分类;了解海上保险的种类、发展及海上损失的分类。

学习重点、难点

掌握海上保险的种类;掌握海上保险的种类、海上损失的分类。

 案例导入

某公司出口一批钢材到中美洲国家,向保险公司投保了海洋货物运输"水渍险"。货物抵达目的地后,发现短卸5件。收货人即联系保险单所列检验理赔代理人进行检验清点,该检验人出具检验报告证实短卸事实,收货人于是向保险公司索赔。但是该段运输只投保了"水渍险","短卸"并不在承保范围内,保险公司爱莫能助。

第一节　海上风险的概念和种类

一、海上风险的概念

船舶或货物在海上航行中发生的或随附海上运输所发生的风险。1906年英国《海上保险法》给海上风险下的定义是："Marine perils mean the perils consequent on, or incidental to, the navigation of the sea, that is to say, perils of the sea, fire, war perils, pirates (rovers), thefts, captures, seizures, restraints, and detainments of princes and peoples, jettisons, barratry, and any other perils, either of the like kind or which may be designated by the policy."

二、海上风险的种类

按照海上风险的性质可分为一般海上风险和外来风险两种。

(一) 一般海上风险

一般海上风险又称海难风险,是指船舶或货物在海上运输过程中所遇到的自然灾害和意外事故。

1. 自然灾害

自然灾害一般是指不以人们意志为转移的自然力量所引起的灾难。但在海上保险中,它并不是泛指一切由于自然力量所造成的灾难,而且在不同国家、同一国家的不同时期对自然灾害的解释也有所不同。自然灾害一般是指恶劣气候、雷电、地震、海啸、浮冰和洪水等发生在海上人力不可抗拒的自然界破坏力量所造成的灾害。

(1) 雷电

雷电主要是指雷击闪电自然现象造成航行于海上的船舶及其所载货物的直接损毁;或由雷电所直接造成的,或者由雷电引起火灾所造成的损失。例如,因雷击中船上桅杆造成倒塌,压坏船舱,致使海水浸入,货物受海水浸泡的损失,都属于雷电责任。

(2) 火山爆发

火山爆发是指直接或归因于火山爆发所致货物或船舶的损失。陆地上发生的地震虽不影响船舶在海上的航运,但火山爆发可能影响停泊在港口的船货。例如,船舶停泊在港口等待卸货,或货物在转运港口装卸时,船舶和货物就有可能遭受损坏或灭失。

(3) 海啸

海啸主要是指由于地震或风暴而引起海水巨大涨落现象,它会导致航行于海上的船舶及其所载货物的损毁或灭失。海啸可分为地震海啸和风暴海啸两种。地震海啸指由于海底的地壳发生变异或海底的火山喷发而引起海水剧烈的震荡产生巨浪;风暴海啸是指因海上风暴引起海面异常升起形成的巨浪,致使货物和船舶受到损害或灭失。海啸的破坏力很大,尤其是袭击某一拥挤港口或地区时,会使船舶互相碰撞、船只沉没,甚至会把一些大船冲向海滩,退潮时发生搁浅等。2004年1月发生在东南亚的海啸,造成巨大财产损失和人员伤亡,其中遇难者人数接近30万人。

(4) 洪水

洪水是指偶然爆发的具有意外灾害性质的大水,山洪暴发、江河泛滥、潮水上岸及倒灌或暴雨积水成灾,造成航行或停泊于沿海水面的船舶及其所载货物被淹没、冲散、冲毁、浸泡等损失,都属于洪水责任。

(5) 浮冰

浮冰是指由极地大陆冰川或山谷冰川末端因崩裂滑落海中而形成的冰山,它们大部分沉于水下,仅小部分露出水面,随海流向低纬度地区漂流,沿途不断融解破裂,因而对航海安全造成危害。例如,发生在1994年以前的"泰坦尼克号"海难事件,就是由于船舷撞到漂浮的冰山,造成了船毁人亡的人间悲剧。

2. 意外事故

海上意外事故是指船舶或其他海上运输工具遭遇外来的、突然的、非意料中的事故,如船舶搁浅、触礁、沉没、互撞、与流冰或其他物体碰撞、船舶失踪以及火灾、爆炸等。海上保险所承保的意外事故,并不是泛指海上意外事故,而是指保险条款规定的特定范围内的意外事故。

(1) 搁浅。

搁浅是指由于意外的原因使船体与海底、海滩、海岸或其他障碍物(如沉船、木桩等)紧密接触,并搁置其上,且持续一定时间,如停航达12h以上,使其处于失去进退自由的状态。如果搁浅经常发生在特定的地区,或发生在运河中,或发生在港内退潮时间,则不得视为搁浅。因为船舶搁浅是意外的、偶然的情况发生的,而且船舶必须是搁置在沙滩、岩礁、河床或其他障碍物之上,不能继续前进才被认为是搁浅。如图2.1所示为船舶搁浅。

图 2.1　船舶搁浅

(2) 触礁。

触礁是指船舶在航行过程中,船身或船底意外地接触海中岩礁,或其他障碍物而仍能继续前进的一种状态。区分触礁与搁浅的标准是,如果船舶接触水中障碍物以后,船舶仍能继续移动,通常被认为是触礁。

(3) 沉没。

沉没是指船体的全部或大部分已经浸入水中,失去继续航行能力。如果船体有一部分浸入水中,但仍有航行能力,一般说来,不能认为船已沉没。

(4) 碰撞。

碰撞是指船舶在航行中与其他可航行的物体发生猛烈接触,或船舶与任何漂浮物体、航行物体、浮冰、沉船残骸以及港口、码头、河堤等建筑物的接触。

(5) 失踪。

失踪是指船舶在海上航行中,失去联系,且超过一定的期限。对于一定的期限,各个国家都有不同的规定,一般说来,船舶失踪4～6个月被认为失踪。被保险船舶和货物一旦宣告失踪,由保险人当作海上风险损失负责赔偿。如果保险人赔偿损失后,船舶和货物又重新找到,该船舶和货物的所有权应归保险人所有。

(6) 倾覆。

倾覆是指船舶意外地失去平衡,使船身倾覆或倾斜,处于非正常的状态,如果不进行施救不能继续航行。

(7) 火灾。

火灾是指船舶在航海中,因意外起火失去控制,使货物被烧毁、烧焦、烟熏等造成货物的损失。

(8) 爆炸。

船舶在海上航行中,发生爆炸的原因很多,例如,船舶锅炉爆炸致使船舶和货物受损,或货物因气候影响发生化学变化引起爆炸等。

(二) 外来风险

1. 一般外来风险

一般外来风险由一般外来原因所造成的风险称为一般外来风险,如偷盗、破碎、雨淋、受潮、受热、发霉、串味、玷污、短量、渗漏、钩损、锈损等。保险人认定的一般外来原因包括偷盗、提货不着、淡水雨淋、短量、混杂、玷污、渗漏、碰撞破损、串味异味、受潮受热、钩损、包装破裂、锈损等原因。

2. 特殊外来风险

特殊外来风险由于政治、军事、国家法令、政策及行政措施等特殊外来原因所造成的风险称为特殊外来风险。例如战争、罢工、取不到货、拒收风险等。

第二章　海上风险与海上保险　35

因海上风险而产生的十大著名沉船事件

（一）"泰坦尼克号"

"泰坦尼克号"是一艘 4.6 万吨排水量的"不沉底"远洋定期客轮，然而在其 1912 年处女航行中却碰撞在冰山上，在短短几个小时内就沉没于北大西洋，它是世界上最闻名的海难事件。直到现今为止，"泰坦尼克号"的航行、该客轮上的乘客，都是人们讨论的富有传奇性色彩的话题。图 2.2 为"泰坦尼克号"。

图 2.2　"泰坦尼克号"

（二）古希腊装载橄榄油的货船

希腊远古时期的货船被研究人员描述成为当时的"不间断货车"，它对于区域性货物贸易往来十分重要。考古学家对爱琴海 200ft[①] 深的海底打捞的古代货船陶罐残渣分析显示，这艘货船当时装载了大量花椒叶味的橄榄油，经考古学家鉴定这艘货船是于公元前 350 年沉没海底的。据悉，这艘远古货船是由一个水下机器人勘测海底时发现的，当时发现了数百个双耳细颈椭圆土罐，其中 2/3 是用于装载橄榄油，另一些罐子中很可能是装载着酒，如图 2.3 所示。

（三）钻石地质学家意外发现海底宝藏

地质学家在纳米比亚海域进行钻石勘探时发现了装满铜锭、象牙和金币的失事船只。由纳米比亚和国际钻石巨头戴比尔斯公司组建的一支联合勘测小组进行了深入探索，初步分析显示这很可能是 15 世纪末或 16 世纪初的西班牙或葡萄牙商船在暴风雨天气中沉没于海底，对货船上的打捞物品进行分析显示，该货船很可能是用于建造火炮或可能用于运送象牙。如图 2.4 所示，这是勘测人员打捞上岸的金币和黄铜板。

[①] 1ft＝0.3048m

图 2.3 装载橄榄油的货船　　　　图 2.4 钻石地质学家意外发现海底宝藏

（四）17 世纪掠夺船"圣玛格丽塔号"

1622 年，一支由 28 艘西班牙船只组成的舰队满载着从新大陆掠夺的黄金、银子、铜币以及其他财物在经过佛罗里达海峡时遭遇了强烈飓风，其中至少有 6 艘船只沉没，这些船只上所掠夺的财宝也沉没在海底成为了海底宝藏。20 世纪 70 年代，人们开启了对这处海底宝藏的打捞，20 世纪 80 年代时，研究人员成功打捞到第二艘失事船只——西班牙大型帆船"圣玛格丽塔号"（Santa Margarita），其中包括如图 2.5 所示的珍珠。

（五）多米尼加发现 17 世纪海盗遗弃的商船

近年来，研究人员在多米尼加共和国小型岛屿的浅海域里发现了 17 世纪闻名苏格兰的海盗威廉·基德遗弃的"格达号"商船残骸，目前对这处残骸进行了水下保护。据悉，海盗船长基德和海盗们掠夺了印度"格达号"，这艘船上装满了缎子、丝绸、银制品、黄金和其他财物。1699 年，基德遗弃了"格达号"，目前发现该船的所在位置在距离卡特琳那岛海岸 70ft 处，该海域仅有 10ft 深（3m），如图 2.6 所示。

图 2.5 从"圣玛格丽塔号"上打捞上来的珍珠　　　　图 2.6 17 世纪海盗遗弃的商船

（六）海盗"黑胡子"船长的旗舰残骸

考古学家认为在北卡罗来纳州海岸发现的火炮很可能属于 18 世纪臭名昭著的海盗

船长"黑胡子"的旗舰。他的真名可能是爱德华·蒂奇,1717年,他占领了法国奴隶船"协和号",并将其改成"安妮女王复仇号"海盗船,最终"黑胡子"船长在北卡罗来纳州海岸遗弃了这艘海盗旗舰,如图2.7所示。

(七) 18世纪英国闻名军舰"胜利号"

考古学家发现1744年沉没于强烈暴风雨中的英国闻名军舰"胜利号"位于英吉利海峡330ft深的海域中(99m)。依据打捞公司宣称"胜利号"军舰上至少有900人,其中有110门火炮,可能在舰船上装载着4t重的金币。如图2.8所示为打捞上岸的"胜利号"军舰的一个铜炮,上面刻有乔治一世的王冠图案。

图2.7 海盗"黑胡子"船长的旗舰残骸

图2.8 军舰"胜利号"残骸

(八) 秘鲁和西班牙争夺价值5亿美元的海底宝藏

秘鲁和西班牙政府就1804年被英国军舰击沉的一艘西班牙军舰上的价值5亿美元银币的归属问题打上了官司,2007年,奥德赛海事打捞公司宣称发现了一处海洋宝藏。随后西班牙政府宣称,这些宝藏属于西班牙沉没的大帆船 Nuestra Senora de las Mercedes 号,秘鲁也宣称发现的失事军舰属于本国,并表示在军舰残骸中发现的钱币是秘鲁银币,是在利马铸造的,如图2.9所示。

(九) 百年前美国矿砂船的沉没仍有谜团待解

在美国苏必利尔湖面460ft以下发现的一艘矿砂船残骸。据悉,这艘沉没的"塞浦路斯号"矿砂船从威斯康星州的苏必利尔湖驶往纽约的布法罗市,在1907年10月11日,这艘船遭受了疾风,但是这样的暴风并不会影响现今的船只运行。当时,许多水手猜测水进入了该船最新设计的装货口盖,由于该船建造时出现的劳工暴乱,装货口盖这部分的产品制造存在着一定的缺陷。另一项谜团是"塞浦路斯号"失事地点位于幸存者所描述地点以北10mile[①]处。如图2.10所示。

---

① 1mile=1 609.344m。

图 2.9 价值 5 亿美元的海底宝藏

图 2.10 美国矿砂船

(十) 神秘的德国航母——"齐柏林伯爵号"

波兰海军已肯定他们发现了德国纳粹唯一一艘航空母舰"齐柏林伯爵号"的残骸所在位置。这艘航空母舰于 1938 年建造完成,由于第二次世界大战时希特勒逐渐削减德国海军的经费,导致这艘航空母舰并未真实地参与军事行动。1947 年德国战败之后,苏联接管并将它作为射击靶子,最终这艘具有传奇色彩的德国航空母舰神秘沉没,直至波兰海军通过水下机器人发现了该航空母舰的残骸,如图 2.11 所示。

图 2.11 神秘的德国航母"齐柏林伯爵号"

第二节 海上保险的发展

一、海上保险的定义和特征

（一）海上保险的定义

海上保险,俗称水上保险,简称水险,是以与海上运输有关的财产、利益或责任作为保险标的的一种保险。海上保险是保险的一种形式,与其他保险形式一样,海上保险既表现为一种经济关系,又表现为一种法律关系。不同国家对海上保险的解释不同：

A：英国《1906 年海上保险法》第 1 条规定："海上保险合同是指保险人根据约定的方式和范围,对被保险人因从事海上风险活动所遭受的海上损失负赔偿责任的合同"。

B. 海上保险合同是以补偿因航海事故所发生损害为目的的合同。除本章另有规定或合同另有约定外,保险人应就保险标的在保险期间因航海事故所发生的一切损害负赔偿责任。（日本）

C. 海上保险合同,是指保险人按照约定,对被保险人遭受海上保险事故造成保险标的的损失和产生的责任负责赔偿,而由被保险人支付保险费的合同。（中国）

（二）海上保险的特征

海上保险是海上特定领域范围内的一种保险。它具有国际性,与国际航运、对外贸易、国际金融息息相关。它的立法、适用条款在国际范围内逐步趋向统一。海上保险是以海上货物运输有关的财产、利益或责任作为保险标的的,海上保险涉及的主要标的物包括船舶、货物、运费及船东责任等。海上保险在性质上属于财产保险范畴,是一种特殊形式的财产保险。

二、海上保险的历史沿革

（一）海上保险的产生

1.《汉穆拉比法典》

《汉穆拉比法典》是现存最全面最完整的古巴比伦法律的汇编。法典记载了古巴比伦第一王朝第六代国王汉穆拉比在位(约公元前 1792—1750 年)时的情况,其中包括一直到他在位末期收集起来的法律方面的决定,可分为 282 条。《汉穆拉比法典》中首次出现了海上保险意识的萌芽。其中：

第 100 条规定："塔木卡(商人)以银交与沙马鲁(为塔木卡服务之行商)经营买卖,令其出发,而沙马鲁应在旅途中使委托彼之银获利,倘沙马鲁于所至之处获利,则应结算所取全部银额之利息,而后应计算自己的日期,以偿还塔木卡。"

第101条规定:"倘在所到之处未曾获利,则沙马鲁应按所取银,加倍交还塔木。"

第102条规定:"倘塔木卡以银贷与沙马鲁而不计息,而沙马鲁于所至之处遭受损失,则彼应以全部本金归还塔木卡。"

第103条规定:"倘所运之一切于中途被敌人劫去,则沙马鲁应指神为誓,并免偿还责任",等等。人们从中可以看到,货主雇商队行商,货主与商队利润分享,如果商队不归或归来时无贷无利,货主可将商队人员的财产,甚至妻子据为自己的债务奴隶;商队的货物被强盗打劫,经当事人宣誓无纵容或过失等情况后,可免除当事人的债务。这种货主遭受风险的损失由的收高额利息来弥补的做法,实为海上保险的雏形。

2.《罗第安法》(Rhodian Law)与早期的海上保险

《罗第安法》是目前已知的世界上最早的一部海商法,由地中海罗第安岛附近的古希腊人和腓尼基人制定。从公元前9世纪开始流传,直到公元前2~3世纪最后形成。《罗第安法》的形成与早期海上保险的产生密切相关。公元前10世纪前后是海上贸易兴起的时代。航海在当时是生财的捷径,也是充满冒险的危途。为了使海上航行可能遭受的损失得到合理的补偿,古希腊人和腓尼基的商人们规定,损失由全体受益者共同承担。

(二)海上保险的发展

1. 意大利是现代海上保险的发源地

1182年,意大利人就已经经营海上保险。11世纪末十字军东侵以后,意大利商人控制了东方和西欧的中介贸易,意大利北部的伦巴第、佛罗伦萨、热那亚等城市,商人之间已采取与现代形式相类似的海上保险制度。12世纪至13世纪之间,日耳曼君主凯泽·弗里德里克二世派遣雇佣兵攻打罗马,使意大利北部城市因此而荒废,伦巴第商人到比利时、法国和英国等地定居。1347年10月23日,世界上发现的最早的保险单在热那亚。它承保从热那亚到马乔卡的船舶保障,由商人乔治·勒克维伦承保。保险史上把这张保险单称之为世界上第一张保险单,保险单的名称是比萨(Pisa)保险单,这张保险单同其他商业契约一样,是由专业的撰写人草拟,同时,第一家海上保险公司也于1424年在热那亚成立。1468年,威尼斯仿效世界上第一部海上保险法典(1435年《巴塞罗那法典》)订立了关于法院如何保证保险单实施及防止欺诈的法令。1522年佛罗伦萨制定了一部比较完整的条例。14世纪以后,海上保险自意大利经葡萄牙、西班牙传到了荷兰。善于经商的伦巴第人移居到英国,并操纵了伦敦金融市场,海上保险传入了英国。

2. 英国发展成为现代海上保险的中心

1574年伊丽莎白女王批准设立保险公会、海上保险法案。1601年伊丽莎白女王制定了第 1 部海上保险《涉及保险单的立法》。伦敦塔街咖啡馆由爱德华·劳埃德经营。劳埃德把有关船舶、货物的航运行情、气候等方面的情报及时传播给前来喝咖啡的商人,1771 年咖啡馆中的保险人和经纪人共 79 人,各出 100 英镑在新劳埃德组织一个社团,咖啡馆属于共同筹资者所有。1734 年劳埃德咖啡馆开始出版发行《劳合动态》,至今颇负盛名。咖啡馆成为伦敦航运界买卖船舶、货物、经营海上保险的中心。

3. 中国海上保险的发展

(1) 回顾。

从 19 世纪末至 1914 年第一次世界大战爆发前这一期间,各帝国主义国家加速对华资本输出,美、法、德、瑞士、日本等国的保险公司相继来华开设分公司和代理机构。华安保险公司和均安保险公司于 1905 年先后成立。到抗战前夕,中国经营的海上保险公司有 27 家,外商在华设立的保险公司及其代理处则有 70 多家。抗战期间及抗战结束之后成立的中国自行经营的海上保险公司增加到 90 多家。自清代末期到 1949 年中华人民共和国成立,处于半封建半殖民地的旧中国民族保险业,受到帝国主义和官僚资本主义双重压迫与剥削,摆脱不了洋商的控制。因此,中国的海上保险事业在这漫长岁月中得不到应有的发展。

(2) 发展。

1949 年 10 月 20 日中国人民保险公司(PICC)正式成立。我国海上保险才步入独立发展的道路。PICC 首先开办了火灾保险和海上运输保险业务。1952 年,外商保险公司自动撤离出境,从而从根本上结束了外国长达 100 多年垄断中国保险市场的历史。1958 年 10 月,中央决定停办国内保险业务时,只保留了以海上保险为主要内容的涉外保险业务。1980 年恢复国内保险业务时,海上保险没有得到很好的发展。1986 年改革开放以来,我国的海上保险业务才得到迅速发展,保费收入大幅度增加。1987 年下半年成立了交通银行保险部。1991 年上半年改建为中国太平洋保险公司。1988 年成立了中国第一家股份制保险公司即中国平安保险公司。这些公司也相继开办了海上保险业务。2005 年,上海航运保险协会代表中国加入 IOM2,在中国航运保险发展史上具有里程碑式的意义,开启了中国航运保险迈向国际舞台的新时代。

三、海上货物保险

(一) 海上货物保险施救费用

(1) 施救行为必须是被保险人或其代理人、雇佣人员或受让人所采取的。

(2) 费用的支出受保险责任范围的限制。

(3) 施救费用应该是必要的、合理的,并注意保险人对施救费用的支付应以保险金额为限,施救行为没有效果也应赔付。

（二）海航货物保险救补费用

被保险货物遭受承保范围内的灾害事故时，由保险人和被保险人以外的第三者采取救助措施并获得成功，又被救方付给救助方的一种报酬。救助报酬最高不能超过获救财产价值，救助合同的种类一般分为雇佣性救助合同、"无效果无报酬"救助合同、"劳合社救助合同"，救助条件主要包括：

(1) 被救的船舶或货物必须处于不能自救的情况。
(2) 救助人是没有救助义务的第三方。
(3) 救助行为必须有实际效果。

（三）海运货物保险条例

本保险分为平安险、水渍险及一切险三种。被保险货物遭受损失时，本保险按照保险单上订明的承保险别条款规定，负赔偿责任。

1. 平安险

(1) 被保险货物在运输途中由于恶劣气候、雷电、海啸、地震、洪水自然灾害造成整批货物的全部损失或推定全损。当被保险人要求赔付推定全损时，须将受损货物及其权利委付给保险公司。被保险货物用驳船运往或运离海轮的，每一驳船所装的货物可视作一个整批。推定全损是指被保险货物的实际全损已经不可避免，或者恢复、修复受损货物以及运送货物到原订目的地的费用超过该目的地的货物价值。

(2) 由于运输工具遭受搁浅、触礁、沉没、互撞、与流冰或其他物体碰撞以及失火、爆炸意外事故造成货物的全部或部分损失。

(3) 在运输工具已经发生搁浅、触礁、沉没、焚毁意外事故的情况下，货物在此前后又在海上遭受恶劣气候、雷电、海啸等自然灾害所造成的部分损失。

(4) 在装卸或转运时由于一件或数件整件货物落海造成的全部或部分损失。

(5) 被保险人对遭受承保责任内危险的货物采取抢救、防止或减少货损的措施而支付的合理费用，但以不超过该批被救货物的保险金额为限。

(6) 运输工具遭遇海难后，在避难港由于卸货所引起的损失以及在中途港、避难港由于卸货、存仓以及运送货物所产生的特别费用。

(7) 共同海损的牺牲、分摊和救助费用。

(8) 运输契约订有"船舶互撞责任"条款，根据条款规定由货方偿还船方的损失。

2. 水渍险

除包括上列平安险的各项责任外，本保险负责被保险物由于恶劣气候、雷电、海啸、地震、洪水自然灾害所造成的部分损失。

3. 一切险

一切险指除包括上列平安险和水渍险的各项责任外,本保险负责被保险货物在运输途中由于外来原因所致的全部或部分损失。其中,除外责任指本保险对下列损失,不负赔偿责任:

(1) 被保险人的故意行为或过失所造成的损失。

(2) 属于发货人责任所引起的损失。

(3) 在保险责任开始前被保险货物已存在的品质不良或数量短差所造成的损失。

(4) 被保险货物的自然损耗、本质缺陷、特性以及市价跌落、运输延迟所引起的损失或费用。

(5) 本公司海洋运输货物战争险条款和货物运输罢工险条款规定的责任范围和除外责任。

第三节 海上保险和海损

一、海上保险的分类

海上保险(marine insurance)是以海上财产,如船舶、货物以及与之有关的利益,如租金、运费等作为保险标的的保险。对自然灾害或其他意外事故造成海上运输损失的一种补偿方法。保险方与被保险方订立保险契约,根据契约被保险方应付一定费用给承保方,发生损失后则可得到承保方的补偿。

(一) 以承保标的为标准的分类

1. 货物保险

以各种运输工具承运的货物作为保险标的。海上货物一般按航程保险方式投保,采用的保险单有指定船名保险单、待报保险单、预约保险单、流动保险单。

2. 船舶保险

船舶保险是以各种水上交通运输工具及其附属设备为标的的一种保险。船舶保险单可以分为定期保险单、航程保险单、港口保险单、造船保险单、单船保险单和船队保险单等。

3. 运费保险

运费保险是以运费为保险标的而进行保险。运费是指承运人为他人运送货物所得到的报酬。运费支付的方式主要有两种:一是预付运费;一是到付运费。

4. 责任保险

海上保险中的责任保险是指船舶的碰撞责任保险。承保这种碰撞责任保险与承保船舶本身物质损失的船舶保险，本来是有严格区别的，然而在实务上大都将碰撞责任保险并入船舶保险办理。

5. 保障与赔偿保险

由参加协会的船东会员相互提供资金，共同承担那些不属于保险公司负责的，包括由于航运管理上的错误和疏忽等原因引起的，在法律上对第三者应付的经济赔偿责任。

（二）以保险价值为标准的分类

1. 定值保险

定值保险是指海上保险财产的价值事先经保险关系双方约定并载明于保险合同，按照约定价值确定保险金额，作为保险人收取保险费和保险标的发生保险责任范围规定的事故损失时计算赔款的依据。

2. 不定值保险

不定值保险是指订立保险合同时，不约定保险价值，只订明保险金额，保费依照金额计算。保险人对保险事故损失的赔偿，按事故发生时的实际价值进行估计，以损失发生地当时的市场价值为准。

（三）以保险期限为标准分类

1. 航程保险

航程保险是以航程为单位确定保险期限，承保从某港到某港之间一次航程，往返航程或多次航程中保险标的遭遇损失，货物保险通常采用航程保险，船舶保险一般采用定期保险。

2. 定期保险

定期保险是指承保一定航期内保险标的遭受风险损失。期限由保险关系双方协商确定，可以是1年、半年或3个月，保险责任起止同其他保险一样，通过约定载于保险单上。

3. 混合保险

混合保险是既保航程又保航期的保险，混合保险承保的是一定时间内特定航程过程中的风险。

二、海上损失

海上损失是指被保险货物在海洋运输中由于发生海上风险所造成的损坏或灭失，又称为海损。按照各国海运保险业务习惯,海上损失也包括与海运连接的陆上运输和内河运输过程中所遇到的自然灾害和意外事故所致的损坏或灭失,例如地震、洪水、火灾、爆炸、海轮与驳船或码头碰撞所致的损失。货物损失的程度,海损可分为全部损失与部分损失;按货物损失的性质,海损又可分为共同海损和单独海损,二者在保险业务中均属于部分损失的范畴。

(一)我国海损事故分级

2002年10月1日起实施的《水上交通事故统计办法》中规定,将事故分为小事故、一般事故、大事故、重大事故。

表 2.1 我国海损事故分类

	重大事故	大事故	一般事故	小事故
3 000总吨以上或功率3 000kW以上的船舶	死亡3人以上;或直接经济损失500万元以上	死亡1~2人;或直接经济损失500万元以下 300万元以上	人员重伤;或直接经济损失300万元以下 50万元以上	没有达到一般事故等级以上的事故
500总吨以上3 000总吨以下或1 500kW以上或3 000kW以下的船舶	死亡3人以上;或直接经济损失300万元以上	死亡1~2人;或直接经济损失300万元以下 50万元以上	人员重伤;或直接经济损失50万元以下 20万元以上	没有达到一般事故等级以上的事故
500总吨以下或1 500kW以下的船舶	死亡3人以上;或直接经济损失50万元以上	死亡1~2人;或直接经济损失50万元以下 20万元以上	人员重伤;或直接经济损失20万元以下 10万元以上	没有达到一般事故等级以上的事故

(二)全部损失

全部损失简称全损,是指被保险货物的全部遭受损失,全损有实际全损(Actual Total Loss)和推定全损(Constructive Total Loss)之分。实际全损是指货物全部灭失或全部变质而不再有任何商业价值。推定全损是指货物遭受风险后受损,尽管未达实际全损的程度,但实际全损已不可避免,或者为避免实际全损所支付的费用和继续将货物运抵目的地的费用之和超过了保险价值。推定全损需经保险人核查后认定。

1. 实际全损

实际全损是指保险标的物在发生保险事故或者受到严重损坏完全失去原有形体、效用,或者不能再归被保险人拥有。"绝对全损"或"实际海损"也是"推定全损"的对称,即保险财产在物质形式或经济价值上已完全灭失的损失。绝对全损是指货物全部灭失或全部变质而不再有任何商业价值。推定全损是指货物遭受风险后受损,尽管未达实际全损的程度,但实际全损已不可避免,或者为避免实际全损所支付的费用和继续将货物运抵目的地的费用之和超过了保险价值。

2. 推定全损

推定全损是指实际全损已不可避免,或受损货物残值如果加上施救、整理、修复、续运至目的地的费用之和超过其抵达目的地的价值时,视为已经全损。推定全损(Constructive Total Loss/Technical Total Loss)是"实际全损"的对称。保险标的受损后并未完全丧失,是可以修复或可以收回的,但所花的费用将超过获救后保险标的的价值,因此得不偿失,在此情况下,保险公司放弃努力,给予被保险人以保险金额的全部赔偿即为推定全损。下列情况被认定为推定全损:

(1)由于实际全损似乎无法避免,或为避免实际全损所支付的费用将超过被保险财产的价值而将被保险财产委付。

(2)当被保险人因承保的危险丧失对被保险财产的占有,而无法恢复占有或意图恢复占有的费用太高时;或当对被保险财产的修复费用太高时。

在我国,船舶发生保险事故后,认为实际全损已经不可避免,或者为避免发生实际全损所需支付的费用超过保险价值的,为推定全损;货物发生保险事故后,认为实际全损已经不可避免,或者为避免发生实际全损所需支付的费用与继续将货物运抵目的地的费用之和超过保险价值的,为推定全损。在海上保险中,发生保险事故后,认为实际全损已经不可避免,或者为避免发生实际全损所需支付的费用超过保险价值的为推定全损,其范围仅限于船舶和货物,主要特征有:

(1)推定全损以船舶、货物发生保险事故,造成部分损失,但实际全损尚未形成为前提。若实际全损已经发生,或尚未发生部分损失,不适用推定全损。

(2)船舶或货物的实际全损已经不可避免,或为避免发生实际全损所需的费用超过保险价值。前者指保险事故发生后,根据客观情况判断,船舶或货物的实际全损必然会发生。后者指船舶、货物发生保险事故后,经采取措施虽可以获救、修复,但因此付出的代价超过保险价值,得不偿失。

(3)保险船舶或货物尚未发生实际全损。

(三)部分损失

不属于实际全损和推定全损的损失为部分损失,按照造成损失的原因可分为单独海损(Paticular Average)和共同海损(General Average)。

1. 单独海损

单独海损(Particular Average)是指保险标的物在海上遭受承保范围内的风险所造

成的部分灭失或损害,即指除共同海损以外的部分损失。这种损失只能由标的物所有人单独负担。与共同海损相比较,单独海损的特点:

(1) 它不是人为有意造成的部分损失。

(2) 它是保险标的物本身的损失。

(3) 单独海损由受损失的被保险人单独承担,但其可根据损失情况从保险人那里获得赔偿。根据英国海商法,货物发生单独海损时,保险人应赔金额的计算,等于受损价值与完好价值之比乘以保险金。

单独海损与共同海损的主要区别是:

(1) 造成海损的原因不同。单独海损是承保风险所直接导致的船、货损失。共同海损则不是承保风险所直接导致的损失,而是为了解除或减轻共同危险人为地造成的一种损失。

(2) 承担损失的责任不同。单独海损的损失一般由受损方自行承担,而共同海损的损失,则应由受益的各方按照受益大小的比例共同分摊。

(3) 损失的内容不同。单独海损仅指损失本身,而共同海损则包括损失及由此产生的费用。

2. 共同海损

共同海损是指在同一海上航程中,当船舶、货物和其他财产遭遇共同危险时,为了共同安全,有意地、合理地采取措施所直接造成的特殊牺牲、支付的特殊费用,由各受益方按比例分摊的法律制度。只有那些确实属于共同海损的损失才由获益各方分摊,因此共同海损的成立应具备一定的条件,即海上危险必须是共同的、真实的;共同海损的措施必须是有意的、合理的、有效的;共同海损的损失必须是特殊的、异常的,并由共损措施直接造成。

共同海损的表现形式为共同海损牺牲和共同海损费用,共同海损牺牲包括抛弃货物、为扑灭船上火灾而造成的货损船损、割弃残损物造成的损失、有意搁浅所致的损害、机器和锅炉的损害、作为燃料而使用的货物、船用材料和物料、在卸货的过程中造成的损害等。共同海损费用包括救助报酬、搁浅船舶减载费用以及因此而受的损害、避难港费用、驶往和在避难港等地支付给船员的工资及其他开支、修理费用、代替费用、垫付手续费和保险费、共同海损损失的利息等。

共同海损是为了使船舶或船上货物避免共同危险,而有意地、合理地作出的特殊牺牲或支付的特殊费用。共同海损损失应由船、货(包括不同的货主)各方共同负担。所采取的共同海损措施称共同海损行为。这种行为,例如引海水入舱、将承运的货物抛入大海、自动搁浅等,在正常航行中都不得进行;但在船舶遇难时,为灭火而引海水入舱、为减轻船舶负荷而将全部或部分货物抛入大海或为进行船舶紧急修理而自动搁浅,等等,则均属合法。因共同海损行为处理共同海损损失、理算共同海损的费用,称共同海损理算。为处理共同海损费用所编制的报告称共同海损理算书。

(1) 共同海损的要素。

① 船舶在航行中行将受到危险或已遭遇海难，情况急迫，船长为维护船货安全而必须采取措施。

② 海难与危险必须是真实的而不是推测的。

③ 共同海损行为一定是人为的、故意的。

④ 损失和开支必须是特殊的。例如船舶顶强风开船，机器因超过负荷受损，不属于共同海损。而若船已搁浅，为脱浅而使机器超过负荷受损，则属于共同海损。

⑤ 所采取的共同海损行为必须合理。

⑥ 为了共同的而不是船方或某一货主货物单独的安全。

⑦ 属于共同海损后果直接造成的损失。例如引海水灭火，凡有烧痕等的货物再被海水浸坏不算共同海损，原来完好而被海水浸坏的货物的损失应计入共同海损。

⑧ 共同海损行为原则上应由船长指挥，但在意外情况下，例如船长病重、被俘由其他人甚至敌国船长指挥，符合上述7个条件，也算共同海损。

(2) 共同海损的金额确定。

① 按照实际支付的修理费减去合理的以新换旧的扣减额计算。

② 船舶尚未修理，按牺牲造成的合理贬值计算，但不得超过估计的修理费。

③ 船舶发生实际全损或者修理费用超过修复后的船舶价值的，共同海损牺牲金额按照该船在完好状态下的估计价值，减去不属于共同海损的估计的修理费和该船舶受损后的价值的余额计算。

(3) 货物共同海损牺牲的金额确定。

① 货物灭失的，按照货物在装船时的价值加保险费、运费，减去由于牺牲无须支付的运费计算。

② 货物损坏的，在损坏程度尚未达成协议前出售的，按照货物装船时的价值加保险费、运费，与出售货物净得的差额计算。

(4) 运费共同海损牺牲的金额确定。

按照货物遭受牺牲造成的运费的损失金额，减去为取得这笔运费应支付但由于牺牲无须支付的营运费用计算。

(5) 共同海损与单独海损的联系与区别。

共同海损与单独海损的联系表现在，从性质上看，二者都属部分损失；共同海损往往由单独海损引起。共同海损与单独海损的区别主要表现在：

① 造成海损的原因不同。单独海损是由所承保的风险直接导致的船、货的损失，而共同海损是为解除或减轻风险，人为地有意识地采取合理措施造成的损失。

② 损失的承担者不同。单独海损的损失，由受损者自己承担，而共同海损的损失则

由受益各方根据获救利益的大小按比例分摊。

③ 损失的内容不同。单独海损仅指损失本身,而共同海损则包括损失及由此产生的费用。

④ 涉及的利益方不一样。单独海损只涉及损失方个人的利益,而共同海损是船货各方共同利益所受的损失。

复习与思考

1. 从哪些方面来区别救助费用和施救费用?
2. 与其他财产损失保险相比,海上保险所独具的特点有哪些?
3. 构成共同海损有哪些条件?
4. 单独海损共同海损有何区别?
5. 我国某企业向中东某国出口糖果一批,投保一切险。由于货轮陈旧,速度慢,加上该轮沿途到处揽载,结果航行3个月才到目的港。卸货后,糖果因受热时间过长已经全部软化,无法销售。问这种情况保险公司是否会给予赔偿?

案例分析

西沙62人遇难事故 19名未参保渔民将获100万元救援

2013年10月17日上午,海南省高院联合海口海事法院、三沙中院,与海南省人力资源和社会保障厅、银监会海南监管局、省海洋与渔业厅、省社会保险事业局、省农信社以及农业、工商、交通等银行海南分行座谈,近日发生的西沙海难62人渔民遇难事故,探讨解决办法,为海南渔业发展创造更加有力的金融支持和保险服务。

9月29日,受台风"蝴蝶"影响,在西沙永乐群岛海域避风的3艘渔船沉没,62人失踪或遇难。尽管3艘渔船船东分别在渔业互保协会为渔船投保了80万~90万元不等的渔船全损险,并为66名渔民投保40万元/人的雇主责任险,然而,罹难的62名渔民中仍有

19人没有参保。所幸,渔业互保协会将对没有投保的死亡、失踪渔民进行人道救援,救援总金额初步确定为100万元。

与会代表结合海难灾情,深入探讨提出的问题,寻找解决办法,主要涉及渔民与船主劳动关系的确认、船员劳动保障、船员工伤保险制度建立、渔船申请融资时银行对渔业互保协会保险单的效力认定等问题。但由于劳动关系不明确、非法捕捞严重、船员工伤取证难、赔付风险高、法律适用冲突,目前在海南建立渔民工伤保险制度困难重重。而在融资贷款方面,由于渔船作为抵押物灭失风险较大,再加上贷款主体资格、贷款环境等多重因素影响,银行在对渔船融资放贷时往往有所顾虑。

针对以上问题,与会代表们纷纷建议,根据《工伤管理条例》尽快研究制定出台实施细则,建立渔民工伤保险制度;鼓励金融机构创新产品模式,加大对投保渔业险的经营者融资力度;加大法律宣传力度,建立完善船舶登记追踪制度,提高获贷渔民的还款积极性,保障融资贷款安全。

问:
(1) 事故发生的原因是什么?
(2) 减少海上台风自然灾害损失的方法有哪些?
(3) 参保的必要性有哪些?

作 业 要 求

1. 一般的航海误区有哪些?应该怎样避免?
2. 简述海上风险及海上保险的分类,并简要说明二者之间的关系。
3. 论共同海损构成的条件及存在的问题。

第三章

海上危机与应急处理

世界上最宽阔的是海洋,比海洋更宽阔的是天空,比天空更宽阔的是人的胸怀。

——雨果

专业英语词汇

海上危机:Maritime crisis　　　　应变须知:Emergency instructions
应急处理:Emergency processing　　应变部署:Emergency arrangement

学习目标

通过本章学习主要了解海上危机的概念、特征与种类,了解海上危机的现状以及应急处理方法。

学习重点、难点

掌握海上危机的含义、特征及构成要素,了解海上危机的种类和海上危机的现状以及应急处理方法。

 案例导入

2013年10月30日,一艘大连籍渔船在渤海海峡中部与一艘韩国籍邮轮碰撞后沉没。据山东烟台海事局介绍,凌晨3:40,"辽大甘渔15235"轮报警,称"辽大旅捕1041"轮在渤海海峡中部与一韩国籍货船发生碰撞后沉没,船上共9人遇险。

当时,沉没渔船附近的姐妹船已救起落水的2名船员,另有7名船员失踪。

山东海事局与烟台市海上搜救中心立即启动应急预案,迅速组织协调周围作业的7条渔船、专业救助船"北海救115"轮、"中国渔政37071"轮、"中国海监4018"轮、"中国海监1019"轮、大量过往商船赶往现场营救。同时,交通运输部北海救助飞行队"B7312"救助直升机也赶赴现场全力搜寻失踪人员。

第一节 海上危机的定义和分类

一、海上危机的定义

海上危机是指发生于或者涉及海洋空间领域的危机,海洋空间应包括海洋上空、海面及海面以下的空间范围。海上危机的特征主要为普遍性、社会性、不确定性(空间、时间、结果)和不可预测性,海上危机的量度主要采用损失频率、损失幅度、损失期望值、方差或标准差、变异系数等进行测量,海上危机的构成要素主要包括实质因素、道德因素、心理因素、海上危机事故、损失等。

二、海上危机的分类

(一)静态海上危机与动态海上危机

1. 静态海上危机

在社会经济正常的情况下,自然力的不规则变化或人们的行为所致的海上危机就是静态海上危机。静态海上危机可以在任何社会经济条件下发生。静态海上危机较动态海上危机而言,变化比较规则,可以通过大量定律加以测算,对海上危机发生的频率做统计预测推断。

2. 动态海上危机

由于社会经济、政治、技术以及组织等方面发生变动而产生的海上危机,就是动态海上危机,如海上组织资本增加、生产技术改造、消费者选择的变化等引起的海上危机。动态海上危机的变化往往不规则,难以用大量定律进行测算。

(二)纯粹海上危机与投机海上危机

1. 纯粹海上危机

只有损失机会而无活力可能的海上危机,静态海上危机一般均为纯粹海上危机。

2. 投机海上危机

相对于纯粹海上危机而言,它是指既有损失机会又有获利可能的海上危机,比如目前海上运输就存在盈利、亏损和持平三种后果。

（三）海上财产危机、海上人身危机、海上责任危机

1. 海上财产危机

海上企业或者家庭个人自由代管的一切有形资产，因海上危机事故、意外事件而遭受的损毁、灭失或贬值的海上危机，包括财产本身遭受的直接损失危机、因财产本身遭受直接损失而导致的间接损失危机、因财产本身遭受直接损失而导致的净利润损失危机。

2. 海上人身危机

从事海上活动的人生老病死的生理规律所引起的海上危机，以及由于自然、政治、军事和社会等方面的原因所引起的人身伤亡危机。

3. 海上责任危机

个人或团体的行为违背了法律、契约的规定，对他人的身体伤害或财产损失负有法律赔偿责任或契约责任的海上危机。

（四）海上自然危机、海上社会危机、海上政治危机

1. 海上自然危机

海上自然危机是指因自然力的不规则变化而对人们的海上经济生活和物质生产及生命安全等产生的威胁。

2. 海上社会危机

海上社会危机指海上活动的个人或团体行为，包括过失行为、不当行为及故意行为对社会生产及人们生活造成损失的可能性，如海盗、玩忽职守造成的海上危机。

3. 海上政治危机

海上国家危机主要是指国家主张海洋权利方面的冲突而产生的危机。

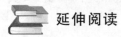

延伸阅读

墨西哥湾漏油事故

墨西哥湾漏油事故，又称英国石油漏油事故或深水地平线漏油事件，是2010年4月20日发生的一起墨西哥湾外海油污外漏事件。起因是英国石油公司所属一个名为"深水地平线"（Deepwater Horizon）的外海钻油平台故障并爆炸，导致了此次漏油事故。爆炸同时导致11名工作人员死亡及17人受伤。

事故发生后，据估计每天平均有12 000～100 000桶原油漏到墨西哥湾，导致至少2 500平方公里的海水被石油覆盖着。漏油事故附近大范围的水质受到污染，不少鱼类、鸟类、海洋生物甚至植物都受到严重的影响，如患病及死亡等。路易斯安那州、密西西比

州和亚拉巴马州的渔业进入灾难状态，过半数受访者不满意总统奥巴马处理今次事故的表现。美国政府在 11 月的调查报告指出有 6 104 只鸟类、609 只海龟、100 只海豚在内的哺乳动物死亡，这个数字可能包括了死于自然原因的动物，所有因深海漏油而死亡的数据断定尚待时日。

美国总统奥巴马表示墨西哥湾漏油的影响如同"9·11"恐怖袭击。

英国石油公司打造了一个 4 层楼高的巨型"金钟罩"希望能降到 1 500m 的海底，把漏油的地方罩住，让原油保留在金钟罩里，然后再抽回海面上接应的邮轮，但深海水温太低，金钟罩内部累积了大量的冰晶，中途就无法正常运作，这项计划宣告失败。英国石油公司被美国政府要求成立一个 200 亿美元的基金来处理这个事故。同年 7 月，利比里亚籍的"台湾"除油船"鲸鱼号"（A Whale）抵达墨西哥湾，在测试成功后投入海水油污清除作业，但因除油效果不佳，退出除油作业。漏油后数月内，海水中高浓度甲烷被快速繁殖的深海嗜甲烷菌所吞灭，甲烷迅速地回归正常值。

2012 年 11 月，英国石油公司与美国达成和解，接受 12.56 亿美元刑事罚款，另外提供 23.94 亿美元支付给野生动物基金会用于环境补救行动，3.5 亿美元提供美国国家科学院。此外在未来三年向美国证交会支付 5.25 亿美元。

第三节　船舶应急处理

船舶在海上航行和靠泊作业期间，所处的环境和情况复杂多变，有时是由于自然客观因素的影响，有时是认为的过失造成应急局面，可能危及船舶人员、货物和环境的安全。船舶应急的常见类型分为 4 大类 23 种：一是火灾和海损类：碰撞、搁浅、触礁、火灾/爆炸、船体破损/进水、严重横倾、恶劣天气损害、弃船；二是机损和污染类：主机失灵、舵机失灵、供电故障、机舱事故、船舶溢油、船上海洋污染物的以外排放；三是货物损害类：货物移动、海难自救抛货、危险货物事故；四是人身安全类：严重伤病、进入封闭场所、人员落水、搜救/救助、海盗/暴力行为、战争遇险、直升机操作。

一、船舶失火和爆炸

（一）船舶灭火行动遵循顺序

1. 查明火情

现场指挥（大副）应指挥灭火人员尽快查明火源及火灾的性质、火场周围情况，以便确定合适的扑救方案，使用适当的灭火剂和正确的扑救方法。

2. 控制火势

在探明火情的基础上可立即展开灭火行动，控制火势，或采取疏散、隔离火场周围的可燃物,喷水降低火场周围的温度,切断电源,关闭通风,封闭门窗等,防止火势蔓延。

3. 组织救援

设法及时解救被火灾围困的人员及伤员,将其转移至安全地带。

4. 现场检查清理

火灾被基本扑灭之后,应及时清理,检查现场,发现存在或可能存在的余火和隐蔽的燃烧物,防止死火复燃。

(二)船舶火灾

(1)火情发现者应立即用快捷可行的方式报警,并用就近的灭火器材尽力扑救。

(2)航行中,驾驶台接到报警后,立即发出消防警报,全体船员应立即按应急部署表规定的分工和职责就位,服从现场指挥的统一调度。

(3)船长应根据具体情况决定灭火方案,并对是否可能引起爆炸做出判断。

(4)在确认着火舱室无人时,应关闭其通风口及一切开口,停止通风,切断通往火场的电源,将火源附近的可燃物转移,控制火势。

(5)航行中应将火场置于下风或顺风航行或停船,在港内时应立即停止货物作业,视具体情况做好拖带出港的准备。

(6)使用CO_2、蒸汽等大型灭火设施灭火时,在施救之前应确保现场人员全部撤离,封闭现场,然后按现场指挥的命令正确地操作和施救。

(7)保证人员安全。如有人被困火场,应采取救助措施,客船上应将旅客转移至安全区域,防止有人跳水逃生。

(8)按规定向有关主管机关或沿岸国报告,当判断自力灭火无望时,应尽早请求消防援助或做好弃船准备。

(三)船舶常用灭火方法

火灾的发生离不开"燃烧三要素",即可燃物质、助燃物质和火源。灭火的方法就是针对三要素而采取的冷却法、隔离法、窒息法等。

1. 机舱火灾

应以喷雾水枪掩护灭火人员;可打开机舱天窗排放机舱内的热气和烟雾,防止灭火人员被浓烟和巨大的热浪包围;因火势猛而无法进入机舱灭火时,可尝试从地轴弄或逃生口进入,往往机舱底部的温度和烟雾较轻,且易于接近火源;使用CO_2固定灭火系统时,必须先撤离一切人员,再封闭一切开口,然后快速一次性施放足量的灭火剂。

2. 货舱火灾

扑灭一般货船的货舱火灾时,如使用CO_2固定灭火系统,应首先关闭舱盖、通风及所有开口,然后一次性施放足量灭火剂,但不能轻易开舱,防止复燃。对黄麻、棉花等类物质的燃烧,至少要在灭火后48小时才能开舱。如使用水灭火系统,应估计大量注水后船舶损失的浮力和稳性。

3. 起居处所火灾

首先查明是否有被困人员并设法抢救;迅速关闭防火门、舷窗,切断通风,用水冷却舱壁,防止火势蔓延;扑救房间内的火灾,尽量不要开门,减少空气进入,水枪可从门下部的百叶窗处伸进喷射。

4. 危险品火灾

危险品的种类繁多,性质复杂,船舶装运危险品必须按照国际海上危险货物运输规则和我国有关规定进行,一旦发生火灾,按其理化性质,采取正确的扑救措施。

(1) 爆炸品火灾的扑救。

最有效的灭火方法是大量喷水,使燃烧的物质急剧降温(但与水发生反应者除外)。泡沫和 CO_2 灭火剂可以使用,但效果较差。不能用沙土掩盖的窒息灭火法。

(2) 压缩、液化气体火灾的扑救。

高压下储存在压力容器内的气体种类较多,具有易燃、助燃、剧毒等性质,受热或在剧烈撞击下可能燃烧、爆炸。扑救方法宜大量喷水冷却,也可用 CO_2、泡沫或沙土等方法扑灭。

(3) 易燃液体火灾的扑救。

对不溶于水的油类火灾,扑救时宜用泡沫、干粉、沙土等方法,但不能使用水冲冷却法;而对能溶于水的易燃液体,则可用水扑救。

(4) 自燃物品和遇水燃烧物品火灾的扑救。

扑救一级自燃物品火灾可用干粉、沙土等灭火剂,但不能用水;扑救遇水燃烧物品火灾,可用沙土、干粉等灭火剂,但不能用水和泡沫等灭火剂。

二、船舶碰撞

(1) 注意正确操船。船首撞入对方船体重要部位且较严重时,则该船切忌不应立即倒车退出,应尽量设法保持原有态势,减少对方大量进水,以便对方争取时间采取有效的应急措施。

(2) 检查受损情况,决定应急部署。根据船舶发生碰撞的性质、具体情况,迅速调查受损程度和部位,可酌情分别发出堵漏、人员落水、消防、油污等应急部署警报,并采取适当的应急措施。如双方均有沉没危险,要迅速发出求救信号,作出弃船决定。

(3) 发生碰撞的船舶应互通船名、国籍、船籍港,妥善记录碰撞发生的详细情况。发生碰撞的船舶在不严重危及自身安全的情况下,应尽力救助遇难人员。

(4)因船体破损进水有沉没危险时,如条件许可(如近岸航行)可择地抢滩搁浅,等待救援。

 **延伸阅读**

重庆一千吨级货船触礁翻覆9人获救1人失踪

据了解,出事货轮为"港昌擎基1"轮,时载建筑材料2 000吨由涪陵至重庆长石尾,航行至樊厂湾水域发生触礁,随即在明月沱水域翻覆。得知险情后,重庆海事局立即派出两艘海巡艇赶赴现场救助,同时组织事发水域两艘货船、3艘渔船参与搜救。经确认,落水中有8人被"渝江北渔060"渔船救起,另有1人被扣在船舱里面,1人失踪。

海事部门一边组织船舶在事发水域附近搜救落水失踪人员,一边组织人员对机舱船底切割开孔,营救被困人员。在切开两孔后,在机舱部位仍未找到被困人员,经进一步确认后,怀疑落水人员被扣货舱,由于货舱开孔可能导致进水,船舶有进一步下沉可能,增加救助困难,施救人员不得不采取新的救助方案,由潜水员下水进行搜寻,经努力,被扣船舱的落水人员于10:15时左右被救出。

三、船舶搁浅和触礁

搁浅是由于水深小于船舶实际吃水使船体搁置水底上,触礁是船体与礁石的触碰。无论搁浅还是触礁,严重者均可能导致船体的破损尤其是触礁。船舶在发生搁浅、触礁事故后,视具体情况,应采取下列行动:

(1)值班驾驶员应立即报告船长,船长应通知机舱发出警报、召集船员,防止用车或用舵企图盲目脱浅或摆脱礁石。

(2)设法判断搁浅、触礁部位及船舶的损害程度。船舶搁浅、触礁后,首要的工作是搞清搁浅、触礁的部位和船体损害情况。

(3)如船体进水或漏油,应立即执行堵漏或油污应急部署。

(4)连续定位。二副应在驾驶台协助船长,在大比例尺海图上按一定的间隔重复定位,并记录定位时的船首向,估算潮水和流向及采取的应急措施。

(5)为防止因严重横倾而无法放艇,应先放下高舷救生艇以备急需。

(6)确定脱浅方案。船长根据情况调查,结合当时当地的天气、海况、潮汐情况,作出船舶能否起浮、脱浅的判断和设施方案。

四、船舶破损进水

船体因碰撞、搁浅、触礁、爆炸等原因,使水线下船体破损进水后,船舶应立即采取下列应急行动:

（1）发出堵漏应变报警信号，召集船员，如果破损部位已明确，则按应变部署表规定的职责和分工，携带堵漏器材迅速赶赴现场。如破损部位尚需判断，则应按现场指挥的意图行动，查明进水部位。

（2）如果出现溢油现象，应立即关闭该油舱（柜）在甲板上的所有开口，包括透气阀，并发出油污应急警报。

（3）查明船体进水部位。

（4）破损部位如查明，应立即关闭其附近相邻舱室的水密门及其他水密装置。如果破损面积较大，用一般的堵漏工具难以短时间奏效时，应对相邻的舱壁进行加固和支撑。

（5）如果船舶仍在航行中，则应减速以减少水流、波浪对船体的冲击，必要时应停车或改变航向将破损部位置于下风（流）舷，减少进水量。

（6）机舱人员除应保持主、辅机处于良好、可用状态外，应全力排水，并协助堵漏队在现场进行抢修和堵漏。

（7）为了调整严重横倾和纵倾，根据本船的实际情况，慎重适当选择适当方法保持船体平衡，如：

① 移驳法。向破损相反一侧调驳油、水。此法的优点是不增加船舶载荷，不损失储备浮力，但要防止重心提高，减少稳性，而且可移驳的油水数量有限，故此法效果不明显，只适用于调整纵、横倾不大的情况。

② 对称注入法。向破损相反一侧注入海水，增加船舶载荷，损失储备浮力，只适用于水密舱室多而小的船舶（如客船、军舰等），一般船舶必须慎用。

③ 减载法。将横、纵倾一侧的油、水排出，或将该侧的货物抛弃或向他船卸载以减轻该侧的重量。此法可减少船舶载荷、增加储备浮力，对船舶安全有利，但排油、抛货应慎重，要及时宣布共同海损。无论如何，采取的任何措施都应充分考虑对船舶的稳性和强度的影响。

（8）救生艇应降至水面备妥，以备急需，防止因严重横倾而无法降落。

（9）详细记录抢救过程，并按要求向沿岸国主管机关及船东报告。

延伸阅读

2014客运船舶海上遇险检验性应急演练在厦成功举行

6月12日上午9:30，2014年客运船舶海上遇险检验性应急演练在厦金客运航线水域成功举办，这也是大陆方面首次将政府和航运企业同时作为主体在厦金航线上开展的无撞事故，导致客船舱内断电，船体破损进水倾斜，船上40名乘客不同程度受伤，2名船员受困变形的船舱内；砂石船轻微受损无须救助。事故发生后，客船迅速展开自救，并向海上搜救中心请求救助。搜救中心立刻启动应急预案，组织、协调和指挥海上搜救行动，现场应急指挥部快速响应,指定海上现场指挥船,成立陆上现场指挥所,海上公务船舶、救助直升机、专业和社会搜救力量及志愿者队伍迅速到位,覆盖海、陆、空的全方位救助网络高质高效地完成全部救助任务:5名落水人员成功救治、40名受伤旅客有效救助顺利安置,所有遇险人员安全转移和撤离。

难船自救与险情报告、信息预演模式水上联合演练

本次演练主题为"强化红线意识,守住最后防线"。演练模拟一艘厦金航线客船在金通(金门—五通)航道水域与一艘因机械失灵的砂石运输船发生碰撞,"通报与应急响应、现场救援(海、陆、空联合行动)、善后处置"四个演练环节顺利进行,演练取得圆满成功。

据了解,此次演练也是大陆有关部门在两岸直航航线开展的演练中,通过设置海上搜救应急指挥部和陆上应急处置指挥所,建立有效的指挥协调渠道,首次实现海上应急搜救与陆上应急处置有效联动和对接,首次组织志愿者参与演练,促进海上搜救志愿者队伍建设。

第四节 船舶应变部署表规定

一、SOLAS 74公约第3章第8条规定

(1)此条适用于所有船舶。

(2)应为船上每个人员配备一份在紧急情况下必须遵循的明确的须知。如为客船,这些须知应使用船旗国要求的一种或数种语言以及英语写成。

(3)符合第37条要求的应变部署表和应变须知应在全船各显著部位展示,包括驾驶室、机舱和船员起居处所。

(4)应在乘客舱室内张贴配有适当文字的示意图和应变须知,并在集合站及其他乘客处所的显著位置予以展示,以告知乘客。

二、SOLAS 74公约第37条规定

(1)应变部署表应详细说明规则第7.2节规定的通用紧急报警信号和公共广播系统以及该警报发出时船员和乘客应采取的行动。应变部署表还应写明弃船命令将如何发出。

(2)每艘客船应具有寻找并救出困在客舱内乘客的适当的程序。

(3)应变部署表应写明分派给不同船员的任务,包括:①船上水密门、防火门、阀、泄水孔、舷窗、天窗、装货舱门和其他类似开口的关闭;②救生艇筏和其他救生设备的属具配备;③救生艇筏的准备工作和降落;④其他救生设备的一般准备工作;⑤集合乘客;⑥通信设备的使用;⑦指派处理火灾的消防队的人员配备;⑧关于使用灭火设备及装置

的专门任务。

（4）应变部署表应规定指定的驾驶员负责确保维护保养救生和消防设备,使其处于完好状态,并立即可用。

（5）应变部署表应规定关键人员失去能力后的替代人员要考虑到不同的紧急情况可能要求采取不同的行动。

（6）应变部署表应说明在紧急情况下指派给船员的与乘客有关的各项任务。这些任务应包括:①向乘客告警;②查看乘客是否穿妥衣服以及是否正确地穿好救生衣;③召集乘客于各集合站;④维持通道及梯道上的秩序并大体上控制乘客的动向;⑤确保把毛毯送到救生艇筏上。

（7）应变部署表应在船舶出航前制定。在应变部署表制定后如果船员有所变动而必须更改应变部署表船长应修订该表或制定新表。

（8）客船上使用的应变部署表的格式应经认可。

三、国内对应变部署表的规定

ISM 规则 A 部分第 8 节要求"对于船上可能出现的紧急情况,公司应建立标识、描述和反应程序,制订应急训练和演习计划……"这就要求船公司必须对船上的所有紧急情况进行标识、描述,并制订应急反应计划或预案。船舶的紧急情况大致可分为 4 类 23 种。如果针对上述每一种可能发生紧急情况,都制定诸多不同类型的紧急情况的应变行动的准备,则会造成大量的重复。为了协调船舶应急计划的编制结构,由国际海事组织(IMO)海上安全委员会(MSC)制定了《船上紧急情况应急计划整体系统构成指南》(以下简称《指南》),并于 1997 年 11 月 27 日通过了 IMOA 852(20)号决议。该《指南》提供了制定公司和船上人员对紧急情况做出有效反应的程序的框架。其目的是:利用整体系统的构成帮助公司将规则要求转化成行动要求;将有关船上的紧急情况融合进这一系统中;帮助编制协调的应急计划,使船上人员接受,并在紧急情况下更能得到正确应用;为取得一致,鼓励各国政府采用整体系统的结构制订各种船上应急计划。

（一）船舶应变部署表

（1）我国规定 200GT 及以上的中国籍船舶应配备由我国海事局认可的统一印制的货船或客船应急部署表。

（2）应急部署表由三副根据大副的部署意图负责具体的编制工作,经大副审核、船长批准签字后施行。应急部署表应张贴在驾驶室、机舱、餐厅、主要走廊及其他船员集合的场所。

（3）应急部署表应在船舶出航前制定,制定后,如船员有变动应修订或制定新表。

（4）应急部署表应包括的内容:列明通用紧急报警的信号,规定弃船命令如何发出及发出警报时船员、乘客应采取的行动；规定由指定的驾驶员负责保证维护救生、消防设备并使其处于完好和立即可用状态；指明关键人员受伤后的替换者，要考虑到不同的应急情况要求不同的行动；标明分配给不同船员的任务，客船的应急部署表还应标明分派给船员与乘客有关的各项任务。

（二）应变须知

船舶应急按性质可分为消防、救生、堵漏和油污应急 4 种。各类应急的报警信号如下：

消防：由警铃或汽笛发出连续短声，持续 1min 后，另加火灾部位指示信号：一短声表示在船前部；二短声表示在船中部；三短声表示在船后部；四短声表示在机舱；五短声表示在上层建筑。

救生人落水：由警铃或汽笛连续发出三长声，持续 1min。

弃船：由警铃或汽笛连续发出七短一长声，持续 1min。

堵漏：由警铃或汽笛连续发出二长一短声，持续 1min。

油污：应发出本船《油污应急计划》中规定的信号，我国船舶大都采用一短二长一短声的报警信号。各类应急情况的警报解除信号为一长声（持续 4~6s）或口头宣布。

船长是各类应急情况的总指挥，其替代人是大副；大副是各类应急情况的现场指挥。但事故现场在机舱时，由轮机长担任现场指挥，并负责保障船舶动力。船舶在港停泊发生应急情况时，如船长、大副均不在船，则由值班的驾驶员全权负责应变指挥（见表 3.1 和表 3.2）。

表 3.1 船舶应急部署表

任何船员应熟悉如下信号，一旦听到报警信号，立即就位：

短声 -　　　　长声 ——

人落水：———

消防：- - - - - -　　　　弃船：- - - - - - - ——

堵漏：—— - ——　　解除警报：　连放一分钟 ——

消防部署		
编号	执行人	任　务
01	船　长	驾驶台总指挥，负责通信联络，组织施救
02	轮机长	机舱总负责，确保车舵功能，使用消防器材或启动消防设施
03	驾驶员	现场指挥（水龙带、水枪）
04	轮机员	使用消防器材灭火（便携式灭火机）
05	水　手	使用消防器材灭火（黄沙箱、太平斧）

续表

		救 生 部 署
编号	执行人	任 务
01	船 长	驾驶台总指挥,负责通信联络,组织施救
02	轮机长	机舱总负责,确保车舵功能
03	驾驶员	现场指挥,抛救生圈、救生衣、救生绳
04	轮机员	协助放划子,抛救生圈、救生衣、救生绳
05	水 手	放划子,抛救生圈、救生衣、救生绳

		堵 漏 部 署
编号	执行人	任 务
01	船 长	驾驶台总指挥,负责通信联络,组织施救
02	轮机长	机舱总负责,确保车舵功能,启动排水设备,负责排水
03	驾驶员	现场指挥,使用堵漏器材堵漏
04	轮机员	使用堵漏器材堵漏
05	水 手	使用堵漏器材堵漏

		弃 船 部 署
编号	执行人	任 务
01	船 长	发布最后对外通信联络,指挥在船人员携带必要的救生器具离船,最后离船
02	轮机长	按船长命令,关停机器,携带轮机日志,穿好救生衣离船
03	驾驶员	按船长命令,携带航行日志、船舶证书穿好救生衣离船
04	轮机员	按船长命令,穿好救生衣离船
05	水 手	按船长命令,穿好救生衣离船

		液货应变部署
编号	执行人	任 务
01	船 长	上驾驶台指挥,确保船上人员处于安全位置,如有液货泄漏入江,向当地政府和海事机关报告
02	轮机长	确保机器开启,停止液货泵,必要时指挥轮机员开动消防泵
03	驾驶员	使用防污器材,防止液货泄漏入江
04	轮机员	协助大副排除泄漏险情
05	水 手	协助大副排除泄漏险情

船名:_____ 船长:_____ 年 月 日

表 3.2　船员应变卡

编号	01	执行人		船长		姓名	
弃船	信号	——————重复连续放 1min					
	任务	发出最后弃船联络通信,指挥在船人员指挥在船人员携带必要的救生器具离船,本人最后离船					
消防	信号	——————短声连放 1min 之后 - 船首　-- 船中　--- 船舷　---- 机舱 ----- 居室					
	任务	驾驶台总指挥,组织施救,负责通信联络					
人员落水	信号	—————重复连放 1min					
	任务	驾驶台总指挥,组织施救,负责通信联络					
堵漏	信号	- - —————重复连放 1min					
	任务	驾驶台总指挥,组织施救,负责通信联络					
货物泄漏							

（三）溢油应急部署表

溢油应急部署表的性质与船舶应急部署表相同,针对船舶发生油污事故后各类人员的职责和应采取的应急措施作了明确的分工和规定。演习及记录部分,为保证 SOPEP 发挥应有的指导作用,应定期进行油污应变演习。通常要求每月至少进行一次;每次的演习情况应详细记入航海日志,保存 3 年。

复习与思考

1. 关于船舶应变部署表的内容,下列说法不正确的是_____。
   A. 有关应变的警报信号的规定
   B. 职务与编号、姓名、艇号的对照一览表
   C. 航行中驾驶台、机舱、电台固定人员及其任务
   D. 不应指明哪些船上高级船员负责保证维护救生和消防设备
2. 关于溢油反应部署表的张贴位置,下列叙述不正确的是_____。
   A. 各船员房间　　　　　　　　　B. 驾驶台
   C. 机舱　　　　　　　　　　　　D. 主要走廊和其他船员集合的场所

3. 船体破损进水后,为尽快测定破损位置,应采取下列步骤_____。

Ⅰ. 测量各污水沟、水舱的水位;Ⅱ. 机舱测量各油舱的油位;Ⅲ. 进入货舱检查漏损的位置;Ⅳ. 采用自制的探测器在舷外探测或在空气管处听声音。

　　A. Ⅰ～Ⅳ　　　　B. Ⅰ、Ⅱ、Ⅳ　　　　C. Ⅱ～Ⅳ　　　　D. Ⅰ、Ⅲ、Ⅳ

4. 在船体因故漏损的情况下,应采取的措施有_____。

Ⅰ. 通知机舱立即停车或减速,减小水流对船体的冲击;Ⅱ. 尽快查找漏损位置;Ⅲ. 关闭与漏损舱室相通的水密设施;Ⅳ. 采取有效的堵漏措施。

　　A. Ⅰ、Ⅱ、Ⅳ　　　B. Ⅰ～Ⅳ　　　　C. Ⅱ～Ⅳ　　　　D. Ⅰ、Ⅲ、Ⅳ

5. 船舶机舱失火时应采取下列扑救措施有_____。

Ⅰ. 用水雾掩护消防员进入机舱;Ⅱ. 关闭所有水密门窗,打开天窗,减轻烟雾和热浪对消防员的包围;Ⅲ. 因火势大而无法进入时,可从地轴弄或逃生孔进入;Ⅳ. 如果使用 CO_2 灭火,应首先通知所有人员撤离,然后一次性施放。

　　A. Ⅰ～Ⅲ　　　　B. Ⅱ～Ⅳ　　　　C. Ⅰ～Ⅳ　　　　D. Ⅱ、Ⅳ

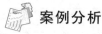

案例分析

意大利海域邮轮触礁搁浅事故

事发

当地时间2012年1月13日晚,一艘邮轮在意大利海域触礁搁浅,至少11人死亡,约40人下落不明。事发时,这艘名为"科斯塔·康科迪娅号"的邮轮正在进行环地中海旅行,但在行驶至意大利季略岛附近时触礁搁浅。船上搭载4 234人,包括52名6岁以下儿童,1/3乘客为意大利人,乘客包括意大利人、德国人和法国人和约1 000名船员等。当时邮轮上有22名香港游客,值得庆幸的是,他们已被证实全部获救。当地官员称,因为在营救最后部分被困乘客遭遇困难,伤亡人数可能进一步上升。吉利奥岛居民热心提供食物和毛毯,当地旅馆、学校和体育场馆向他们开放。

据报道,死者中有一名70多岁的男性在邮轮搁浅发生倾斜后因跳入冰冷的海水突发心脏病死亡。另有多人受伤,其中两人伤势严重。截止到北京时间14日上午10:00,当局已经救出约3 200名乘客和1 000船员,但仍有约200人被困船上。

意大利海岸警卫队发表声明称,"约在当地时间晚8:00,290m长的'科斯塔·康科迪娅号'邮轮船体开始进水并倾斜了约20°"。其后又表示,邮轮的左侧船体撞上了礁石,并被划开一条长70～100m的裂口。

乘客们曾听到隆隆巨响,但一开始只是被告知邮轮发生了电路故障,稍后才被要求穿上救生衣。惊慌失措的乘客冲向救生艇,而多名乘客仓皇跳入海中。大约有100名乘客被救起,仍有约40名乘客下落不明。

第三章　海上危机与应急处理

"这像极了电影《泰坦尼克号》中的场景","一切开始下沉,所有人都惊慌失措地奔跑",一名幸存者说,"我们不知道事态究竟有多严重。后来我们透过窗户看见水越来越近。大家都想早点登上救生艇,但是人们非常惊恐,开始互相推搡,好多人从楼梯上掉了下来。"这艘意大利的豪华邮轮搁浅翻覆,整个过程当中就像是"泰坦尼克号"的翻版,游客们非常惊慌无措,场面非常恐怖,尖叫声四起,大家仓皇逃生,有的人甚至跳海逃生。即使是已经坐上救生艇的人也非常惊慌,一名65岁的妇女回忆说,救生艇上的乘客开始抢别的乘客身上的救生衣,而这名65岁的妇人只能够抢到小孩子身上穿的救生衣。

弃船

1月16日,黑匣子部分内容公布,包括邮轮航行路线数据和驾驶舱船员对话内容证实,船长弗朗切斯科·斯凯蒂诺确实弃船而逃,没有指挥疏散。船长弗朗切斯科·斯凯蒂诺与港口官员的通话录音文本显示,斯凯蒂诺弃船而逃,并且"拒绝返回岗位",没有参与指挥乘客和船员疏散。当时,一名港口官员命令船长:"现在你去船首,上应急梯,协调疏散……你必须告诉我船上一共多少人,多少乘客,多少儿童、妇女,每一类人具体多少。"船长似乎没有执行港口官员的命令,遭到质问:"你在干什么?你是想放弃救援吗?船长,这是命令。"

一家意大利媒体报道,当海岸警卫队队员于14日1:30发现斯凯蒂诺安全地裹在毛毯里时,提醒他船长应与船同在的传统,但斯凯蒂诺拒绝返回邮轮。当时,距离海岸警卫队宣布结束疏散行动还有4个多小时。报道称,斯凯蒂诺上岸后招来一辆出租车,告诉司机:"带我尽可能地远离这里。"此外,海岸警卫队的潜水员已找到该邮轮的黑匣子,这个黑匣子中应该包含航行的精确路线和船员之间的最后对话,将有利于事故原因的最终查明。

　　有报道称,13日晚邮轮触礁搁浅时,斯凯蒂诺正和乘客们一起用餐,还曾用五六种语言说"别惊慌"。据当时在餐厅就餐的乘客回忆,在邮轮开始倾斜之后,邮轮负责人依然称邮轮只是遭遇了技术问题,并要求乘客们待在原地。在事态继续恶化、邮轮已发生严重侧倾之时,船员们还在拖延放下救生船的时间,以至于乘客们"不得不大声喊叫要求他们放下救生船"。更有甚者,在邮轮触礁进水一个小时之后,现年52岁的船长在船上仍有大量乘客未获救的情况下就私自弃船而去。由于这艘船上的船员被指反应慢,灾难的应变能力不足,因此该船的美国母公司嘉年华公司可能会面临到来自乘客索偿的诉讼潮。

　　《意大利日报》14日头条新闻以标题"生时不幸,死亦难堪"报道"科斯塔·康科迪娅号"沉没。这艘邮轮在2005年的9月下海的时候已经有厄运的先兆,因为在举行掷香槟酒瓶仪式的时候,这个香槟酒瓶竟然摔不烂。从那以后就一直厄运连连,首先在2008年11月的时候在试图驶进西西里岛的港口时遇到了狂风骤雨,船身撞到码头损毁,这一次又是在吉利奥岛的海域撞到礁石倾覆造成了至少3个人死亡70个人受伤的轰动全球的事件。巧合的是事发的上个星期五正好是13日的黑色星期五,也是一个非常不吉祥的日子,因此有报道指出该邮轮号诞生不详,结局糟糕。

　　影响

　　目前全球性经济危机已经导致邮轮行业的潜在客户减少,而此时发生此事,消费者可能产生抵触情绪,担心安全问题,减少或取消邮轮出行旅游计划。因此,邮轮观光行业有可能将要广泛受损。

　　问:
　　1. 当邮轮发生事故,邮轮上的船员应该如何实施应急部署与应急反应?
　　2. 为什么会造成邮轮搁浅与触礁?有哪些因素?
　　3. 事发后船员和船长是否存在责任缺失?

作业要求

1. 简述海上危机的特征及其分类。
2. 简述我国海上危机的现状。
3. 简述海上危机管理系统分类及各部分之间的关系。
4. 详述邮轮失火时的应急反应,及船舶搁浅时的应急反应。

第四章

海上航行事故与海事预防

虽然船在上面,水在下面,然而水仍是主人翁。

——裴多菲

专业英语词汇

  海上事故:Marine accident 海事预防:Maritime Accident Prevention

学习目标

  通过本章的学习主要了解海事的概念、发生海事的条件和特点、防止海事的措施。

学习重点、难点

  掌握海上航行事故的成因和分类;掌握预防海上事故的措施。

 案例导入

  Z轮由沪港2014年12月23日11:00离沪,航行在长江口南水道中,视程3~4 n mile,继后又能见到水天线,当时主机定速14kn。17:00后见四周泗礁列岛的柴山几附近岛屿皆清晰可见,船长离驾驶台。18:19视程转坏仅1 n mile,当时有东南风5~6级,大浪,操舵航向162°。18:24视程更趋恶劣,小于0.1 n mile,驾驶台才开始采取雾航措施,其次序为:打电话给值班轮机员,但铃响七八次才接通,开启自动雾笛,开启雷达避让装置并航向输入,打电话给船长且同时将主机螺距减小到11kn船速。

  船长听到第一声自动雾号长声,且同时听到电话铃响,即上驾驶台,观察左舷雷达未见船只回波,只见海浪回波甚强,范围大至4/3 n mile,故又至右舷,开启性能较好的另一台雷达,再回左舷的雷达观察,并调节其距离尺,即12-6-3 n mile三挡与抑制旋钮等,但未见目标,突然听见渔船主机的"嘟嘟"声,向前跨出两步至前窗,见小船在船首偏左方约20m处从左向右驶来。一面叫停车一面奔向右舷,驾驶员执行停车后几乎在停车同时

19:30发生了碰撞。结果致使1人死亡,渔船沉没。

第一节 海事的定义和分类

一、海事的定义

(一) 事故的定义

1. 事故的定义

事故指发生在人们生产、生活活动中的意外事件。伯克霍夫的定义较为著名,即事故是人(个人或集体)在为实现某种意图而进行的活动过程中,突然发生的、违反人的意志的、迫使活动暂时或永久停止的事件。

2. 事故的特性

(1) 事故的因果性。

事故的因果性是指一切事故的发生都是有其原因的,这些原因就是潜伏的危险因素。这些危险因素有来自人的不安全行为和管理缺陷,也有来自物和环境的不安全状态。这些危险因素在一定的时间和空间内相互作用就会导致系统的隐患、偏差、故障、失效,以致发生事故。

(2) 随机性、必然性和规律性。

事故的随机性是指事故的发生是偶然的。同样的前因事件随时间的进程导致的后果不一定完全相同。但是在偶然的事故中孕育着必然性,必然性通过偶然性事件表现出来。事故的随机性说明事故发生服从于统计规律,可用数理统计的方法对事故进行分析,从中找出事故发生、发展的规律,为事故预防提供依据。

(3) 潜伏性。

事故的潜伏性是指事故在尚未发生或还没造成后果之时,各种事故征兆是被掩盖的。系统似乎处于"正常"状态。事故的潜伏性使人们认识事故、了解事故发生的可能性及预防事故成为一件非常困难的事情。这就要求人们珍惜从已发生事故中获取的经验教训,不断探索和总结,消除盲目性和麻痹思想,常备不懈,始终将安全放在第一位,做好事故的预防工作。

(二) 海事的定义

1. 海事的含义

广义上的海事,泛指航运(海事事务)和海上的一切相关事项,如航海、造船、验船、海事海商法、海损事故处理等。

在国内,海事广义上指一切有关海上事务;狭义指海上发生的事故,就国内而言就是海上事故、海损事故、海难事故的简称。内河发生的事故称内河交通事故,海上与内河合称水上交通事故。水上交通事故是指船舶、浮动设施在海洋、沿海水域和内河通航水域发生的交通事故,包括碰撞事故、搁浅事故、触礁事故、触损事故、浪损事故、火灾、爆炸、风灾事故、自沉事故,其他引起人员伤亡、直接经济损失的交通事故。

2. 海上交通事故的定义

在国外,《海洋法公约》对于海上事故给出了如下定义,海上事故是指船舶碰撞、搁浅或其他航行事故,或在船上造成材料损坏或即将发生的船舶或货物的其他发生实质性损害威胁。

在国内,海上交通事故是指船舶、设施在我国沿海水域发生的海上交通事故。其中:

(1) 船舶是指各类排水或非排水船、筏、水上飞机、潜水器和移动平台;

(2) 设施指水上水下各种固定和浮动建筑、装置和固定平台。

(3) 沿海水域指我国沿海的港口、内水和领域及国家管辖的一切其他海域。

(4) 海上交通事故是指船舶、设施发生的下列事故:①碰撞、触撞或浪损;②触礁或搁浅;③火灾或爆炸;④沉没;⑤在航行中发生影响航行性能的机件或重要属具的损坏和丢失;⑥其他引起财产损失和人身伤亡的海上交通事故,海上交通事故应适用《海上交通安全法》和《海上交通事故调查处理条例》。

二、海事的分类

各国海事法规和海事统计研究中都注重海事分类这一问题。由于海事涉及其发生对象、发生时间、发生水域、发生原因、致损对象、致损方式、致损大小等,故分类的方法有许多种。

(一) 常见的海事分类

(1) 按海事发生水域分,有海上事故、港内事故、内河(内陆水域)事故等。

(2) 按发生海事的对象分,有船舶事故、水上设施事故等。

(3) 按发生海事的船舶种类分,有运输船舶的事故、邮轮事故、渔船事故、小船事故等。

(4) 按船舶发生海事状态分,有航行事故、停泊事故,还有交通事故、非交通事故之区分。

(5) 按海事致损原因分,有碰撞事故、搁浅事故、触礁事故、火灾事故、爆炸事故、风灾事故、沉船事故等。

(6) 按海事致损对象分,有船舶损害事故、人员伤亡事故、货损事故、机损事故、污染事故等。

(7) 按海事发生过程与结果分,又可有所谓单一性海事和连带性海事。连带性海事有碰撞→爆炸,触礁→沉船→污染等。

(二) 法规条例的海事分类

(1)《海上交通事故调查处理条例》中将海上交通事故分为 6 类(共 10 种),① 碰撞、触碰或浪损;②触礁或搁浅;③火灾或爆炸;④沉没;⑤在航行中发生影响适航性能的机件或重要属具的损坏或灭失;⑥其他引起财产损失和人身伤亡的海上交通事故。

(2)《船舶交通事故统计规则》将所辖海事分为 8 类,①碰撞;②搁浅;③触礁;④触损(指船舶触碰岸壁、码头、航标、桥墩、钻井平台等固定物或沉船、沉物、木桩、鱼栅等障碍物);⑤浪损(指船舶余浪冲击其他船舶、排筏、设施等造成损失的事故);⑥火灾;⑦风灾;⑧其他事故(指上述 7 类事故以外因素造成的船舶交通事故)。

(3) IMO 的海事调查报告标准格式中将海事分为 8 个类别:① Collision and Contacts(碰撞和触碰);②Strandings and Groundings(触礁和搁浅);③Floodingsand Founderings(浸水和沉没);④ Lists and Capsizings(横倾和倾覆);⑤ Fires and Explosions(火灾和爆炸);⑥ Hull and Machinery Damage(船体和机器损坏);⑦Other(其他);⑧Unknown(不详)。

第二节 海事发生的特点和成因

一、海事发生的特点

1. 碰撞与搁浅占海事比例较高

尽管目前各国在海事研究中实际存在着不同的分类方法,但碰撞(不论是船船碰撞或船他碰撞)和搁浅(不论是触滩还是触礁)都是海事的重要类别,实际统计表明,这两类海事是海事总艘数中所占比例较大的海事。

2. 海事集中在沿海及交通密集水域

随着船舶向大型化、高速化、自动化发展,船舶频繁活动于港口和近岸水上交通要道,因此船舶在这些地区出现海损事故的概率也不断增长。在日本,因海难事故而需救助的船舶中,渔船占近半数,而不满 20 总吨的小船比例占大多数。是最不安全的因素。在加拿大,72%的海事发生在港口、海区、航道与海峡,沿海及交通密集水域是海事多发处,以上区域是海事预防的重点。

3. 邮轮爆炸和火灾事故灾难性大

在各类常见事故中,爆炸和火灾是邮轮事故的主要形式,且危害性相当大。1978 年

8月—1982年3月,4年中发生了39起严重的邮轮事故,共损失188万吨,占损失吨位30%,死亡共162人,失踪169人,财产损失严重,其中,30起为爆炸事故,7起为碰撞后爆炸,1起火灾,1起破损。对于邮轮来说由于船舶承载的各种油燃点较低,因此极容易爆炸,在上述爆炸事故中有12起是发生在压载和空载条件下发生的,多数是在空舱清洗过程中发生的。1969年12月世界上三艘20万吨级巨型邮轮"马特亚号"(205000载重吨),"玛佩萨号"(207000载重吨)和"荷肯国王"(209000载重吨),在卸油后洗舱过程中相继发生爆炸,其中一艘沉没,其余两艘邮轮均遇严重的破坏,损失共计4 800万美元,曾震动世界航运界。

4. 船舶受恶劣海况影响损失严重

恶劣海况条件给船舶活动带来了巨大的威胁,世界上每年都有不少船舶因巨浪、风暴、海流、雾等因素形成险境而导致海损,给世界航运带来损失。1979年世界500总吨以上的船舶共灭失279艘,其中由于恶劣气象条件致损的约59艘,占总数的21%,相当于1974年的两倍。1965年2月由于受当时强烈风暴的影响,有7艘船舶灭失,253艘受到不同程度的损失,据英国海上保险商联合报告称,有105艘船货损失严重提出申请保险金。

二、海事发生成因

（一）外界条件

1. 不可抗拒的自然灾害

热带飓风、台风,中纬气旋和寒潮带来的强风巨浪均给船舶海上航行造成了不可抗拒的自然灾害。

2. 水中障碍物影响

近些年来海上礁石、浅滩及水中障碍物给船舶带来影响比较多,如在我国青岛中沙的多次搁浅事故,事故性质非常相似,除主观因素外,在这些地区的航路条件中仍有不完善的因素。近年来在南海硇洲(多为触礁事故的地区)加强了航标后,事故大为减小。

3. 航道自然条件和交通密度影响

主要指狭窄航道和交通密集水域而言,其航道,密度,宽度,深度,危险物的分布,航路标志的设置,船舶活动的密度和频度,船舶遭遇态势,对遇、交叉和追越,概率等因素,均增加了船舶导航的难度,船舶碰撞事故与这些因素均有着很重要的关系。

4. 助航设施故障影响

主要是由于海上灯塔、浮标、岸标等助航设施的故障。如电源中断及遭破坏等,均可引起船舶误航概率的增大。外部因素使船舶导航的失效,使船舶在海上航行中的安全受到了极大的影响。

（二）技术故障

1. 船舶动力装置和电力系统技术故障

船体强度的减弱或船体、机械均有严重的缺陷，由于这些因素引起的船舶航行事故。

2. 操舵及螺旋桨遥控装置失控

由于船桥遥控的舵机和主机系统故障，使得船桥对车舵的操纵失去了控制，尤其在即将造成船舶安危的关键时刻，导致船舶事故概率为大。

3. 惰性气体系统故障

对于邮轮而言，在装卸原油或清洗油舱过程中，惰性气体对降低原油防爆上限及防止油料的爆炸事故是起着重要作用的。实践表明，90%以上的邮轮事故是由于未装或因该系统的故障所发生的。

4. 导航设备故障

因导航设备本身的性能不稳定，出现了技术故障，使其失去了导航性能（指向、定位和计程），应有的作用，是航线的准确度和可靠度受到影响。

5. 通信设备故障

因船舶通信设备本身性能的不稳定，出现了技术故障。使船、岸或船与船之间的通信中断，彼此情况就不能得到及时沟通。往往港区不良的视距条件下，易使船舶之间发生碰撞事故。

（三）内部环境

1. 不良的航行条件

船桥人员的配备不齐全，组织混乱，船上值班人员擅离职守，航海驾驶人员工作不认真不严肃，缺乏高度的工作责任心，无视安全航行规章。船长过分依赖引水员，对其错误行动未能及时纠正。这些不良的人为因素，均是出现海事的主观因素。

2. 视距降低

由于气象条件的影响，如雾、雨雪和夜间引起的视距降低，目测距离的受限，给船舶的操纵带来了困难。当视距小于 2n mile 时，对船舶的航行安全更甚，导致船舶事故的概率加大。由在近岸船舶海事中尤其在视距受限制条件下或夜间出现的机会很多，多佛尔海峡在未引入分道通航制以前 80% 事故是发生在视距小于 2n mile 的情况下。

3. 海员素质条件贫乏

航海知识的缺乏、技术素质的低劣，以及海上经验的不足，均是海损事故发生不可避免的因素,从多数海事事故原因来看,或多或少与船员水平因素有关。实践表明,80%左右的海事是由人为因素所造成的,说明海员条件是经常直接起作用的重要因素。

4. 航海图书资料失效

航海图书资料是保证航行安全的基本工具之一,随时保持航海图书资料的及时性和完整性是起码保证。在使用过程中,未能及时按航行通告、警告修正海图和航海资料,使这些资料陈旧,降低实用价值,可给航行带来了不可估量的损失。

第三节 海事发生作用机制及海事预防

一、海事发生的作用机制

在海事中,存在着碰撞、搁浅、倾覆、主机故障和火灾等各种各样的事故形态。就每一种海事而言,形成海事的各自条件不同,根据有关海事资料和陆上事故资料的综合分析,海事致因条件可设定为:①自然。气象、海象等自然现象。②航道。航道的水文、地理、环境。③船舶。船体结构强度、大小、船舶设备的状况。④交通。船舶交通的密集程度。⑤船员。他们的知识、技能、经验及健康状况等。

发生海事这些条件的单独作用、相互间的作用以及在防止海事所处的地位,即海事发生条件的机制,通常也称之为海事结构。研究海事发生条件的作用机制,不但可以了解一般的海事致因条件,而且还可了解各条件怎样起作用和怎样相互作用,从而防止在海事中得到重要启迪,以便抓住关键环节,对海事发生条件实施最佳控制,以较少的投入,较有成效地降低海事发生率,特别是降低全损率和重损率。所以,海事结构的研究是水上交通安全中最重要的基础工作之一,在宏观控制海事发生中具有重要意义。共有五个方面的海事条件能产生海事的组合类型,主要分为以下三类情况:

(一)单一条件发生海事的作用机制

海事发生的诸多条件中,因单一条件的作用而引发的海事,称为单一条件导致的海事,主要有五个海事发生条件:

(1)自然海事。由自然条件单独作用造成的海事成为自然海事。该类海事应局限于目前尚不可预测的自然条件导致的海事。如果自然条件可以预测,并已发出明确预报,而船员完全应能收到该预报并予以回避,但事实上却未予以回避所导致的海事则不应加入该类海事。

(2)航道海事。由航道条件单独作用而造成的海事成为航道海事。该类海事中不应包括错认陆标或灯标、错估风流等包括船员因素在内而导致的海事。海图标记的水深与实际水深不符而造成的搁浅海事,灯塔或灯标因事熄灭,在发出航海通告之前业已发生的搁浅海事则属于航道海事。

（3）船舶海事。由船舶条件单独作用而造成的海事称为船舶海事或船舶条件海事。

（4）交通海事。由交通条件单独作用而引发的海事称为交通海事或交通条件海事。许多海事均与水域的交通条件密切相关，但绝大多数也同时与船员等条件密切相关，交通条件单独起作用的海事则是极少。

（5）船员条件海事。由船员条件单独作用造成的海事成为船员条件海事。在单一条件海事出现最多的即船员海事。

（二）不涉及船员的复合条件海事的作用机制

在不涉及船员条件的情况下，由其余四个海事条件复合而成的情况，包括二条件至四条件的共有 11 种。不含船员的复合条件海事也是海事中的特异情况。

（三）含船员的复合条件海事作用机制

在涉及船员条件的情况下，与其余四个海事条件复合而成的情况，包括二条件至五条件的共有 15 种。含船员的复合条件海事在海事中最常见，并占海事中的绝大部分。所谓船员的复合条件海事的基本组合，是指船员条件与其他单个海事条件的组合，包括自然条件与船员条件的组合、航道条件与船员条件的组合、船舶条件与船员条件的组合、交通条件与船员条件的组合等。

二、海事预防

（一）开航前检查

1．船舶安全设备状况评价

这一评价不仅要采取定性的方法［如中远集团公司的"船舶安全纪律检查提纲"（1 000 条）］，也应以定量的方法或定性和定量相结合的方法加以评价。评价和检查的项目有：机电设备（主机和辅机等）、航行操纵设备（舵机和锚机等）、导航定位设备（定位避碰系统和自动舵等）、通信设备、救生消防设备和航海图书资料等，船舶的适航性标准等。

2．检查和评价船体结构

在检查和评价船体结构时，首先应检查船体结构的应力腐蚀情况；而船体强度的好坏，主要看船体构件的腐蚀情况。应注意的是：说明书中的强度计算和计算机设置输入的最大允许弯矩的剪力是有条件的，条件是船体构件情况都是正常的，特别是各构件的厚度都在允许耗蚀极限以内。而且，船体构件的腐蚀往往是不均匀的，局部要严重些，应正确对待局部强度和总纵强度的关系问题。检查时，一要看范围；二要看程度；三要看位置。注意船体构件的腐蚀情况，还必须根据条件和本船情况有所侧重。另外，要检查货舱的结构、舷侧板及前后舱壁、两侧肋骨和肘板、船体凹陷和裂纹等。

3. 货物积载

拟定的配载方案是船体所受的应力只能比说明书中计算的装载状态下更小。货物是否按舱容比配货,货物在舱内堆装是否均匀,有无不恰当的空载、压载(不应有随意性),各货舱的装货顺序是否合理等都应考虑。在装货的任何一个阶段,船舶各舱不得超过最大静水应力和弯矩的许可限度并看其是否合理平舱。此外,要确保货舱的水密性能,舱盖板、各舱门和通道口应保持良好的状态。

(二)航行中的检查

以往许多事故或海难的发生,往往是对险情发现太晚,失去了应对的有利时机,以致造成不可挽回的船毁人亡的惨剧。但也有发现及时,采取应急措施得当,挽救了船员的生命和船货。因此,航行中检查和良好操纵是避免海难事故发生的重要手段。

(1) 甲板巡视检查。在大风浪前和后应对各压载柜和货舱污水同时检查。

(2) 常规检查。包括舱口围四个角、易发生开裂的轨道中部,尤其是靠近船中部位的几个大舱。从甲板的横向来看主要是内侧自其外缘至中心的2/3部位;从甲板的纵向来看主要是船中前、后几个舱为重点,尤其是主甲板钢板对接缝和前、后上边柜交界处。

(3) 上下边柜检查。上边柜的检查重点为主甲板下的纵向肋骨。老龄船的上边纵向肋骨往往比下纵向肋骨锈蚀程度要严重得多,而靠内侧的纵向肋骨又比外侧的锈蚀要严重得多。下边柜的检查可在逐舱排水时进行。

(三)船舶操纵

除上述检查外,航行中还应充分发挥良好的船艺,避免恶劣海况的损害。

(1) 主动在大风浪中航行,争取并充分利用一切有利因素,竭力避免使船舶陷入被动境地而形成险情,一旦出现险情,及时采取有效措施化险为夷。

(2) 避免在大风浪中航行,既要避免在波谷中打横,又要避免发生横向斜摇。

(3) 保持在大风浪中航行,既要保持动力,又要保持浮力和稳性。

(4) 操纵方法。

顶浪航行。适当减速以减少波浪的冲击力和船首穿入波峰的机会,保护船体结构不受损伤;偏顶浪航行应避免被风浪压下打横而造成的危险。

顺浪航行。应恰当地使用车速,及时调整航速,避免尾部被波浪追击造成车叶和舵损坏及大量海水涌上尾部;还应注意克服因风浪打尾产生左右偏转,尤其应避免航速接近波速且船身处于波谷或波浪前部的斜面上时发生首摇失控,船被风浪打横而产生危险横倾。

横浪航行。当船舶的静水自由横摇周期大于平均波浪周期时,可减少波浪撞击和较轻的偏转。

滞航。可将波浪对船的冲击力降到最低程度并减少漂移。

漂航。船舶在具有较好的稳性和海域宽阔且无障碍物,不宜或不能采取上述航法所采取的航行方法。

掉头转向。宜缓速保持舵效,同时观察风浪变化规律,选准大浪过后海面暂时平稳的间隙快速进行。

 **延伸阅读**

南疆海事局在三方面建长效机制预防事故发生

日前,南疆海事局启动"小型船舶事故预防百日会战专项行动"。针对小型船舶及其所属公司存在的安全管理较为混乱、船员素质亟待提高、船舶船况不容乐观等问题,专项行动将从制定加油船舶在停靠点的停泊规则、小型船舶船员培训机制和特别跟踪名录制度三方面建立长效机制。

1. 摸底统计停靠船舶

随着专项行动开始,南疆海事局成立多个执法小组,分赴海委码头、渤海石油码头等指定加油船协议停靠点和小型船舶所属非体系公司开展现场宣传和执法,现场向企业、船员发放宣传材料,并进行宣讲。"2013年年底,天津港复式航道开通,今年3月,天津船舶交通管理区域实行分区分频,对于部分小型船舶和企业来说,需要熟悉新的航行规则或要求。为此,我们通过走访,与他们进行面对面的交流。同时,在专项行动启动之初对停靠点停靠船舶进行普查建档和摸底统计。"南疆海事局相关工作人员介绍。

当天,在海委码头,海事执法人员还对停靠的部分加油船舶驾驶员开展了关于港口法规、避碰规则、航行规则等的专题测试,并联合海事公安,在东突堤以西主航道与闸东航道进行巡航执法,规范小型船舶停泊秩序。

2. 小型船舶事故多发

2013年以来,天津港水域涉及500总吨以下小型船舶的水上交通事故呈上升趋势,已成为天津港特别是南疆港区重点风险源。在历次的事故调查和摸排调研中发现,小型船舶及其所属公司存在安全管理较为混乱、船员素质不高、船舶船况较差等问题,是造成事故多发的根本原因。

对此,南疆海事局启动了"小型船舶事故预防百日会战专项行动"。在为期100天的专项行动中,南疆海事局将重点建立三个长效机制。研究制定辖区加油船舶停靠点船舶停泊规则。建立小型船舶船员测试试题库,定期开展针对小型船舶船员,特别是船长的现场书面测试。重点测试其对港口规定、避碰规则、船舶操纵等的熟知程度,提高小型船舶驾驶员的守法意识和安全技能。对辖区小型船舶及船员,建立特别跟踪名录制度,将辖区内公司安全管理制度不健全或落实整改不到位、船舶安全水平低、船员安全素质不达标、不遵守航行规则、事故频发的非体系公司、小型船舶和船员纳入特别跟踪名录进行重点监控，在辖区内予以通报和定期约谈，在船舶签证、船舶安检、污染作业审批、防污检查、现场检查、现场测试等方面严格把关，促使企业和船舶自我改进和提高。

复习与思考

1. 何谓海事？
2. 构成海事的成因条件主要有哪些？
3. 防止海事的指导思想是什么？
4. 海事成因中的船员条件由哪些因素构成？

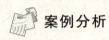 案例分析

"海燕"海难事件

南海网三亚2013年11月19日消息（三亚新闻网记者邓松） 自11月18日开始，多家媒体对今年第30号强台风"海燕"造成三亚崖城4艘采砂船事件予以关注，该事件中，6名遇险船员3人遇难，3人获救。11月19日，三亚市相关部门公布了该事件的救援细节。并表示，在该事件中，三亚有关部门均按程序及时将最新情况如实向省有关部门报送。

三亚市委宣传部对外公布的信息称，今年第30号强台风"海燕"于11月4日在西太平洋生成，11月9日凌晨进入南海，11月10日中午从三亚南部海面经过，距离崖城最近距离45km，崖城镇最大风速达16级。强台风强降雨使得宁远河洪水暴涨，导致停留在宁远河河口避风的4艘抽沙船沉没，船上6人遇险，其中3人获救，3人遇难。11月11日清晨，接到崖城抽砂船遇险的报告后，三亚市海上搜救中心协调亚海事局、三亚救助基地、市海洋与渔业局、三亚海警二支队，派出"南海救301"、"中国渔政46033"、"海警4656H"、"海巡11302"、"海巡11202"5艘搜救船开展全力搜寻，崖城镇政府组织崖城公安局及沿海村（居）委会干部群众对遇险人员进行搜救。

据了解，11月10日强台风"海燕"三亚迫近时，这4艘抽沙船在宁远河内河避风。台风到来之前，崖城镇工作人员及村委会工作人员先后2次通知该船上人员撤离上岸。但船员不听劝告，擅自采取开启动力方式进行抗洪，终因洪水暴涨，缆绳断裂，船只被大水冲入大海，造成船只沉没，船员伤亡。

事故发生后，崖州镇政府及时开展搜救工作，并协助处理善后事宜。崖城公安分局对3名遇难船员身份进行逐一确认，11月18日下午，其家属最终确认最后一名遇难船员身份。目前，3名获救船员已经得到救治，3名遇难船员后事已经处理完毕，其家属已经返回

广东江门。

11日中午,崖州镇政府按照正常程序,将有船只遇险及船上有6人的情况电话报三亚市三防办公室。11日中午,崖城公安分局也把船只遇险情况上报三亚市公安局指挥中心,三亚市公安局随后电话报省公安厅;12日下午,崖城镇政府通过传真将人员遇难情况正式上报市三防办公室。当天下午,三亚市三防办公室将崖城船只遇险及船员伤亡情况报省三防办公室;18日下午,崖城公安分局把最后确认遇难船员情况报告三亚市公安局。19日上午,三亚公安局和三亚三防办公室分别将最新情况报告省相关单位。在整个搜救过程,三亚有关部门都按程序及时将最新情况如实向省有关部门报送。

问:这次事件的发生主要责任人是谁?造成海难的原因有哪些?

作 业 要 求

1. 构成海事的成因条件主要有哪些?
2. 防止海事的指导思想是什么?
3. 海事成因中的船员条件由哪些因素构成?

第五章

海上求生与海上救助

生活就像海洋,只有意志坚强的人才能到达彼岸。

——马克思

专业英语词汇

海上求生：Survival at sea　　　　　救助报酬：Salvage award

海上救助：Assistance and salvage at sea　　救助公约：Salvage Convention

学习目标

通过本章的学习掌握水运交通事故、海事的概念及含义；了解海上碰撞事故及其相关的法律问题；掌握海上避碰规则；理解碰撞公约。

学习重点、难点

掌握海上求生的定义；了解海上求生中的主要困难；掌握海上求生要素和救生设备的使用。

 案例导入

"荒岛求生的实践家"——鲁滨孙

英国青年鲁滨孙从小喜欢航海,曾三次离家到南美各地旅行。告别家人,越过大西洋和太平洋,在惊心动魄的航海中经历无数险情,后来整条船在太平洋上不幸罹难,船上的人都葬身海底,唯有他一人得以奇迹般地活下来,并只身来到一座荒无人烟的岛上。他从绝望的缝隙中得到了生命的启示,性格坚强的鲁滨孙在岛上独立生活了28年。他在孤岛上劳作生息,开拓荒地,圈养牲畜,生产水稻和小麦,年复一年与孤独为伴,克服了种种常人难以克服的困难。凭着惊人的毅力和顽强不息的劳动,他盖起了房子,收获谷物,驯养山羊,用兽皮制作衣物。后来他搭救了一个土著人,称他为"星期五",把他收作仆人。一直到第28年一艘英国船来到该岛附近,鲁滨孙才返回英国。

第一节 海上求生与海上救助概述

一、海上求生的定义

当船舶发生海难决定弃船时,利用船上的救生设备,运用海上求生的知识和技能,克服海上的困难和危险,延长遇难船员生存时间,增加获救机会,直至脱险获救,称为海上求生。海上求生的基本原则主要有自我保护原则、合理使用淡水和食物的原则、保持坚定求生信心的原则。

二、海上求生的要素

海上求生要素包括三个方面:救生设备、求生知识和求生意志,一般也称其为海上求生三要素。

(1) 救生设备。海上求生居第一位的要素即救生设备。救生设备主要包括救生艇、救助艇、救生筏、救生艇筏登乘设备、救生衣、救生圈、视觉信号及其他救生设备,其中的救生衣、救生圈等也称为个人救生设备。另外,救生设备还包括各种救生设备的属具。

(2) 求生知识。包括各种救生设备的使用方法、紧急情况下应采取的措施、弃船后的正确行动和求生要领、救生艇航海常识、荒岛求生常识以及被救助时的行动和注意事项等。

(3) 求生意志。船求生时求生者会面临到溺水、暴露、晕浪、饮水与食物的缺乏以及遇险位置不明等各种困难。这就要求海上求生人员要有坚强的意志和毅力经得起饥饿、寒冷、口渴和晕浪的考验,能顽强地克服绝望和恐惧心理,坚持在任何时候永不放弃的信念直至脱险获救。

个体在某种外界干扰、自己有条件选择的情境中,坚持自己原有目标的意识形态,这种现象就叫作意志力。在野外,所有遇险都是在无法得到及时救援的情况下发生的,其中又有很大部分是发生在人迹罕至的地区,一般情况下其自然条件都比较恶劣,缺乏生存所需的基本条件。张亚雄在《遇险求生技巧》中的研究指出,当人类在面临各种险情时,12%~25%的人能镇定自若,50%~70%的人会发生"心理性的休克"。贝尔·格里尔斯把脱险的要素归结为三点:意志力、决心和希望,那些对生活和家庭无比热爱,求生意志坚定,身体强健,始终保持清醒和警觉的头脑,善于利用机会的人无疑是最有可能走出困境的幸运儿。

阅读

意志的力量

1809年2月12日,亚伯拉罕·林肯出生在肯塔基州哈丁县一个伐木工人的家庭,迫于生计,他先后干过店员、村邮务员、测量员和劈栅栏木条等多种工作。1834年,他当选为伊利诺伊州议员,才开始了他的政治生涯。当时,美国奴隶制猖獗,1854年南部奴隶主竟派遣一批暴徒拥入堪萨斯州,用武力强制推行奴隶制度,引起了堪萨斯内战。这一事件激起了林肯的斗争热情,他明确地宣布了他要"为争取自由和废除奴隶制而斗争"的政治主张。1860年他当选为总统。南方奴隶主对林肯的政治主张是清楚的,他们当然不愿坐以待毙。1861年,南部7个州的代表脱离联邦,宣布独立,自组"南部联盟",并于4月12日开始向联邦军队发起攻击,内战爆发初期,联邦军队一再失利。1862年9月22日,林肯宣布了亲自起草的具有伟大历史意义的文献——《解放黑奴宣言》草案(即后来的《解放宣言》),从此战争形势才开始发生了明显的变化,北部军队很快地由防御转入了进攻,1865年终于获得了彻底的胜利。此时,林肯在美国人民中的声望已愈来愈高了,1864年,林肯再度当选为总统。但不幸的是,1865年4月14日晚,他在华盛顿福特剧院观剧时突然遭到枪击,次日清晨与世长辞。

革命导师马克思高度地评价林肯说,他是一个"不会被困难所吓倒,不会为成功所迷惑的人,他不屈不挠地迈向自己的伟大目标,而从不轻举妄动,他稳步向前,而从不倒退;总之,他是一位达到了伟大境界而仍然保持自己优良品质的罕有的人物"。

林肯的一生

1831年,22岁,经商失败。接下来花了16年,才把这笔债还清。

1832年,23岁,竞选州议员,但落选了。想进法学院学法律,但进不去。

1834年,25岁,再次竞选州议员,竟然赢了。

1838年,29岁,努力争取成为州议员的发言人,没有成功。

1849年,40岁,想在自己的州内担任土地局局长,被拒绝了。

1854年,45岁,竞选参议员,落选了。

1856年,47岁,在共和党全国代表大会上争取副总统提名不到100张得票。

1858年,49岁,再度参选参议员,再度落选。

1860年,51岁,当选美国总统。

1865年,56岁,在华盛顿福特剧院遇刺。

三、海上救助的定义

海上救助也称海难救助。目前尚未发现有哪国法律或哪个国际公约对海上救助下过定义。法律或国际公约在条文中仅规定了海上救助的适用范围和海上救助构成的要件，以及海上救助如何获取报酬等其他事项。由海上救助的适用范围和海上救助构成的要件，决定了海上救助的定义如下：海上商用船舶及其他财产遇险后，无法摆脱困境，而必须额外支付报酬或费用，由第三者前来帮助解除危险的一种救助行为。

(1) 人命救助。法律规定，对于在海上遭遇生命危险的任何人，任何船长只要对本船没有严重危险，都应当予以援救。各国除法律有特别规定者外，生命被救的人没有支付报酬的义务。

(2) 财产救助。最常见是对船舶和船上货物的救助。对船舶的救助，可以根据船舶能否配合操作，船员是否已经弃船或者船舶是否已经成为沉船而分别称为"救助"或"打捞"。但除困难船影响航行安全或有其他原因而由主管机关命令强制打捞的情况外，"救助"和"打捞"的法律性质并无实质区别。

(3) 救助报酬。救助财产的一方在具备下列条件时可以获得救助报酬：①被救财产属于海上救助的标的；②被救财产处于危险之中；③救助是志愿的，即在财产开始遭遇危险的时候，救助人本来没有救助的义务；④救助工作取得了有益的效果。

四、海上救助的适用范围

我国的《海商法》或国际上的《1990年救助公约》已明确规定了海上救助的适用范围和海上救助的特点。我国《海商法》第171条规定："本章规定适用于在海上或者与海相通的可航水域，对遇险的船舶和其他财产进行的救助。"第172条规定："(一)'船舶'，是指本法第3条所称的船舶和与其发生救助关系的任何其他非用于军事的或者政府公务的船艇。(二)'财产'，是指非永久地和非有意的依附于岸线的任何财产，包括有风险的运费。"第173条规定："本章规定，不适用于海上已经就位的从事海底矿物资源的勘探、开发或者生产的固定式、浮动式平台和移动式近海钻井装置。"第174条规定："船长在不严重危及本船和船上人员安全的情况下，有义务尽力救助海上人命。"

国际上的《1910年救助公约》(Salvage Convention of 1910)第1条规定"救助服务适用于海上和内河航行。对于遇难的海船、船上财物和旅客财物、货运费的救助，以及海船和内河船舶相互间的上述救助，不论属于哪一种，也无论发生在任何水域，都适用下列规定"。第11条规定："对于海上遭遇生命危险的人员，即使是敌人，只要对其船舶、船员和旅客不致造成严重危险，每个船长均需施救。"该公约对不适用的船舶也作了相应规定(见《1910年救助公约》)。

根据法律和相关公约的规定，海上救助主要适用于海上或者与海相通的可航水域中，救助船舶对被救助船舶及其所载人员、货物、运费的遇险救助和对不包括海上用于勘探开发的固定式或浮动式的平台及钻井等装置的其他财产的遇险救助。

第二节　在水中漂浮时的行动

一、落水者未穿戴救生衣时应采取的行动

(1) 落水时不要丢掉衣物。
(2) 采用仰泳的漂流姿势，这样既能有开阔的视野，又能减少体力损耗。
(3) 尽可能捞获可作为救生器具的漂浮物。
(4) 当接近救生艇或是船舶时，做出求救行动。
(5) 若过往船舶未发现落水者，不要追赶船舶。

二、水面有油火时应采取的行动

(1) 跳水脱险前应判明风向和水面有无障碍物或落水人员，并在上风舷侧跳海。
(2) 跳水时应穿着棉毛衣服（不可穿化纤织物）。
(3) 先深吸气，再闭气，同时用一手掩鼻口，另一手遮蒙眼睛及面部，并将两腿夹紧伸直，垂直跳下。
(4) 入水后应向上风方向潜泳，如需换气，应用手探出水面，做向周围拨水的动作，将水面油火拨开，当头部露出水面时应转身使面向下风，做深呼吸后（深吸一口气后），立即下潜继续向上风方向潜去。
(5) 不可穿着笨重的衣、鞋和救生衣。在条件允许时可将救生衣和必需的衣物包扎好用一小绳系在腰上，拖出油火区后，再收回穿用。

三、在低温水中应采取的行动

落水者在低温水中自救要点：
(1) 落水者不应做不必要的游泳，在冷水中，可能会猛烈颤抖甚至全身感到强烈疼痛。但这仅是人体在冷水中一种本能的反应，没有死亡的危险。最要紧的是在水中尽可能地静止不动才能使体温下降减缓。
(2) 落水者在低温水中为了保存体温，应采取国际上有名的 HELP 姿势（Heat Escape Lessening Posture），意为减少热量散失的姿势。这种姿势的要领是：两腿弯曲并拢，两肘紧贴身旁，两臂交叉抱在救生衣前面。
① HELP 姿势。可最大限度地减少身体表面暴露在冷水中，使头部、颈部尽量露出水面。
② HUDDLE 姿势。HUDDLE 姿势是指同时有多名落水人员在一起求生时，也可以

由多名落水人员采取环抱在一起的一种漂浮待救方式。一定要注意,环抱人员应尽可能增加相互间的身体接触面积,但不可在同伴间用绳子紧紧地系结起来。由于多人在一起漂浮求生,夜间相拥在一起的几人可只打开一盏救生衣灯。

(3)禁止饮用含有酒精的饮料,因为饮酒不仅不能帮助保持身体的温暖,反而会加速体温的散失。

(4)必须有求生获救的坚定信心和积极的思想状态。经验证明,有无求生的意志,会产生完全不同的效果。

四、在鲨鱼出没和其他危险海洋生物海区中应采取的行动

(一)在鲨鱼出没海区中应采取的行动

1. 如果你在水中

(1)靠近其他游泳者。几个游泳者围成一圈可以360°观察鲨鱼的踪迹,比起单独一人,能更好地避开鲨鱼。如果遭到鲨鱼攻击,几个人在一起的反击能力也要强一些。

(2)时刻警惕鲨鱼。要始终穿着衣服,包括鞋。证据显示,在一群人当中,那些部分赤裸的人最先受到攻击,通常是脚部。而且,如果鲨鱼擦过你的身边,衣服可以保护你的皮肤不被擦伤。

(3)小便时要将尿液一阵一阵地排出,使得尿液在排尿间隙能够消散掉。大便时,一次排出少量的粪便,并且将粪便扔得越远越好。

(4)如果你不得不呕吐,要吐在手上,然后扔得越远越好。

2. 如果在水中,并且鲨鱼正在逼近

(1)适当地制造喧哗阻止鲨鱼,这样你可以保存体力,一旦鲨鱼攻击,有更多的力气反击。

(2)在水下大声叫喊。一些潜水员说这种方法有时可能会吓走鲨鱼。

(3)将手指并拢,微屈,呈杯状,然后拍打水面,这样发出的声音很大,可能会吓走鲨鱼。

(4)可以用脚、用棍子对付鲨鱼。如果能够,要击打鲨鱼腮下或者眼睛。如果打它的鼻子,可能会滑过鼻子,碰到它的牙齿,从而使自己的手受伤。

3. 如果在救生筏上,并且看到了鲨鱼

停止钓鱼,如果在看到鲨鱼之前已经有鱼上钩,让鱼跑掉;不要在水里杀鱼、洗鱼;不要把垃圾扔到水里;不要把手脚伸到水里;保持安静,不要动;将手脚以及装备都放到救生筏里面去;尽快停止一切行动。如果鲨鱼数目众多,要一直等到晚上再活动。

4. 如果你在救生筏中,并且鲨鱼正在逼近

如果可能,射杀它;朝鲨鱼附近的水里射击,水里的剧烈震荡可能会吓走鲨鱼;用你能找到的任何东西击打鲨鱼。如果用桨,小心不要弄断桨。如果直接用手打,那么受伤的是你而不是鲨鱼。

(二)在其他危险海洋生物海区中应采取的行动

(1)被水母蜇伤。应以毛巾或衣服蘸海水清洗,或以水手刀、信用卡及镊子等为工具去除体表的水母刺丝胞,千万不要用手直接除去,以免造成二度蜇伤。注意,不可使用清水或酒精、尿液清洗,以免使刺丝胞分泌毒液,加重症状。可用食用白醋或5％醋酸或pH值大于8的阿摩尼亚,清洗并敷在伤处,以去除刺丝胞的活性及毒性。

(2)被有毒水母蜇伤。可涂抹类固醇或抗组织胺药膏,以减轻局部皮肤反应,必要时口服抗组织胺,注射止痛针或冰敷止痛。若出现全身性症状,应紧急就医。如有呼吸衰竭或休克现象,应立即供氧,并采取静脉输液及注射肾上腺素等急救措施。

(3)被长棘海胆刺伤。有一些海胆的棘有毒,如毒棘海胆或环刺海胆等,人若不慎被刺,会引起皮肤红肿、疼痛难忍,严重甚至出现心跳加快、全身痉挛等症状,锐利的珊瑚以及缠绵的海藻等都能使落水人员受到伤害。

 **延伸阅读**

美4学生海上漂浮一天后获救

2008年6月10日,在墨西哥湾举行的一场赛艇比赛发生翻船事故,4名大学生和一名救生员在海上漂浮一天多后获救。

4名学生在得克萨斯农业机械大学就读。学校首席执行官伯文·洛夫廷说,这4名学生和一名救生员借助4件救生衣在海上漂浮,救生员用手电筒向海岸警卫队搜救人员发出求救信号。美国海军士官勒内·艾洛说,5名获救者自翻船处往西北方向漂浮了大约8km,在得州弗里波特以南大约37km海域被一架直升机救起。

洛夫廷说,生还者在得克萨斯大学医学分部加尔维斯顿校区接受了体检,除晒伤和脱水外,身体状况良好。加尔维斯顿校区一名女发言人说,经过26小时漂浮,生还者正在休息,已经与家人见面。这4名学生参加了6日开始的"朋友杯"赛艇比赛。6日午夜时分,他们的赛艇在马塔戈达以南约18km处失踪。

第三节　海上国际救助公约

一、海上救助法律制度的产生

（一）制度产生条件

救助行为原本产生于人类在生产、生活中由于道德和道义上约束，而自愿做出的行为。如一个小孩掉到河里喊"救命"，就会有人毫无顾忌地跳到河里将他救起；邻居起火，你也会拿出灭火器或水盆前去救火。这种救人、救火行为均属于救助行为，但这种行为仅仅出于道德和道义上的约束，而这种约束已习惯成为人们日常生活中的行为观念，至今这种观念也尚未改变。早期的海上救助行为原本也属于道德行为的范畴，但由于海上航运和海上救助的特殊性，存在着转变成商业性服务行为的基础（人命救助除外），使得海上救助能够作为商业性服务行为得到人们的广泛认同。理由如下：

1. 海上救助必须存在

海上航运时刻面对变幻莫测的海上风险，生命和财产随时都有可能发生危险，为确保人命和财产安全或尽可能使危险和损害降低到最小程度，需要海上救助长期存在，并要有经济措施给予鼓励。

2. 海上救助必须有专业的救助人

海难发生后，不单是用船拖带，大多数涉及船舶的排水或灭火、货物的卸载和重装、船体的起伏或打捞等多项工作专业技术性要求非常强。没有一个专业的救助人是不能确保海上人命和财产的救助取得成功的。要保证专业的救助人能够长期从事救助行业，必须对其要有经济措施给予鼓励。

3. 海上救助须有巨大经济投入

作为任何中救助行业，救助人要实施及时有效的救助，就必须要事先准备好动用大量的人力、物力。由于海上的客观环境，使得海上救助不同于其他的救助。海上救助人对事先准备人力、物力的资金投入是巨额的，要保证救助人的经济投入能够有所回报，需要对海上救助给予报酬。

4. 海上救助要冒巨大风险

海难往往是海况在恶劣的情况下发生的，因此，海上救助工作往往是在恶劣的条件下进行的。救助过程中，救助人员和船舶不仅自身要冒风险，同时还要抢救遇难船的人员和财产，可以说，海上救助所付出的各种代价是巨大的，需要给予经济补偿。

（二）海上救助法律制度的产生

由于人们对海上救助的认识不断加深，海上救助存在着转变成商业行为的基础，使各国都将海上救助作为一种商业行为，以法律形式明确在海上法律中，用以调整救助人和被救助人之间的民事法律关系，使海上救助收费合法化，成为了一种法律制度。海上救助成为一种法律制度出现，其雏形体现在古老的《罗地安海商法》中的"为了拯救船舶而需要支付的费用，应由船的整体来负责"。其成型体现于1910年9月23日在布鲁塞尔第三次海洋法外交会议上发布的，1913年3月1日起生效的《1910年统一海上援助与救助的若干法律规定的公约》（Convention for the Unification of Certain Rules Relating to Assistance and Salvage at Sea，1910），简称《1910年救助公约》。

《1910年救助公约》第1条开宗明义地规定："救助服务适用于海上和内河航行。"该公约第2条规定："有效果的每项救助行为，有权获得公平的报酬。如提供的服务无利益效果，无任何报酬。"这两条规定明确指出，海上救助是一种商业性服务行为。在这个前提下，海上救助收费理所当然，但是，只有在救助成功的前提下，法律上才能允许索要报酬，不成功则不允许索要报酬。

该公约出台后，世界许多国家均效仿该公约内容制定其国内相关海商法律。该公约经过两次修订，目前使用的是1989年修订的《1989年国际救助公约》（International Convention on Salvage 1989）。《1989年国际救助公约》与以往最大不同的地方时增设了"特别补偿条款"，冲破了原有的"No Cure No Pay"的救助原则，对遇险船舶或货物在防治污染环境的救助实行"No Cure-also Pay"的救助原则，目的在于鼓励救助人对遇险船舶进行救助时要预防发生环境污染或对污染要进行消除，对国际间海洋环境保护具有非常积极的意义。

我国现行的《海商法》第179条规定：救助方对遇险的船舶和其他财产的救助，取得效果的，有权获得救助报酬；救助未取得效果的，除本法第182条或者其他法律另有规定或者合同另有约定外，无权获得救助款项。由于海上救助补偿制度能够作为商业性行为出现，大大鼓励了人们对海难救助的积极性，为此，一些沿海地区建立了专业的海难救助打捞公司，一旦在船舶发生遇难事故，有能力的救助方或在行的其他船舶均会前往遇事地点救助。我国目前拥有3家专业的救助公司，分布在烟台、上海、广州等地，担负我国沿海水域的救助工作。

二、国际救助公约

海上救助的国际公约主要有《1910年救助公约》和《1989年救助公约》。《1989年救助公约》是根据1981年对1910年公约进行修订的草案而制定的。由于这两个公约的内容有所不同，世界各国处于客观上存在着的政治和经济方面的原因，加入的公约有所不同,但在其国内的立法及相关的规定基本上都引入公约的部分内容或接受公约的原则。我国 1993 年以前虽然不是救助公约的海约国,但海上所使用的救助合同格式和《海商法》、《海上交通安全法》中关于救助的规定等均接受了公约的原则。《1989 年救助公约》出台后,我国政府于 1993 年 12 月 29 日加入了《1989 年救助公约》。由于《1989 年救助公约》是在《1910 年救助公约》的基础上进行修订的,对基本"无效果、无报酬"的救助原则规定在财产救助时仍旧适用。因此,研究与讨论救助问题时仍引用《1910 年救助公约》的条文。

(一)《1910 年救助公约》

该公约是由世界各国于 1910 年在布鲁塞尔召开的海洋外交会议上签订的第一个国际海上救助公约。该公约 1913 年起生效。截至 1997 年 2 月,共有成员国 93 个,我国没有加入该公约。公约明确规定海上救助中救助任何被救助人的权利、义务,并确立海上救助中应遵循的基本原则。公约自生效以来,一直是海上救助方面的重要法律,其主要内容有以下几个方面:

(1)明确公约的适用范围。即该公约既适用于在海上、与海相通的水域所发生的救助,也适用于在任何其他水域所发生的救助。

(2)确定"无效果、无报酬"的原则。救助人只要救助成功,即可获得报酬,至于报酬的具体数额,没有明确规定,通常的报酬数额是获救财产的一部分,最高也不得超过获救财产的价值。

(3)确定计算报酬的标准。按救助人救助时所冒风险的程度、救助人的实际损失(包括时间和费用支出)和获救财产的价值等确定。

(4)确定无偿救助人命原则。即单纯救助人命而没有救助任何财产,救助人无权向获救人员索取报酬。相反,如果既救助人命,又救助财产,则可以从获救财产中因救助人命而获得较高的报酬。

(5)规定救助报酬请求权的诉讼时效。此项诉讼时效为 2 年,自救助行为终止之日起算。

(二)《1989 年救助公约》

国际海事委员会(Committee Maritime International,CMI)在《1910 年救助公约》的基础上于 1981 年修订出新的公约条文,并在同年 5 月加拿大蒙特利尔召开的第 32 届国际会议上通过,成为《1981 年救助公约草案》。该草案增加了一些新内容,为后来的《1989 年救助公约》的出台奠定了基础。增添的内容主要有以下方面:

(1)提出"环境污损"概念。环境污损是指因污染、爆炸、玷污、火灾或类似重大事故对水中资源和人类健康造成实质性的有形损害。

(2) 规定救助任何被救助人的义务。即将防止和在救助中对环境造成污损作为救助人的法律义务。例如,公约草案规定"遇难的船长和所有人应当采取及时的合理的行动,安排救助工作,并在救助过程中,与救助人充分合作,尽最大努力防止和减少环境污损"。"救助人应尽最大努力救助船舶和财产,并应谨慎小心地进行救助工作,同时还应尽最大努力,防止和减轻对环境的污损。"

(3) 增加了"特别补偿条款"。救助人对可能污损环境或业已污损环境的船舶或物资进行救助即使不成功,只要救助人没有过失,也应获得特别补偿。相反,如果防止或减轻污损,救助成功时,则可获得不高于实际救助费用 2 倍的特别补偿。此条款对原有的"无效果、无报酬"的救助原则是重大的突破,但仅适用于防止和减轻环境污损。

(4) 关于留置权的规定。被救船舶和货物所有人在救助工作完成后,应向救助人提供满意的担保,否则,救助人对获救船、货有留置权。

(5) 关于诉讼管辖权的规定。因救助报酬而提起的诉讼,下列法院均有管辖权:被告主要营业地法院;被救财产到达的港口所在地法院;被救财产扣押地法院;报酬担保所在地法院;救助地法院。但是,这一规定并不排除当事人双方同意将争议提交某一特定的法院审理或仲裁机构裁决的权力。

《1981 年救助公约草案》得到国际间政府海事组织的认可,并于 1989 年 4 月 17 日至 28 日在伦敦召开的外交会议上作再次修订并通过,成为《1989 年救助公约》。《1989 年救助公约》已于 1996 年 7 月 1 日起生效。《1989 年救助公约》是在《1910 年救助公约》的基础上修订的,相比《1910 年救助公约》,《1989 年救助公约》在以下几个方面又做了较大修改和补充。

(1) 扩大了公约的适用范围。首先,扩大了救助案件的范围。《1910 年救助公约》仅适用于救助船舶或被救助船舶属于缔约国所有的救助。这就意味着救助当事人之一方的船舶必须属于缔约国所有的救助才可使用该公约。《1989 年救助公约》第 2 条规定:"本公约适用于在公约成员国提起的有关公约所辖事项的诉讼或仲裁。"也就是说,即使救助当事人的船舶不属于公约成员国,只要其中一方在某一共约成员国内提起诉讼或仲裁,该公约同样适用于该案件。

其次,救助水域范围的扩大。《1989 年救助公约》规定的适用水域为"可航水域或任何其他水域"。这里的"任何其他水域"是指不与海相通的内如水域,使该公约所指的救助,不再仅指海上救助,而延伸到内水。

(2) 增设了"特别补偿条款"。"特别补偿条款"的增设是救助公约的重大发展,它冲破了《1910 年救助公约》的"No Cure-No Pay"救助原则,对遇险船舶或货物在防治污染环境的救助实行"No Cure-also Pay"的救助原则,其目的在于鼓励救助人对遇险船舶进行救助时要预防发生环境污染或对污染要进行消除。在环境保护和污染损害的救助报酬上实行"No Cure-also Pay"的救助原则,对国际间海洋环境保护具有非常积极的意义,但也因此带来与其相关的救助合同条款、共同海损规则、船舶保险条款,乃至各国的法律等的修订。

《1989年救助公约》第14条是关于"特别补偿"的规定的,其中第1款、第2款的规定可以概括为以下3点:

① 救助人如果救助了危机环境的船舶或货物,尽管救助不成功,或效果不明显,且未能防止或减少环境污染,根据第13条规定获得的救助报酬如果低于救助人所花费用时,救助人有权获得由船东支付的相当于其所花费用的特别补偿。

② 救助人的救助作业如果防止或减少了环境污染,船东向救助人支付的特别补偿可增加到救助人所花费用的130%。

③ 法院或仲裁机构如果认为公平合理,并考虑第13条第1款所列的有关因素,还可将特别补偿增加到救助人所花费用的200%。该条款不仅适用于油船,而且也适用于任何对环境构成污染损害的船舶或货物,因此,危险和有毒货物、船上燃料等均属于适用的范围。另外,救助对环境不构成污染损害的船舶或货物所采取的预防措施而产生的费用不能获得特别补偿,因为这种措施本来就是救助人在救助作业中必须采取的,是救助人应尽的义务。增设了许多重要条款,如救助当事人义务条款、评定救助报酬的标准条款和船长有权代表船舶和船上财产所有人签订救助合同条款等。

从公约的修订过程中可以看出,修订公约的最重要的目的是要更好地保护海洋环境和鼓励救助人对遇险船舶和其他海上财产的救助,也说明世界各国对海洋环境保护的要求越来越强烈,环保意识越来越增强。同时从救助公约的产生及发展也可看到,要确保海上航行安全和防止海上环境污染,海上救助业务需要得到保护。我国《海商法》第182条也有此种"特别补偿"的规定:"救助人进行前款规定的救助作业,取得防止或者减少环境污染损害有效果的,船东依照前款规定应当向救助方支付的特别补偿可以另行增加,增加的数额可以达到救助费用的百分之三十。"

我国已是《1989年救助公约》缔约国。截至目前,正式批准或加入该公约的有加拿大、中国、丹麦、爱尔兰、沙特阿拉伯、埃及、瑞士、伊朗、阿拉伯联合酋长国、墨西哥、英国、尼日利亚、阿曼、美国、意大利、约旦、马绍尔群岛、印度、瑞典、挪威和澳大利亚等国。可以预测,该公约将吸引越来越多的国家成为其成员国,从而减少国与国之间法律冲突,使各国救助法律日趋统一,并且将大大有利于和促进对国际海洋环境的保护。

复习与思考

1. 在水上漂浮时面对落水者未穿戴救生衣、水面有油火、在低温水中及存在危险海洋生物时应采取怎样的行动?
2. 简述海上国际救助公约的产生的原因及发展史。

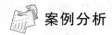

案例分析

中国"南远钻石号"货轮沉没

2010年11月4日,隶属于南京远洋运输公司的巴拿马籍货轮"南远钻石号"("Nasco Diamond")载着5.7万吨的镍矿石从印度尼西亚港口出发驶向连云港。2010年11月9日晚约8:00,在事先没有任何征兆的情况下,该船突然与总部失去联系。多次呼叫无果后,公司总部立即启动应急预案,向北京的国家海上搜救中心及日本、中国台湾、菲律宾的海上搜救中心发出求救信号。

此次的救援行动中国台湾海洋总局前后共派出"福星舰"和"南投舰",顶着浪高4~5米、风力7~8级的恶劣海况前往搜救。2010年11月11日凌晨6:25与7:20,"福星舰"分别救起了2名船员。由于漂流期间吞入大量被油污染的海水,其中一人反映腹痛情况严重,由日本派遣搜救飞机接应吊挂治疗。随后,日本海上保安厅的搜救船和飞机,也救起1名船员。前后共有3名船员都被送至日本就医。在找到部分生存者和遇难者遗体后,搜救行动都一直在进行,但搜救的结果亦都是一具具的遗体。

据获救船员表示,"南远钻石号"的船长于2010年11月9日凌晨4时左右发现船身左倾4°~5°,但还是顶浪航行。同日中午12时该船长下令将左舷舱燃油抽至右舷舱,希望能保持平衡及稳度。下午6:15该货轮人员正在移除货物上方泥浆时,发现船体因受侧浪连续拍打,船身右倾已达20°。由于角度太大,船体几乎呈现快翻船状态,大量海水翻越舷边渐渐灌进货轮。船长眼见无法挽救,命令大家穿救生衣并于晚间7:00许宣布弃船,在发出遇险信号(远洋运输公司在后来的采访中表示未收到预警信号)后,约莫半小时左右,船便沉入海中。另外,船员还表示因为船沉的速度太快了,致使许多人的救生衣都来不及穿,救生艇也来不及一一放下。虽有部分救生艇成功放下,船员乘上后又被无情的浪给打翻、打散,很多人都不知道漂到哪里去了,情况十分惨烈。

沉船后,船员只能在广阔的海洋中寻求希望。据生还者回忆,当时出事海域海浪巨大,海水温度很低。经常一个大浪打来,将他们淹没在冰冷的海水中,他们要很长时间才能回到海面。我们每个人都知道,要是人体浸泡于冰冷的海水中,会迅速失去热量,这就使落水者通常很难在海水中长时间生存。但是,两名生还者(耿文磊、纪长丰)遇到了例外,沉船泄漏的油污救了他们。"我们都被货船沉没的漩涡卷了下去,再浮起来时,海面上布满了船舱内泄出的重油油污。"耿文磊回忆道,"我们身上当时都是油污,头发和脸都被厚厚的油污盖住,甚至连睁开眼睛都很困难。"身上的油污成为了他们获救的关键因素。布满全身的油污层,相当于为他们穿上了一层防水衣物,使他们始终没有因失温而丧失知觉。但即使这样,冰冷的海水、汹涌的海浪、饥渴无比、黑夜中的孤单,这些都在极大地考验着身处绝境的船员。"第二天早上,因为太疲劳,我已经产生了幻觉,看到了森林,感觉到了家。"纪长丰回忆,"于是我竟然自己把救生衣解开了,但随后身体下沉时,脚没触地,这才猛然醒过来,又穿上了救生衣。"事发后,南京远洋相关人员到达获救船员接受治疗的石垣岛,参与处理善后事宜。

问:当发生海上事故后,怎样的求生措施对遇难者的生存是最佳的?

 课外知识拓展

海上小岛求生——你会怎么选?

你乘坐私人游艇在南太平洋上漂流,不知什么原因,游艇失火了,造成的后果是:大部分的游艇及内部设施都被损坏了,游艇正在慢慢地下沉。由于关键的导航设备已经被损坏,你们不知道自己所处的位置,你和其他人员一起拼命救火,试图控制火势,你们能估计到的是:你们距离西南最近的岛屿大约有1 000英里。

火灾发生后,有15项物品未被损坏,还是完整的,除了这些物品外,你们还有一只带桨的橡皮救生筏可以用,这个救生筏足够大,你和其他人都能容下,有一个救生包中装有一包香烟、两三盒火柴、五张一元纸币,救生筏还可以装上下列15项物品:

六分仪/剃须用的镜子/五加仑听装水/蚊帐/一箱军用野战干粮/太平洋海图/救生气垫/两加仑听装石油气混合物/小半导体收音机/驱逐鲨鱼工具/20平方尺不透明塑料布/1/4加仑的波多黎各酒/15ft的尼龙绳/两盒巧克力

为了生存,你的任务是把这15项物品按重要程度排列先后,最重要的列第一位,第二重要的列第二位,依此类推至第15项。请用自己的判断力来决定这15项物品的先后顺序。

作业要求

1. 海上求生的基本原则有哪些?
2. 在不同情况下应该分别采取哪些相应的自救措施?
3. 国际救助公约的意义有哪些?

第六章

邮轮应急预案与消防

君子以思患而豫防之。

——《周易·既济》

专业英语词汇

应变部署表：Muster list　　　　　应变演习：Contingency drills
应急计划：Emergency plan　　　　警报信号：Warning signal
担架：Stretcher　　　　　　　　　测氧仪：Oxygen measuring instrument
消防部署：Fire control plan　　　 人员保护设备：Personal protective equipment
自动灭火系统：Automatic fire extinguishing system

学习目标

通过本章的学习主要了解邮轮发生应急情况时，如何按照应变部署表来采取正确的行动；了解邮轮消防演习的重大意义。

学习重点、难点

了解不同的固定式灭火系统的工作原理；掌握测爆仪、测度仪与测氧仪的操作方法。

 案例导入

　　2013年27日凌晨，皇家加勒比邮轮"海洋富丽号"上突发大火。熊熊大火燃烧了两个小时后被扑灭。所幸，船上超过2 200名乘客和近800名船员及时逃生，无一受伤。但他们的旅程已经无法继续，将乘飞机返回出发地美国港口城市巴尔的摩。这场大火是从27日凌晨2:50开始，经过2h的奋力扑救，火势被扑灭。但由于船体损伤严重，"海洋富丽号"不得不于27日上午返回最近的港口巴哈马自由港。据初步调查，起火点位于三层甲板，但具体起火原因不明。

第一节 海事应变

一、应变部署表

（一）应变部署的种类

在情况多变的海上，为应付可能发生的海事，应该居安思危，预先针对典型海事，接受已往海事的经验教训，事先定出船舶的应变部署，并专门制定出部署表，以备训练与应急之需。一般情况下，船舶应变部署有：

（1）消防部署。根据船舶所处在航与停泊（含靠泊、系浮、锚泊等）两种情况，分别有港内停泊时值班船员灭火部署与航行中船员灭火部署。

（2）堵漏部署。针对船舶航行中因碰撞、触礁等原因致船体破损进水的情况而制定的使船舶保持其浮性及不沉性的部署。该部署通常由大副直接指挥，由甲板部人员与轮机部人员执行。

（3）人落水救生部署。该部署通常在值班驾驶员直接指挥下，由甲板部人员执行。

（4）弃船部署。弃船是在船舶自救已经无效、外援救助已不可能的情况下，为在最后关头实施船员自救，保存船舶海事资料而采取的重大行动，该决定由船长做出并对之负责。弃船求生部署包括离船时的任务及放救生艇、筏两部分内容。

（5）综合应变部署。船舶若遭遇其他事变，如海盗袭击、战争等情况，应执行船舶守卫部署及人员救护部署；尤其在客轮上应执行更为严格的守卫部署与旅客救护部署，以确保旅客生命安全。当船舶因海事导致严重险情，如碰撞后导致大量进水、起火爆炸、人员落水甚而伤亡等，除上述应变部署需要执行之外，总指挥还应做出综合部署，全面调整和安排人员，制订周密计划，以应付当时的严重局面。

（二）应变部署表制定原则

每一艘船舶，不论其种类、大小，均应制定针对各种变故的应变部署表。船上的所有干部船员应按部署表的要求，模范地完成自己所承担的应变部署任务，并督导所属人员严格按部署表实施演练，共同完成应变部署任务。按照船舶实际情况科学制定的应变部署表，既是船舶应变演习的根据，也是船舶一旦发生海事采取相应应变措施的实施大纲，应该得到每个船员的信守。

（1）坚持从实际情况出发。特别要结合本船的船舶条件、船员条件、客货条件以及航区自然条件，来具体制定符合本船实际情况和条件的应变部署表，注意防止生搬硬套、教条主义与文牍主义倾向。必须明确，不结合船舶具体的设备条件、不结合船员数量及素质条件、不结合船舶承载的货物及旅客条件、不结合船舶航区自然条件所编制的应变部署表,不但无益反而有害,而且常会导致严重的后果。

(2) 坚持明确的目标。无论是应变演习,也无论是发生海事时采取应变措施,应变部署表都具有指导作用。强调应变部署表在编制时要坚持明确的目的性,就是强调其指导作用,强调"假戏真做",强调演习的效果和质量,而且要强调从严从难从实际应变需要出发的反复演练的必要性及重要性。简言之,一艘船舶在建造时,即使按照各项国际公约、规范配备了完全符合标准的各项设备和相应系统,但在编制应变部署表时却未坚持明确的应变目标,演习时马马虎虎、敷衍塞责、嘻嘻哈哈,真遇到紧急变故时,就会漏洞百出,贻误大事。

(3) 坚持居安思危的观点。根据"安全第一、预防为主"的指导方针,编制应变部署表要始终按照"凡事预则立、不预则废"的思想,从最坏处着想,从最困难情况着眼,方案实施、设备使用、人员组织乃至采取的行动,均应预作周密细致的考虑。

(三) 应变部署编制要求

1. 合理分配人员

应变部署表应一目了然地将应变时须完成的专门任务指派给每个船员,并提出明确而详尽的要求,做到每个人都明确他自己在相应种类的应变中应该做什么和应该怎么做。这就要求编制应变部署表时,按照设备使用的逐个环节,根据船舶实有的船员数量、技术特长、担任职务、实际能力甚至年龄做出最合理的安排,以便能准确迅速地遂行各应变任务项目。通常,船长、政委是正、副总指挥;大副、水手长是消防、堵漏工作的现场正、副指挥员;放艇时先进入艇内的两人应是技术熟练的一级水手;驾驶员(大副、二副、三副)应任各救生艇艇长;轮机员或熟练机匠应任机动艇机器操纵员;管事及船医应为救护队的正、副队长等。

2. 被指派人员职责明确

合理分配的人员不但应从应变部署表中了解自己分担的任务,同时应明确自己必须到达的指定位置、携带何种指定必带的工具及物品。具体职责应明确记入应变部署表相应栏目中,以保证应变部署准确迅速、有条不紊地实施。真正做到一当听到应变部署信号,每个船员立即按任务要求携带自己应带的器材、工具及物品,以最短路径迅速到达指定位置,按职责要求完成应变部署规定的任务。

3. 规定统一的应变信号

应变部署表应明确规定各种应变部署的识别信号,考虑到要使船舶不同处所的各个船员及时收到该应变信号,船上通常采用汽笛、钟声或铃声等声响信号发出,均由驾驶室加以控制。我国海船应变信号统一规定有:

(1) 消防。警报器或汽笛短声连续1min。另以船钟一阵急敲后,击一响表示船前部;击两响表示中部;击三响表示船尾部;击四响表示机舱;击五响表示上甲板失火。

(2) 堵漏。警报器或汽笛两长声一短声,连放 1min。

(3) 人落水。警报器或汽笛三长声,连放 1min。

(4) 弃船。警报器或汽笛六短声一长声,连放 1min。

(5) 综合应变。警报器或汽笛一长声,连放 30s。

(6) 解除警报。警报器或汽笛一长声 6s,或以口令宣布。

除短程国际间航行的客船以及船长小于 45.7m 的货船外,上述信号尚用电动信号予以补充。SOLAS 公约规定通用紧急报警信号为发出七个或七个以上的短声再接一长声,并要求在全船所有船员的起居处所及正常工作处所均能听到该紧急报警信号。

4. 应变部署表制定时间

目前,船舶应变部署表通常由船舶所属公司的海监部门根据本公司船舶现状、特点以及航区统一加以制定。但由于统一制定的应变部署表往往难以适应每一艘船舶,因而各船的船长及大副应按照本船的特点(船舶的现状、设施的配备、人员的编制、航行的区域等)予以全面考虑,并对应变部署表作适当的修订,而且应在船舶出航之前制定或修订完毕。当然,无须在每个航次之前,特别是本船情况无变化时去修订应变部署表;但如存在诸如船员变动较大等新情况时,则应重新予以考虑并作适当调整和修订。重新修订后的应变部署表应张贴在诸如驾驶室、机舱、会议室、餐厅、主要通道等处。尤其应将各船员的应变部署卡张贴在船员住舱内;当船员调动离船时,应将该卡移交给接班船员或直接移交大副。

5. 应变部署表格式

目前,尚无国际统一的应变部署表格式。因此,只能由各公司依据《1974 年国际海上人命安全公约》有关规定自行确定部署表格式;而客船的应变部署表格式应得到有关主管机关,即港务监督的认可。

(四) 应变部署表编制方法

1. 按船舶的航泊状态制表

船舶的营运状态通常可分为在航与停泊两种状态,因而应变部署表可按"航行途中"、"停泊"两种栏目编制。如途中驾驶室值班、途中机舱值班及两处应变的固定人员,综合应变部署,人落水救生部署,弃船救生部署,均属在航状态下的部署。而港内停泊时的消防部署则为停泊状态下的部署。在编制停泊状态下的部署表时,应从停泊留船值班人员的实际情况出发。在确定离船人员名单时也应考虑到该部署的实际需要,以免出现人员不能按部署到位的局面。

2. 按应变种类排表

在综合应变部署中也可将人员组成消防队（内含灭火、隔离两个部分）、堵漏队、守卫救护队，并将其一同列入综合应变部署表中。此外，人落水救生、港内停泊消防应变部署以及弃船救生部署（内含放救生艇、离船两个部分）则可逐次排表。

3. 全体船员编号

根据船员在船任职情况进行编号（即使从事同样职务，如机匠、一水、二水、客船的服务员等也应分别予以编号），是在船员变动时仍能遂行各应变部署的组织保证。船员编号表应能随时保证做到：所有在船船员中无未编号的船员；所有各应变部署表中执行人栏目标注的号码，均有对应的船员人选。全体船员编号表应专列于船舶应变部署表中最先的位置。

（五）应变部署表的内容

应变部署表的内容，重点应放在具体任务及其执行人的安排上。明确每个船员在各应变部署中应携带的设备、器材及工具，应奔赴的现场及岗位，应完成的任务与职责。根据《1974 年国际海上人命安全公约》1983 年修正案第三部分第三章有关规定，任务栏目中应包括船上水密门、防火门、阀门、流水孔，船舷小窗、天窗和其他开口的关闭；救生艇筏和其他救生装备的准备工作；救生艇筏的收放；集合旅客；通信设备的使用；配备消防人员；指定使用消防设备及装置的专门任务给专人；指定关键岗位人员负伤后的替换人，以及保证救生设备处于完好状态的负责人。在客船上还应指定服务部门的船员完成向旅客告警，并维持正常的客运秩序；指导、帮助并检查旅客穿着救生衣；引导旅客迅速有序地走向相应的救生艇筏等。

表 6.1 为中远公司应变部署表。

表 6.1　中远公司应变部署表摘编

1. 应变部署表中的任务可多人一职，也可一人多职。
For the duties assigned in the Muster List, one person may do more than one work and one work may be done by more than one person.
2. 船长的接替人为大副。
The substitute for the master in an emergency is the chief officer.
3. 弃船救生集合地点如果与登乘地点不同，全体船员听到弃船救生信号后，应穿好救生衣，先到集合地点集合。集合地点一般应在救生艇筏甲板。
When ship abandoning, if the muster station is different from the location for embarkation, all of the crew hearing the alarm sounded should be donned with life jackets and summoned at muster station first. The muster station is usually on boat deck.
4. 符合 SOLAS 公约第三章第五节第 47 条要求的救生艇可做救助艇用。

续表

The life boat which complies with the requirements described in Regulation 47. Chapter 3, Section 5 of SOLAS Convention may be used as rescue boat.

5. 救助艇的降落可参照救生艇的降落并在放艇任务中适当增设被助、救护和担架人员,具体人员应由船长临时指定。
Launching of the rescue boat make reference to launching of lifeboat and added some person, assigned at the moment by the master, for rescue, first aid and stretcher.

6. 航行途中发生人落水时,驾驶室固定人员为:船长、值班驾驶员、一水等。机舱固定人员为轮机长、值班轮机员、机工等。
Somebody falls overboard when the ship proceeding on route. The following crew must kept on the bridge: master, watching officer, AB seaman; In engine room: chief engineer. watching engineer and motorman.

7. 表中执行人一栏应填船员编号。
The columns of operator in the List should be filled with crew's number.

二、应变演习操练计划

(一) 应变操练计划

为不断提高应变演习质量以提高整船的应变能力,各船舶必须按规定制订适合于本船应变演习要求的操练计划。每年由大副与轮机长具体商定,按船长指示制订出该计划,并由船长批准在全船公布,全体船员应坚决贯彻执行。该计划应贯彻如下要求:

(1) 货船每个船员每月至少做一次救生演习和一次消防演习;可各自单项进行,也可由消防或堵漏演习转入救生演习。如在一个港口调换船员达25%或以上数额时,或者未参加本船上个月应变演习的人员数额达25%时,则应在该船离港后24h内实施该两项演习。无法按规定实施上述演习的特殊种类的船舶,需经主管机关认可,进行其他训练安排。但是救生演习则应保证实施。

(2) 客船每周应集合船员进行一次救生、消防演习;国际航线上长航程的客船,应于旅客登船后24h内实施集合旅客演习,向旅客讲解并示范正确穿、用救生衣、救生信号,说明集合地点、登艇路线以及应变时应采取的行动。只有少数旅客乘船,或当时已按规定实施过应变演习,则可请旅客阅读《应变须知》以及有关通告,而无须另行演习。上述船舶在离开最后出发港后,应召集船员做一次救生、消防演习。

(3) 除时间安排之外,操练计划中应对应变演习提出明确的质量要求,进行严格的考核,准确地作出记录,合理地实施考评,并拟定相应的考核标准,规定达标的期限。

(二) 应变演习实施基本要求

(1) 应变演习应贯彻从难、从严、从实际出发的原则,按应变部署表一丝不苟地完成应变操练计划,维护操练计划的严肃性。

(2)船长及各部门长,应熟悉相应的应变指挥业务,具备实际指挥能力,并确实胜任有效组织船员并能指导船员进行应变演习的工作,而且应当身教重于言教。

(3)应变演习可单项进行,但不得以此取代综合应变演习或弃船演习。无风浪的白天,在气温适当的条件下易于实施应变演习。但不得以此代替有风浪、黑夜、冷天、热天条件下的应变演习。

(4)每次应变演习应检查救生艇属具并确保其完好状态。各救生艇应轮流在救生演习中使用,每艘艇应于4个月之内至少放出一次。情况可行则应将艇降至水上并进行操艇练习。务必使船员通过演习彻底了解、熟悉其各自应执行的任务,其中包括所用救生艇的操纵及教练任务。

(5)各次应变演习应翔实地记入航海日志,内容包括演习日期、位置、演习内容细节、放出和降下救生艇所用时间,艇筏及其属具技术状况,消防设备及消防用品、堵漏设备及堵漏工具的情况。如未能按计划定期实施所要求的应变演习,或仅实施了部分应变演习内容,则应记述其原因,同时记入实施了的演习部分内容。

(三)应变演习的评估

每次应变演习完毕,均应认真总结经验教训,并就演习情况做出评估。认真的总结应兼顾成绩及暴露出的问题两个方面,尤其应注意演习中的问题必须找准,有针对性地找到解决的办法。全面的评估意在对应变演习做出效果估计,以不断提高全体船员实际应变能力。这两部分工作是目前船舶应变演习操练中的薄弱环节,均应予以高度重视,大力搞好。应变演习可从如下诸方面进行全面评估:

(1)应变意识方面。对船员应变意识的评估,当然要着眼于全体船员,更要重点着眼在船长、政委、大副、轮机长等各干部船员身上。应变意识的强与不强固然要看其认识的高低,更要看其在应变演习中所表现出来的态度,如船员对应变演习的参加率、及时到位率、工具用品携带合格率、分担任务明确率等。

(2)应变部署方面。应变部署的实施依据是应变部署表,因此,对应变部署的评估不能不涉及应变部署表的编排质量。除前述有关应变部署表的基本原则与要求必须贯彻执行外,在实施应变可行性方面,应就应变部署表中列出的应变种类、人员分配、任务的指定、设备及物品的携带与使用、集中的场所及路线等各个方面,评估其系统性、周密性以及合理性,并着重查核其符合实际应变要求的程度。不足者应予修订。

(3)应变设备工具方面。应变应有一定的物质基础。消防、救生、堵漏、通信设备、设施、装置、用品及工具应保持随时可用的良好技术状态,在应变演习的评估中应占有重要地位。每一次应变演习,既是对平时该类物品养护状态的认真检查,也是对其可用性的实地考核。前者要求其具有足够的数量与质量,如不符合规定要求,则可认为不符合船舶适航标准的要求；后者则要求其发挥出应有的性能。

(4) 应变的模拟程度。应变演习的目的是为了实际应变，应以其相当于实际应变模拟程度的高低为标准。模拟程度的高低，应顾及应变意识的高低，应变部署的可行性，应变设备、设施、装置、物品、工具是否处于良好的技术状态，更需按应变要求去实施应变演习。必须做到：应当使用灭火器的就必须使用，应当放艇的就必须放出或落下救生艇；应当谁做的谁必须去做，要求做什么和怎样做，就必须按要求做好。不如此就很难实现应变演习的最终目的。不能认为，不放艇的救生演习、不按规定携物的弃船演习、不施放灭火器的灭火消防演习、不做船舶机动的人落水救生演习等是合格的应变演习。

三、事故应急管理过程

尽管重大事故的发生具有突发性和偶然性，但重大事故的应急管理不只限于事故发生后的应急救援行动。应急管理是对重大事故的全过程管理，贯穿于事故发生前、中、后的各个过程，充分体现了"预防为主，常备不懈"的应急思想。应急管理是一个动态的过程，包括预防、准备、响应和恢复4个阶段。尽管在实际情况中这些阶段往往是交叉的，但每一阶段都有自己明确的目标，而且每一阶段又是构筑在前一阶段的基础之上，因而预防、准备、响应和恢复的相互关联，构成了重大事故应急管理的循环过程。

(1) 预防。在应急管理中预防有两层含义，一是事故的预防工作，即通过安全管理和安全技术等手段，尽可能地防止事故的发生，实现本质安全；二是在假定事故必然发生的前提下，通过预先采取的预防措施，达到降低或减缓事故的影响或后果的严重程度，如加大建筑物的安全距离、工厂选址的安全规划、减少危险物品的存量、设置防护墙以及开展公众教育等。从长远看，低成本、高效率的预防措施是减少事故损失的关键。

(2) 准备。应急准备是应急管理过程中一个极其关键的过程。它是针对可能发生的事故，为迅速有效地开展应急行动而预先所做的各种准备，包括应急体系的建立、有关部门和人员职责的落实、预案的编制、应急队伍的建设、应急设备(施)与物资的准备和维护、预案的演练、与外部应急力量的衔接等，其目标是保持重大事故应急救援所需的应急能力。

(3) 响应。应急响应是在事故发生后立即采取的应急与救援行动，包括事故的报警与通报、人员的紧急疏散、急救与医疗、消防和工程抢险措施、信息收集与应急决策和外部求援等。其目标是尽可能地抢救受害人员，保护可能受威胁的人群，尽可能控制并消除事故。

(4) 恢复。恢复工作应在事故发生后立即进行。首先应使事故影响区域恢复到相对安全的基本状态，然后逐步恢复到正常状态。要求立即进行的恢复工作包括事故损失评估、原因调查、清理废墟等。在短期恢复工作中，应注意避免出现新的紧急情况。长期恢复包括厂区重建和受影响区域的重新规划和发展。在长期恢复工作中，应吸取事故和应急救援的经验教训,开展进一步的预防工作和减灾行动。

第二节 邮轮消防组织和训练

在船舶安全防火和灭火工作中,为了达到有秩序和高效率地处理各种紧急情况,全体船员必须明确各自的职责,建立有效的消防组织,制订应急计划并认真贯彻执行,同时还应切实搞好船上的消防训练。

一、邮轮火灾控制计划

（一）船员在防火工作中的责任

防火是每一船员的责任,而不仅仅是船长或轮机长或某一个人的责任。只有船上的每一个人都能担当起这个责任,才能成功地预防火灾。

（1）船长的责任。有责任使全体船员在防火工作中树立正确态度和进行良好的合作,随时表示对防火工作的关心;组建一个防火安全小组;审核火灾控制计划,经讨论无误后予以批准。

（2）部门长的责任。积极参加防火安全小组的工作;督促下级的日常训练;随时收集最新的火灾案例。

（3）船员的职责。每一船员都有责任消除或报告任何区域的危险情况;每一船员都有责任正确熟练地操作船舶机械设备;树立和保持正确的态度。

（二）火灾控制计划与防火教育

1. 火灾控制计划的内容

（1）正式和非正式的训练。

（2）措施与定期检查。

（3）消防设备的保养与维护。

（4）讲评。

2. 防火教育

防火教育包括正式的训练和讨论。正式训练除了讲课以外还应使用一些辅助教材,如电影、幻灯、录像等也可以作为正式训练的一种方式。讨论是一种非正式的训练。

3. 训练的课程

（1）火的原理和类别。

（2）手提式灭火机的使用与保养。

(3) 良好的保管。保管意味着保持清洁,消除火灾的"能源"即消除火灾的隐患。如清洁用的纱头、破布应存放在有盖的金属容器内,并尽快处理。油漆、清漆等不使用时,哪怕是一夜,也应存放在油漆间内。

(4) 消除和控制火源。如不在禁烟区内吸烟;电焊时,遵守规则,采取安全措施;在油船上使用标准的手电筒、手提灯和不会产生火花的工具;输油时,应不间断地观察油泵。

(5) 应急准备。

二、邮轮消防应急计划

船舶应急计划就是预先为船舶可能发生的各部位火灾制订的行动计划,是结合船舶情况制定的最佳的灭火措施。制订应急计划的目的是防止和减少突发火灾的危害,确保船员和船舶的安全,保护海洋环境。应急计划的制订与实施,直接关系到能否掌握灭火的主动权,能否迅速有效地扑灭火。

(一)应变部署表

应变部署表应张贴在船员经常聚集或活动的场所。驾驶台、机舱、餐厅和生活区走廊的主要部分应分别张贴一张。应变任务卡应每个船员一张,放置在船员房间内的明显位置,如床头、写字台或房间门口等处。

(二)船舶火灾应急计划的准备

应变部署表只是应急计划的一部分,应急计划应根据船公司的船队具体情况由船公司统一制订,编入船舶 SMS 管理文件。在船上出现任何紧急情况时,一个快速有组织的并经过良好训练的应急预案必须立即启动,目的是减轻紧急情况的影响。对船公司的所有船舶来说,应急计划应该是标准化的,基本上保持一致性。根据 ISM 管理要求,在上船服务前,船员就已经知道最基本的应变组织是什么,并且需要确定他在应变组织中的职责。各船应根据船舶的具体情况和船公司的标准要求编写。应急计划应包括如下几方面:

(1) 船舶应急计划介绍。应急计划的目标是为船舶上的应急行动提供指导,使船舶应急反应行动统一、有组织,避免不协调、无组织的应急计划的应用。

(2) 船舶应急计划规定。包括来自船上人员改进应急计划的建议的资料和说明,使船员能执行一个高效而灵活的计划,将对人身安全、财产危害和海洋环境损害降到最低。同时,公司与船之间在安全和应急程序上应具有良好的协调性和一致性,建立船—岸反馈机制。

(3) 应急行动及程序。在船舶处于不同动态(在航、系泊、锚泊、船坞修理)和装载状态下,当各种紧急情况发生,启动相应应急行动及程序,包括初始行动和随后行动。

(4) 应急报告程序。与船舶利益人、沿海国和港口之间的报告程序。应急计划的建立基础是在船上必须有一个经过良好训练的组织,且具有处理任何可能发生的紧急情况的能力。

(三) 制订应急计划应考虑的因素

船舶出现的紧急情况各不相同,采取施救措施之前必须对每一种情况都进行正确的评估。进行初步评估后,船长有责任来指挥各应变小组。人身安全第一,禁止采取任何会引起不必要风险的行动。

(1) 紧急报警信号和集合地点。无论船舶在航、锚泊还是在港,在听到紧急报警信号时,应变小组必须在指定地点集合。应该特别注意应变人员在集合地点的最初集合,能保证知晓所能够获得的人力资源和确认失踪人员。迅速建立起最大限度的应急准备态势,并且取得一个标准的对紧急形势的应对反应,让施救措施更加协调和受控。

(2) 各应变小组组长的职责。所有的应变小组组长都应该能够指挥和完成他们小组分配的任务。禁止小组组长参与实际操作而失去对小组行动的控制,从而危及他们的生命。要达到这一点,小组组长应该确保他的小组是经过充分训练的,组长和组员之间做到相互了解和信任。

(3) 各应变小组的组成。应变小组的组成有驾驶台应变小组、机舱应变小组、现场应急小组和救援组,或除指挥人员外将全体船员分成消防队、救护队、机舱队和技术队,也可以分成消防队、救护队、隔离队。

① 驾驶台小组。负责指挥和控制形势以及确认已经充分召集的船上人员。应该建立起对外通信,在驾驶台、机舱、应急小组和支持小组之间建立起内部联系,保持船舶航行安全,并对发生的事件进行详细的同步记录和记载。

② 机舱应变小组。应该告知驾驶台机舱的应变准备情况。应说明机器和应急系统的状态,且处于最充分的准备状态。还应该确定紧急情况是否对机器使用产生了不利的影响;如果有不利影响,那么决定需要采取什么样的措施来补救机器和应急系统的缺陷。机舱小组应该能够保持重要的应急服务。

③ 现场应急小组。首先集合并向驾驶台报告,然后准备设备并向驾驶台报告准备情况,准备按照船长的指挥采取行动。

④ 救援组。告知驾驶台它的准备情况,当船长或指挥官下达指示时,按照他们的指示给现场应急小组提供支持,例如,医护和急救;准备救生艇和救生筏;准备给现场应急小组提供呼吸器备用钢瓶;给现场应急小组提供后勤保障,如正压式空气呼吸器氧气瓶充气,提供其他消防设备等。

(4) 船舶的消防重点区域。船舶的重点区域有机舱、货舱、居住区、厨房、油漆间等,根据不同部位火灾的特点和结构特点,执行相应的应急行动计划。

(5) 火灾蔓延的速度。船上有很多可燃物质且蔓延的速度不同。

(6) 消防设备的位置数量与使用。在不同部位的火灾,使用的消防设备也有差异。在演习和培训中,使每个船员熟悉消防设备和其他应急设备位置,针对不同部位火灾,应有计划具体使用哪些设备。

(7) 货物的性质。对船舶所载运的货物,船员应熟悉其性质,特别是危险品。一旦装载危险品或 BC 规则中的危险货物,应对货物运输全过程监控,按其防火要求操作,将适用于它的灭火方法和灭火剂说明粘贴在驾驶台和其他甲板值班室内,包括火灾中会产生的有害气体和防范措施。

(8) 列明对外联系名单。在驾驶台或甲板值班室内,列明在紧急情况下对外联系人的名单,以便在紧急情况下能快速联络有关联系人。联系方式包括手机、固定电话、传真、E-mail。在海上,公司指定联系人、船东主管、租船方联系人、下一港代理、船东互保协会的代表等;在港口,联系人包括公司指定联系人、船东主管、租船方联系人、港口代理、船东互保协会的代表、港口主管机关、港口消防队、警察局、救护中心等。

(四) 在海上应急计划的实施

应急计划的实施,须通过全体船员和救援人员的共同努力,大副在确定应急计划时,应该与各部门沟通,选定模拟火灾训练地点时,应与相关部门负责人商量。训练和演习是提高灭火能力,克服灭火行动盲目性的有效途径。火灾发生时必须按应急计划开始行动。在实施过程中,应注重以下几个方面:

(1) 驾驶台是船舶消防的指挥中心。船长是船舶消防的总指挥,同时,负责有关对外联络。

(2) 各队按应急计划迅速行动。各队负责人必须协助船长工作并服从船长的指挥,向驾驶台报告并接受指令。

(3) 各现场负责人应负责向驾驶台报告的信息。发出火警警报的时间;火灾的位置、性质和现场情况;确认消防队位于集合地点并且消防员装备备妥;确认消防水总管压力;报告使用便携式灭火器的初步效果及持续灭火情况;报告火灾对公用设施的影响,如照明、室内能见度等;报告在场或困在舱室中或失踪的人员;火灾扑救的结果;无法解释的其他情况。

(4) 驾驶台应掌握并应及时向现场指挥传达的信息。船舶防火控制图;船舶各区域出入口的详细情况;船上灭火设备(固定和便携式)的详细情况,包括灭火剂备品的位置;稳性资料;救生设备的详细情况;货物积载图;危险货物信息。

(5) 通信与协调。使用方法包括电话、扬声器、直接通话(如驾驶台与机控室之间)、有线对讲机、手持式对讲机、通信员等。

(6) 损害控制和抑制火灾的方法。在驾驶台操作,关闭水密门和防火门;停止或关闭烟囱和其他处所的通风扇和风门;关闭生活区、厨房和其他处所的所有窗户和舷窗;调整船舶航向使其相对风向处于最佳的灭火位置;冷却周围舱壁;在火熄灭后保持消防值守。

（7）检测和控制灭火用水对船舶稳性的影响。计算灭火用水的重量和自由液面效应所引起的 GM 变化;安排泵出或排干受影响处所中的灭火用水,包括在船舷开孔;对于货物火灾,应灭火而移动货物的影响;评估由船舶进水引起的任何损害的影响;考虑将船移至浅水区域致其搁浅的可行性。

（五）在港口应急计划的实施

船长仍然是船舶灭火的总指挥,除了按港口的应急行动外,应立即向当地港口当局和消防队报警,以争取得到更多外援力量。当消防队到达现场后,应积极协助消防队了解火情。一般情况下船方要向消防队报告下列内容:

（1）是否有人困在火场内。

（2）火灾的部位、种类及范围,以及蔓延方向和影响的区域。

（3）火灾是如何发生的,以及已经持续燃烧的时间。

（4）船上已采取的行动及效果,如人员的撤离、现场的隔离、通风的控制、已使用的灭火设备等。

（5）火灾现场内和邻近舱室内有无危险品和压力容器,包括是否舱内装载危险货物。若有,告知其位置及数量。

（6）火场周围的舱室和甲板的状况,特别是进攻通道受影响的程度。

（7）船上可利用的固定灭火系统和人员情况。

（8）船舶稳性的状况,若使用水灭火对船舶稳性的危险程度。

在消防队员进入火场时,船员应积极协助,应派熟悉船舶情况的船员做向导。在消防队员进行扑救火灾中,关键的船员应坚守在船上,承担协助任务,不能全部撤离。船上向消防队提供船舶防火控制图,在选择灭火路线时予以协助。船长一方面要协助消防队做好灭火过程的协调工作;另一方面要提出自己的意见,以免造成不必要的损失,特别在关系到船舶稳性方面。与港口主管机关的联络与协调,船长应听从海事管理部门的指挥。

三、邮轮消防队的组成和人员配备

在紧急情况下,特别在船舶处于关键时刻,如果没有严密而科学的组织以及周密的应急计划,将导致行动上的混乱和错误,以至于贻误战机,其结果使船舶及船员面临更大的危险。因此,船舶应变的组织尤为重要,它能发挥每个船员的作用,形成一个具有较强战斗力的队伍。

（一）应变中船员的职责

1. 船长

船长是船舶上的最高领导，负责船舶安全运输生产和行政管理工作，对公司负责。他在应急中的责任是负责指挥和控制全船的应急工作。

（1）确保人命、财产和环境的安全。船长最基本的责任是保证船员和船舶的安全。在安全事务上，船长应该具有独立判断能力，无论采取什么行动，只要认为该行动有利于人命、船舶和环境的安全，而不必考虑可能承担其他的责任。船长在紧急应变中，首先应竭尽全力救助人命，其次是保证财产的安全。船长的另一主要责任是防止和减小对环境的损害，防止造成海洋环境的污染。

（2）船长在救助中的责任和权利。当船舶遭遇海难，船长应立即对船舶所遭遇的危险和紧急程度进行估计，以便决定是否需要外部协助，或是否可以用船上的资源加以控制。对局面进行估计时，要做可能危及人命和船舶安全及造成环境污染的最坏打算，不要存有任何侥幸心理，以免延误取得应变行动的时机。

一旦船长决定需要取得外部协助，船长有权根据自己的判断立即采取措施向任何有关机构请求救助。船长的权利不以救助行动而改变，仍是船舶的负责人。无论如何，船长应与救助方全面合作。这是因为救助方一般是救助作业的专家，并且船长应认真考虑救助方或其代表提出的建议。救助方可能不是船舶安全和货物操作方面的专家，如果船长对救助方采取的行动表示怀疑，应毫不犹豫地提出异议，必要时要求停止救助作业。船长应永远牢记他对船舶和船上人员安全所负的全面责任。

（3）紧急情况下船长在决策之前应考虑的问题。在紧急情况下，估计危险程度时，船长应对下列问题加以考虑：人命的安全；距离海岸或浅水区的距离；预计的气象和海况，以及潮流和潮汐的情况；水深、海底底质和岸线形状；安全锚泊的可能性；及时获得救助的可能；已经造成的船舶损坏程度，以及船舶进一步损坏的风险；保持通信联络的机构；海上污染的迹象；人力和材料的需求等。

2. 管理级船员责任

船舶管理级船员有船长、政委、轮机长、大副、大管轮。他们负责管理全船应急工作，是船舶应急小组的成员。船长负责应急全面工作；轮机长是船舶上机器设备的技术负责人；大副和大管轮负责应急计划的实施，负责现场应急指挥；政委（有的船舶无此编制）负责思想政治工作，做好船员在应急中的思想工作，鼓舞船员的士气。管理级船员有责任通过训练和演习，确保船员充分理解应变计划中的内容，以便对各种紧急情况的应急。

3. 操作级船员责任

操作级船员有二副、三副、二管轮、三管轮、电机员、报务员。他们具体负责各种应急设备的维护和保养工作,确保应急设备能正常使用,同时又是备应急小组的组长和组织者。

4. 支持级船员的责任

支持级船员应充分地熟悉应急中自己的任务和应急设备的位置,认真对待应急的演习和训练,特别应具有操作各种应急设备的技能,也要了解整个应急计划的内容和程序。

(二) 邮轮消防应急组织

1. 船上消防应急组织结构

船上应急组织的构成,各船公司有所不同,但必须满足国际公约和主管当局所要求的应急任务的完成。国外有的公司将消防应急组织分为驾驶台指挥队、灭火队、机舱队、急救队、预备队;中国船舶的消防组织分为消防队、技术队、机舱队和救护队。

(1) 指挥组。具有应急中指挥、决策、组织之间协调职能,处于两个重要位置——驾驶台和机舱。驾驶台人员组成内有船长、报务员、驾驶员一名(国内船公司二副、国外船公司三副)、值班一水;机舱有轮机长、电机员、三管轮。

(2) 应急组。具有采取初始行动进行控制发生的紧急情况职能。人员组成有大副、大管轮、水手长等支持船员,人员所处位置在集合站。

(3) 救援组。具有按需要为应急组织提供支援的职能。主要由二副和三管轮等人员组成,所处位置在集合站或其他位置。

现代船舶的人员编制的不同,也存在不同的人员分配。

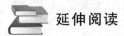 延伸阅读

7.5万吨级邮轮进行消防演习

据《东方早报》报道,2012年8月13日,在上海吴淞国际邮轮码头,可容纳2 300人的7.5万吨级歌诗达"维多利亚号"邮轮举行消防演习。

邮轮"疑因电气线路故障,突发火情"后,水上消防、宝山消防接警迅速赶到现场,两艘消防船、三辆消防车,瞄准"失火"邮轮喷出数条大型水柱。

这次国际邮轮大型水上消防演习由上海消防局水上支队联合长航公安分局、上海吴淞国际邮轮码头共同举行。大型邮轮,既是交通工具也是公众聚集场所,其消防灭火救援问题一直是世界性的难题之一。上海水域黄浦江、长江沿线众多游览船、邮轮码头,对水域灭火救援能力提出考验。

上海吴淞国际邮轮码头岸线总长1 500m,码头东南距吴淞口约2km,有着目前国内最大的邮轮码头靠泊等级,可同时靠泊一艘10万吨级邮轮和一艘20万吨级邮轮。日进出关最多12 000人次,全年约有60艘外籍邮轮停靠。

此次消防演习,旨在提升消防船水域灭火救援能力,检验邮轮发生火灾等其他灾害事故时,消防灭火救援人员的应急处置和组织指挥、协调能力。

四、船员的消防技能训练和消防战术训练

船舶消防训练分为技能训练和战术训练,两者既有差别又有联系。

(一)船上消防技能训练

船上消防技能训练是船员为熟练掌握、运用船舶上配备的消防器材装备而进行的基本技术的训练。消防技能训练的目的是训练船员能够准确熟练地掌握训练项目的操作程序、动作要领、操作方法、操作要求,提高船员的消防技能和整体作战的能力。

消防技能训练项目有着装、消防供水、射水、呼吸保护、救助人、使用手提灭火器、操作应急消防泵、操作应急发电机、操作固定灭火系统、操作警报设备。这些项目是船员必须掌握的基本技能。

(1)着装。能正确迅速地穿着消防服,掌握着装要领。

(2)消防供水。能正确迅速地铺设消防水带(一盘和二盘),掌握铺设和连接消火栓及水枪的要领。

(3)射水。利用一根充水水带,能学会立、跪、卧、肩式的射水动作。

(4)呼吸器。熟练佩戴空气呼吸器的方法。

(5)救助人。能熟练掌握几种常用的徒手救人方法。

(6)使用手提灭火器。能熟练使用船舶上灭火器的方法,掌握使用手提式灭火器的动作要领。

(7)操作应急消防泵。能熟练操作应急消防泵的启动和运转,掌握应急消防泵的操作程序。

(8)操作应急发电机。能熟练操作应急发电机的启动和运转,掌握应急发电机的操作程序。

(9)操作固定灭火系统。能熟悉船舶固定灭火系统,掌握释放灭火剂的程序。

(10)操作警报设备。能够熟悉船舶警报系统,掌握报警和向全船发出警报的方法和程序。

(11)消防人员用水枪灭火的基本姿势和形式。

(12)射水的基本姿势。

(二)消防技术训练方法

1. 讲解法

讲解法是用简练的语言讲解训练的目的、任务、技术动作、操作程序、训练要求等。运

用时应做到讲解目的明确,简明扼要,通俗易懂,术语正确。

2. 示范法

示范法是以具体动作直接进行示范的方法。它能生动形象地展示概念,提高学习兴趣,便于学员接受,激发训练的积极性。示范时,动作要力求准确、熟练、节奏清晰。与讲解法结合起来,可取得更好的效果。

3. 完整法和分解法

完整法是不分部分和段落,完整地进行某一动作的训练方法。有利于正确完整地掌握技术。

分解法是把整个动作合理地分成几部分,按部分依次进行训练,最后达到完整掌握动作的方法。两种方法一般根据不同阶段的需要结合运用。

4. 四步教学法

将整个训练分成四个阶段:

(1) 准备。教员训练内容准备工作包括备课、准备熟悉器材、了解学员基础。

(2) 讲解。教员讲解与示范训练内容,讲解方法应灵活多样,达到学员快速掌握的目的。

(3) 验证。学员回答问题和实际操作,实验验证学员掌握情况并及时进行纠正。

(4) 演示。学员进行系统的、完整的操作,教员对学员进行评估。

(三) 消防战术训练

1. 消防战术训练的目的与任务

(1) 以提高船上船员的灭火协同作战及其应变能力为主要目的。

通过训练,使之熟练掌握船舶各部位火灾的规律、特点和扑救对策,以不断提高指挥员及各组组长的应变能力,以及灭火的组织和指挥协调能力。

(2) 训练的内容和方法。

训练的内容和方法包括理论知识教育、案例研究、想定作业、战术演练。理论知识教育主要是研究船舶火灾的性质、火灾发展变化的规律;研究扑救各部位火灾的战术方法;案例研究是研究各种火灾案例,特别选择有教育意义的典型火灾案例作为主要研究内容,进行系统的剖析和研究。想定作业分为图上作业、沙盘作业和实地作业。实地作业是事先选择某一个舱位或部位,假定火情,在实际区域、实物上练习和运用灭火战术原则和组织灭火实施训练方法。战术演习是模拟船舶某部位失火进行消防演习。演习分为示范性的、检查性的、教学练习性的和实战战术演习。在船上,主要是进行想定作业和检查性的战术演习(配合港口国监督检查等)这些训练的主要目的是训练船员个人和集体行动之间协调性;培养船员良好的素质和团队合作精神,严格的组织纪律观念;通过训练检验船舶应急计划和部署是否符合船舶实际情况,提出改进的合理化的建议。

2. 消防战术训练的组织形式

消防战术训练是一种近似实战的训练,越贴近船舶实战越好。消防战术训练与技术训练既有联系又有区别。技术训练是战术训练的基础,它具有严格的规范性。实现一个战术目标需要一系列技术动作来完成,但战术训练不是技术动作的简单连接,它具有灵活性、近于实战性、应变性。

(1)以小组(单人)形式。

根据应变部署的任务,小组长组织实施训练,提高小组的独立作战能力,其内容为:在不同处所内铺设水带;迅速供应消防水;设置水枪"阵地",进攻与掩护;救人与掩护;火情侦察;控制通风和隔离危险品等。

(2)以全体船员形式。

根据船上应急计划内容,假设不同船舶起火处所,全体船员进行消防的模拟演练,结合本船实际情况,研究有效的灭火战术措施,熟练船上各队之间的配合行动,演练配合行动。可以假设不同的环境,如航行期间,如在白天、夜晚,在酷热天气、严寒天气,在风平浪静、大风浪天气。

五、火灾中船舶通信与协调

(一)对船外通信

在船舶发生火灾时和在救火过程出现其他险情时,及时利用船舶通信设备将船内的紧急情况通知有关各方。

1. 采用通信形式

使用 GMDSS 设备,根据船舶具体情况参照流程图,如图 6.1 所示。

2. 通信中应注意的问题

(1)如果 EPIRB 没被带上救生艇筏,如果难船沉没能自动逃离难船浮起,并发射遇险信号。

(2)必要时,船舶应使用任何合适的方式向他船示警。

(3)除本船处于险情外,绝对不能使用任何方式进行遇险警报通信。

3. 通信内容与格式

尽早将有关信息通知给船公司的主管,包括使用电话和传真等方式,有关内容见表 6.2。应急通信检查表中的内容应该包括火灾原因与时间、可能造成船舶损失、船位和天气海况等。

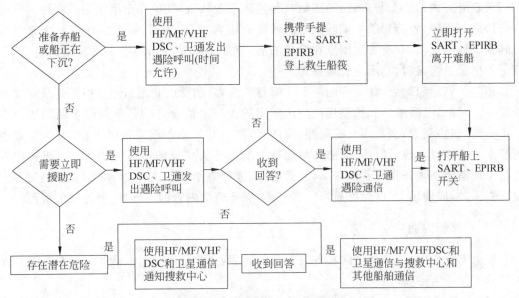

图 6.1　GMDSS 设备使用流程图

表 6.2　船舶紧急情况各通知方式表

频道	数字选择呼叫(DSC)	无线电话	无线电传
VHF	70 频道	16 频道	
MF	2 187.5kHz	2 182kHz	2 175.5kHz
HF4	4 207.5kHz	4 125kHz	4 177.5kHz
HF6	6 312kHz	6 215kHz	6 288kHz
HF8	8 414.5kHz	8 291kHz	8 376.5kHz
HF12	12 577kHz	12 290kHz	12 520kHz
HF16	16 804.5kHz	16 420kHz	16 695kHz

4. 与主管机关和搜救中心联系

按照 GMDSS 所有设备中的有关遇险操作进行，船长和驾驶员应能熟练编辑遇险报文并能够及时发送给 RCC，如果时间允许，与主管机关和救助中心进行明语通信。有关内容可参照上面所述，同时，应接受搜救中心的指导。

5. 当地消防队通信

与当地消防队通信分两个部分：①向消防队报警；②当地消防队与船舶之间的通信。有的港口规定，当发生火灾时，先向当地海事部门报告，然后，由海事部门将报警内容转发给消防队，消防队马上出警，到达现场。也有通过码头装卸部门报警给消防队，消防队出警到达船上。当然，对于外籍船舶，必须通知给代理后，由代理进行报警。原因是海事部门负责港口内的安全与监督,消防队只是消防专业队伍,其他安全事项必须由海事部门进行协调与组织,外籍船舶与消防队之间通信有语言障碍,同时,船上的通信网络很少有与陆地电话网连接,只有发达国家在船靠泊后,在船上安装与当地电话网连接的电话,在船上发生紧急情况时,利用它直接报警。

消防队到达船舶后,首先应向船上了解有关内容(前面已介绍),通信协调是最重要事项之一。目前,沿海港口和长航局消防队使用的无线通信设备的频率与海上船舶通信设备不一致,在协调上,会出现一些问题,因此,消防队与海事部门之间的通信,有的需要通过船上的通信设备进行协调,消防队与船舶上的指挥人员通信也需要协调好。船长应保持与当地消防队现场指挥通信联络,互通信息,进行协作,使用语言要简练,关键语句要重复。在国外,应使用IMO标准航海应急用语,保证通信内容的正确性,避免发生混乱。

(二)对船内通信

在火灾应急中,指挥员之间和各应急组的通话,主要使用船上电话和无线对讲机。使用船员工作语言的要求:

(1)发话者内容简明扼要,准确无误。发话前应对发话的内容进行整理,使用语句要求尽量短,去除不必要的内容,使受话人容易接受;同时,不要使用模棱两可的语句,如"大概、可能"等。

(2)语调平稳均匀,清楚流利。发话时声音不要忽高忽低,速度不宜过快,吐字清楚,正规流利。

(3)间隔分明,讲话词句分明,前后连贯,关键词语要重复,使受话者能明白。

(4)讲话时,话筒与嘴的距离15cm左右,话筒倾斜45°左右。使用对讲机时,讲话时必须按紧通话按钮,讲完后,应立即松开按键。在室外有大风时,应使话筒在背风面,以免影响发话的清晰度。

(5)佩戴呼吸器时,声音要大些,话筒靠近呼吸阀,语速要慢。

(6)受话者应精力集中,认真收听。对关键语句要复诵,对不清楚或不明白的语句,应及时询问对方,避免发生误会。通话噪声或有干扰,应及时调整或转换频道。

第三节 消防部署与演习

当船舶发生火灾时,须将全体船员组织起来,把灭火的各项工作指派给适合于承担该项工作的船员来担任,并在平时训练有素。只有这样才能在船长统一领导和指挥下,分工明确,步调一致,有条不紊地投入战斗。

一、消防部署

消防部署是船舶应变部署中一个单项部署,由大副负责。三副根据大副的意图负责编排消防部署表,经大副审核,船长和政委批准后公布施行。

消防部署中,船长和政委是正副总指挥,大副是现场指挥(如火灾发生在机炉舱,则轮机长是现场指挥,大副协助指挥)。火警中驾驶室电台和机舱应有固定人员值班,其余船员则应分编成消防、隔离和救护三个队。消防队由三副或水手长任队长,直接担负现场探火和灭火,该队可根据不同性质的器材划分若干小组,分别负责使用各种灭火器材灭火;隔离队由木匠任队长,轮助任副队长,其任务是根据火情关闭有关的门窗、舱口、风斗和孔道,切断局部电路,搬开近火易燃品,阻止火势蔓延;救护队由医生或事务长任队长,其任务是维持现场秩序、传令、通信和救护伤员,客船上的服务员应维持好旅客秩序,适当介绍火情及施救情况,说服旅客不要惊慌乱动。

应变部署表应张贴或用镜框悬挂在驾驶室、机舱、餐厅和生活区内走廊的主要部位;在其附近,还应有本船消防控制图。为使应变中各级负责人熟悉所领导的人员及其分工,应将部署表中各编队(组)名单分别抄录发给各队(组)长。此外,还应填写每个船员的应变部署职务卡(或应变备忘卡),置于各人床头附近的固定框架内。

为使新来的船员熟悉情况,每次出航后,应在最短时间内由三副将本船应变部署的组织分工、各种应变器材向他们作一次全面介绍,着重讲解消防器材的分布位置及其性能、使用方法和注意事项。此外,还应结合安全活动日有计划地由三副向船员讲解应变和消防的专题知识,使各队队员,不仅熟悉本身的职责,还应会做其他队员的工作。

二、消防警报信号

以警报器或汽笛鸣放短声1min,再以警报器或汽笛声指明失火部位:1声表示前部,2声表示中部,3声表示后部,4声表示机舱,5声表示上甲板;解除警报为1长声6s,或以口令宣布。

三、消防演习

(一)演习基本要求

(1)除有明确规定以外,船舶应每月至少进行一次消防演习。

(2)参与演习人员应着装规范。每次演习应假设火灾场所,火灾种类和火灾蔓延趋势。根据船舶种类,相应成立消防队、救护队、技术队、机舱队等,邮轮上还应组成乘客疏散队,这些小组应具备在任何时候都能完成其职责的能力。

(3) 船舶处于营运期间的消防演习由船长任总指挥。机器处所的现场指挥由轮机长担任,其他处所的现场指挥由大副担任。拖船船队的总指挥由拖船船长担任,现场指挥由拖船大副或被拖船舶负责人担任。

(4) 船舶火灾信号发出后,全体船员按职责携带规定的器材 2min 内到指定地点集合,听从现场指挥的命令,实施各自的行动。

(5) 演习结束,应进行评估,并在航海日志和消防演习记录中记录。记录应反映以下方面:演习起止时间、船位、参加人员;假设的火灾部位;演习内容和全过程中:信号是否明确,动作是否规范,人员是否到位,演习程序是否符合本标准要求。

(6) 演习后使用过的器材、设备应立即放回原处并恢复到完好的操作状态,发现任何故障和缺陷,应尽快消除。

表 6.3 为应急演习与演练实施过程的记录表。

表 6.3 应急演习与演练实施过程记录表

演习日期	2004 年 11 月 7 日	学习地点	太平洋
演习种类	厨房消防、弃船、溢油、战争应急、应急舵		
应急演习与演练过程简述	消防演习:13:40 时发消防警报,拟厨房失火。13:42 时全体人员集合于生活区外主甲板,点名,检查对应变情况的了解,检查着装及携带物品。13:43 时做灭火准备,两根皮龙出水。13:45 时探火员着装进厨房探火。13:47 时探火员报告电炉板起火火势很大,手提灭火器无法扑灭。13:48 时关闭厨房电源、通风口、门窗,用水灭火。13:53 时探火员二次进厨房探火。13:55 时报告火已扑灭,无复燃可能。13:56 时清理现场。13:58 时讲评。14:00 时警报解除。 弃船演习:14:05 时发弃船警报。14:07 时全体人员到救生甲板集合,点名,询职,检查着装及携带物品,报告公司。14:08 时做放艇准备工作。14:10 时关闭各水密设施及各油柜阀门。14:11 时人员登艇,启动艇机检查应急照明正常。14:12 时模拟艇内放艇,检查车舵正常、通信畅通、艇内设备及备品正常、齐全、有效。14:16 时固定左右艇。14:18 时讲评。14:20 时警报解除。		
讲评情况			

船长　　　　　　　　　(签名)
现场指挥大副　　　　　(签名)
轮机长　　　　　　　　(签名)

(二) 演习通用程序和要求

1. 火灾的发现与报警

驾驶室值班人员发现火灾报警控制板显示火灾信号;或发现火灾人员大声呼叫某处所失火,并向驾驶室值班人员详细报告失火部位和情况;或某处所的值班人员发现火灾,应立即击发附近火灾报警按钮。驾驶室值班人员立即向总指挥报告,并发出全船火灾信号。

船长接到火灾报告,应立即到驾驶室指挥扑救火灾。驾驶室值班人员按总指挥命令,关闭驾驶室所控制的通往火灾区域的通风,操纵船舶使着火部位处于下风。

机舱值班人员按总指挥的命令做好主机备车、减速、停车准备工作,迅速启动消防泵或应急消防泵。除固定值班人员外的人员按照应变部署规定携带消防、救护器材到指定地点集合。

2. 实施火灾扑救

对火灾处所采取防止火势蔓延的控制措施;向报警者了解情况,进行火灾现场的外部观察;组织人员探火,查明火源和人员是否被困;根据现场了解和查明的情况,决定采取扑救措施;现场指挥随时将现场情况向总指挥报告,总指挥根据现场情况报告作出决策。

3. 演习完毕

由总指挥发出解除警报,信号为警报器或汽笛鸣放一长声。

（三）各处所演习程序和要求

1. 机舱处所

现场指挥组织指挥机舱人员,用机舱内的消防器材进行现场施救,用消防水带灭火。机舱内的人员现场扑救无效,现场指挥立即报告总指挥,火势蔓延无法控制。总指挥根据现场指挥的报告,下达封舱命令,同时指定人员到固定式灭火系统控制站做好释放灭火剂的准备。被指定到固定式灭火系统控制站做释放灭火剂准备的人员按要求做好释放准备,并将准备情况报告总指挥。现场指挥根据总指挥下达的封舱命令,立即组织现场人员撤离,同时指定人员:

（1）佩戴应急逃生呼吸器,携带轮机日志及各类文件、资料撤离机舱。

（2）关闭油柜速闭阀,启动应急发电机。

（3）关闭水密门、防火门、通风筒、机舱顶部通风口。

（4）释放储气钢瓶压力容器安全阀。

探火员穿戴消防装备进入机器处所,搜寻抢救被困人员;各部位人员完成任务后向现场指挥报告情况;现场指挥根据各部位人员的情况报告,清点人数,确认人员全部撤离机器处所,现场指挥清点人员,确认无人滞留火场;现场指挥向总指挥报告封舱情况,人员已经全部撤离,请求使用固定式灭火系统;总指挥根据现场指挥的报告,下达命令:

（1）开启固定式灭火系统,释放灭火剂。

（2）对舱围壁进行冷却、监护。

现场指挥根据总指挥的命令,指定人员实施。现场指挥确认火势得到控制后,派人进入机器处所探火,并根据各组人员的情况报告,确认火灾扑灭,向总指挥报告火已扑灭。

总指挥命令发出解除消防演习信号。

2. 客船客区

客运部主任组织指挥客运工作人员：

(1) 抢救起火部位被困旅客和伤员。

(2) 稳定旅客情绪，指导旅客穿好救生衣。

(3) 在通道口、楼道口、拐弯处引导旅客至安全处所。

(4) 清点旅客人数。

(5) 清理有关资料，做好转移准备。

各部位客运工作人员及时将实施情况向客运主任报告。总指挥根据客运主任的报告，向现场指挥下达灭火指令。现场指挥根据总指挥的指令指挥各队人员：

(1) 利用消防器材对现场进行隔离控制。

(2) 切断现场电源，同时关闭门窗、防火门、水密门和通风系统。

(3) 探火人员佩戴消防员装备进入失火部位搜寻抢救被困人员。

(4) 铺设消防水带扑灭火灾。

(5) 疏通排水孔，及时排水。

(6) 穿戴消防员装备进入现场探火。

现场指挥根据各组人员的情况报告，确认火灾扑灭，向总指挥报告火已扑灭。总指挥命令发出解除消防演习信号。

3. 起居服务处所

(1) 关闭火灾区域的门、窗、防火门、通风系统，切断电源，关闭通往厨房的油路（使用油灶或气灶）。

(2) 控制和撤离易燃物品。

(3) 备好必要的灭火器材，铺设消防水带冷却与火场相邻的舱壁。

(4) 进入火场，利用灭火器及消防水对起火部位进行扑救。

(5) 佩戴消防员装备进入失火部位疏通排水孔，探明火源并搜寻被困人员。

各组人员应将实施情况及时报告现场指挥。若在失火处所发现有被困或受伤人员，现场指挥应指定人员穿戴消防员装备，携带抢救器材进入失火处所将被困或受伤人员抢救至安全处所。现场指挥根据各组人员的情况报告，确认火灾扑灭，向总指挥报告火已扑灭。总指挥命令发出解除消防演习信号。

4. 干货舱

现场指挥根据货物性质（化学品火灾现场人员必须按化学品要求穿戴防护用品）组织各组人员：正确选用手提式灭火器对着火部位进行扑救；铺设消防水带，做好喷射准备。火势蔓延无法控制，现场指挥组织指挥各组人员：撤离现场；关闭失火货舱舱盖、货舱通风系统及电源;用消防水对失火货舱的甲板、舱壁进行冷却。各组人员将实施情况向现场指挥报告。现场指挥根据各组人员的情况报告,及时向总指挥报告,并请求开启固定灭火系统。

总指挥根据现场指挥的情况报告,指定人员做好开启固定式灭火系统的准备。被指定到固定式灭火系统控制站做释放灭火的人员做好释放准备,并将准备情况报告总指挥。现场指挥派人确认失火货舱无泄漏孔洞。总指挥根据火灾现场情况下达命令:启动固定式灭火系统,释放灭火剂;对货舱围壁进行冷却、监护;派人进入货舱探火。

现场指挥根据总指挥的命令组织实施,如有受伤人员,现场指挥应指令救援队对伤员进行救护。各队人员将灭火实施情况及时报告现场指挥,现场指挥根据各组人员的情况报告,确认火灾扑灭,向总指挥报告火已扑灭。总指挥命令发出解除消防演习信号。

5. 液货舱

总指挥命令启动消防泵、水雾喷淋系统。指定人员做好开启固定式灭火系统的准备。被指定到固定式灭火系统控制站做释放灭火剂准备的人员做好释放准备,并将准备情况报告总指挥。

现场指挥根据货物性质(化学品火灾现场人员必须按化学品要求穿戴防护用品)组织各组人员:

(1)油舱。立即停泵,拆除输油管;关闭相关的阀门、透气阀;铺设消防水带、冷却甲板。

(2)液化气舱。开启应急截止阀;停止货泵/货物压缩机运转;关闭货物管道上的所有阀门、所有水密门,除封闭循环外的所有通风装置;穿戴消防员装备,在水雾的保护下,关闭处于火场中可切断的未漏气源的阀门;用足量的水冷却失火货舱及其附近区域,对漏出的液化气进行有控制的燃烧。

各队人员将实施情况及时报告现场指挥。现场指挥根据各组人员的情况报告,及时向总指挥报告,请求开启固定灭火系统。总指挥根据火情,命令启动固定灭火系统。固定灭火系统操作人员开启固定灭火系统。

现场指挥组织指挥各组人员实施:

(1)使用甲板泡沫炮或泡沫枪(干粉炮、枪)向着火区域实施灭火。

(2)有受伤人员,现场指挥应指令救护队对伤员进行救护。

各组人员及时将灭火实施情况报告现场指挥。现场指挥根据各组人员的情况报告,确认火灾已被扑灭,向总指挥报告火已扑灭。总指挥命令发出解除消防演习信号。

6. 甲板区域

现场指挥根据货物性质(化学品火灾现场人员应按要求穿戴防护用品),组织各组人员:

(1) 正确选用手提式灭火器对着火区域进行扑救。
(2) 关闭着火区域货舱舱盖、通风系统及电源。
(3) 铺设消防水带,对着火区域甲板、舱壁等进行冷却、灭火。

有受伤人员,现场指挥应指令救护队对伤员进行救护。各队人员将灭火实施情况向现场指挥报告,现场指挥根据各组人员的情况报告,确认火灾扑灭,及时向总指挥报告。总指挥命令发出解除消防演习信号。

第四节 邮轮消防设备

一、探火与失火报警系统

伴随着航运业迅速发展,在经历了惨痛的火灾事故教训后,人们深刻地意识到为保障海上航行船舶的防火安全,除了配备完善的灭火设施外,更应配备能提前和有效探测火灾的探火系统。为此人们不断进行研究,开发了各种火灾报警装置,在实船应用中对保障船舶的防火安全起了很大作用。经过不断实践总结和修正完善,由国际海事组织(IMO)于1974年11月通过并于1980年5月正式生效的《国际海上人命安全公约》(SOLAS公约)中有关对船用探火报警设备的设计、制造、应用及检验等内容在全球范围内推广,对船舶的消防安全起着非常重要的作用。

火灾报警系统主要分为火灾报警中央控制装置和火灾探测器两大部分。探测器监视周围环境的情况,并将信号传输给中央控制装置。火灾报警中央装置的主要功能是:当它接收到探测器传来的火警信号后,发出声光报警信号,并指示出火源部位,自动启动外部报警控制设备。同时对系统进行故障监视,系统发生故障时发出声光报警信号,指示出故障类型,其声光信号与火警的信号有所区别。火警与故障信号均有记忆功能,只有在火警与故障已消除,并经人工复位后方能恢复正常。另外还具有手动模拟测试功能,检测设备是否正常。每一探测分路均可切断,切断后有相应的灯光指示。主、副电源可以自动切换,保持不间断地对系统供电。

船舶探火和失火报警系统的功能在于尽早发现初期火灾,通过警报呼唤人员及时进行扑救,最大限度地减少火灾造成的损失。其辅助功能还有自动关闭门窗、自动切断通风机和带动自动灭火装置等。系统主要分为固定式探火和失火报警系统、抽烟式探火系统、自动喷水器探火和失火报警系统等。

(一) 固定式探火和失火报警系统

在客、货船的起居处所、服务处所、控制站等处所,A类机器服务场所应设定固定式探火和失火报警系统。

A类机器处所系指装有下列设备的处所和通往这些处所的围壁通道：用作主推进的内燃机；用作非主推进，合计总输出功率不小于375 kW的内燃机；任何燃油锅炉或燃油装置，或锅炉以外的任何燃油设备，如惰性气体发生器、焚烧炉等。

1. 电源部分

固定式探火和失火报警系统工作中使用的电气设备的供电源应不少于两套，其中一套为应急电源。应由专用的独立馈线来供给电力，这些馈线应接至位于或临近于探火系统配电板上的自动转换开关。

2. 探测器

（1）探测器及其分区。

探测器按其敏感元件的反应原理一般分为感温、感烟、感光等几类。

感温式探测器分为定温型、差温型和差定温型。感温探测器应经过验证，当温度以每分钟不超过1℃的速率升高时，在温度超过78℃之后动作，但在温度超过54℃之前不应动作。升温率更大时，感温探测器应在主管机关考虑到避免探测器不灵敏或过度灵敏的情况时认为满意的温度极限内动作。安装在干燥室和通常环境温度较高的类似处所的感温探测器的动作温度可以达到130℃，在桑拿房可达到140℃。

所有探测器的类型均应能接受正确工作试验并且无须更换任何部件便能恢复到正常的监测状态。

定温型探测器适用于温度变化较大的处所，如厨房、配餐间、机舱等。如果室内顶板温度较高，应选用标定温度不大于顶板最高温度再增加30℃的定温探测器。一般分为57℃、70℃、78℃等。定温型探测器工作原理主要利用低熔点的合金来工作，但温度大于合金熔点，合金熔化使得相关电路接通，从而发出报警。

差温型探测器随单位时间温升速率的变化而动作，它适用于温度变化不大舱室，如起居处所、储藏室等。差温型探测器工作原理主要利用空气的膨胀率，当温度上升过快时，气体迅速膨胀，利用气体的动力使得相关电路接通，从而发出报警。

感烟式探测器是探测可见或不可见的由燃烧而产生的颗粒的装置，分为离子感烟式和光电感烟式。图6.2所示为不同的探测器。

感温式探测器

感烟式探测器

图6.2 探测器

① 离子感烟式。应用放射性元素的电离作用。探测器有两个电离室,室内各有一件镅和两个电极,其中一室称为内电离室,另一室称为外电离室。由于镅的α射线使电离室内的空气电离而导电,从而在两电极之间产生电流通过。当烟通过外电离室会吸收放射物质,从而改变外电离室的导电率,这样两个电离室之间的输出电压产生电位差,引起报警。当烟的浓度大于12.5%必须响应,当烟的浓度小于2%时不响应。

② 光电感烟式。应用光电管原理。当一定浓度的烟雾通过光电管时光会散射,从而造成受光照射的光感电阻电压变化,电桥失去平衡,引发报警。

感烟式探测器适用于机器处所、配电板顶部、梯道走廊、生活公共处所、船员和乘客舱室。探测器和手动操作呼叫点应按组分成若干分区。

服务于控制站、服务处所或起居处所的探测器区段,不应包括A类机器处所。对于配有远距离逐一识别的火灾探测器的固定式探火和失火报警系统,覆盖起居处所、服务处所和控制站的探测器分区的循环电路,不应包括A类机器处所的火灾探测器分区。

如果固定式探火和失火报警系统不包括远距离逐一识别每个探测器的装置,则起居处所、服务处所和控制站内的分区通常不允许覆盖多于一层甲板,但包含围闭梯道的分区除外。为避免延误识别火源,每一分区所覆盖的围闭处所的数量限额应由主管机关限定。无论如何,不允许一个分区内的围闭处所多于50个。如果该系统配有远距离逐个识别的火灾探测器,则分区可覆盖几层甲板,并服务于任何数目的围闭处所。

在邮轮上,如果没有能够远距离逐个识别每一个探测器的固定式探火和失火报警系统,则一个分区的探测器所服务的处所不得同时包括船舶两舷,不得多于一层甲板,也不得位于超过一个主竖区。但是,如果这些处所位于船首或船尾,或者所保护的是不同甲板上的同类处所(如风机房、厨房、公共处所等),探测器同一分区所服务的处所可多于一层甲板。在宽度小于20 m的船上,探测器的同一分区可同时服务于船舶两舷的处所。在配有逐一识别火灾探测器的客船上,一个分区可为船舶两舷上和多层甲板上的处所服务,但这些处所应位于一个主竖区内。

在起居处所内的梯道、走廊等处所应安装感烟式探测器。在机舱,除安装感烟式探测器,还应安装感温式探测器。根据易发生火灾的部位和燃烧物质来确定探测器的类型、数量和布置。易发生火灾的部位一般为锅炉平台、主锅炉喷油嘴前端、燃油泵、发动机组、主机燃油泵和喷油嘴、燃油分油机、滑油分油机、燃油驳运泵、机修间、配电板、储物间、污油舱底。

(2) 探测器安装位置。

由于探测器的安装位置会影响探测器的灵敏度,应避开靠近横梁、通风口,可能产生冲击或物理损坏的位置,以及气流会影响其性能的位置。位于天花板顶部的探测器与通风口的距离至少0.5m。感烟探测器的保护面积按场地大小,一般安装高度为5~10m,若安装高度低,被保护的面积缩小,灵敏度高;反之则灵敏度低。

表 6.4 为探测器所保护的面积和探测器之间最大的安装间距。

表 6.4　探测器所保护的面积和探测器之间最大安装间距

探测器类型	每个探测器的保护最大面积/m²	最大安装间距/m	距舱壁的最大距离/m
感温式	37	9	4.5
感烟式	74	11	5.5

3. 火灾报警中央控制装置

任何探测器或手动操作呼叫点的动作应在控制扳和指示装置上发出声光火灾信号。如果该信号在 2min 内未能引起注意，则应自动向所有船员起居处所、服务处所、控制站和 A 类机器处所发出声响报警。这一声响报警系统不必作为探测系统的组成部分（一般船舶为通用报警系统）。

控制板应位于驾驶室或位于连续有人值班的中央控制站。作为最低要求，指示装置应能表明已经动作的探测器或手动操作呼叫点所在的分区。至少有一套指示装置应位于负责船员随时易于接近的位置。如果控制板位于主消防控制站内，则应有一套指示装置位于驾驶室内。

应在每一指示装置上或其附近清楚显示该装置所保护的处所和分区位置的信息；应对该系统操作所必要的动力供应和电路的失电和故障情况予以适当监视。若有故障情况发生，应在控制板上发出有别于火警信号的声光故障信号；应提供试验（自检）和维修所需的适当说明书和备件。

4. 手动报警按钮

手动报警按钮既可作为单独的报警单元，又可作为固定式报警系统的组成部分，在值班人员发现火灾而自动探火系统仍未动作时，按动按钮使报警器动作向驾驶台及全船报警，并能显示火警部位。

手动报警按钮应装在有人出入的通道、走廊、公共处所、驾驶台、机舱内的通道出口。每一层甲板的走廊内，手动报警按钮应该是便于达到的，并且走廊内任何部位与其距离不能大于 20m。具体安装时应尽可能靠近应急照明，距甲板的高度为 1.4m。

（二）抽烟式探火系统

在船舶航行途中，由于船舶的装货处所构成了一个独立的密闭舱室且较少人员到达，多采用抽烟式探火系统。

该系统的一般要求是：

（1）必须能防止任何有毒的或易燃的物质或者灭火的介质泄漏到任何起居处所和服务处所、控制站。

（2）必须装有检测装置，以便对通过管的气流进行检测，同时还要确保从每一台内部连续的集烟器中抽走的气流量尽可能相等。

（3）对于抽烟式探火系统烟探测器的灵敏度的要求是，当传感室内烟气密度超过每米6.65%减光率，其感应装置应该动作。

（4）在每一个需要探烟的舱室至少装一个集烟器。为了保障集烟器能够充分发挥功能，其安装的间距应该使得舱顶部区域的任何部位距集烟器的水平距离不超过12m。不同围闭处所的集烟器不应连接到同一个取样点上。连接在同一取样点上的集烟器不能超过4个。

（5）每个系统应该配有两个取样风机，以便交替使用或备用一套，并且每个取样风机的功率应足以在保护区域正常通风条件下有效地工作。

（6）应为该系统工作中所用的电气设备提供一套替代电源（应急电源）。

（7）控制板应位于驾驶室或持续有人值班的中央控制站内。应在控制板上或其附近应清楚地显示该装置所保护处所的信息。探测到烟火或其他燃烧物时，应在控制板和驾驶室或连续有人值班的中央控制站发出声光报警信号。应对该系统作业所必需的电源的失电情况予以监测。任何失电情况均应在控制室和驾驶室内发出声光信号，该信号应与烟火探测信号有所区别。

（8）应为系统的试验与维修提供适当的说明书和备件。

（9）探测到烟火时应在控制站面板和驾驶室内发出声光信号。

（10）控制板应允许在每一个取样管上都可观察烟雾。

（三）自动喷水器探火及失火报警系统

1. 喷水系统的型号

自动喷水系统应为湿管型，但如果主管机关认为作为一项必要的预防措施，小型暴露段也可为干管型。桑拿房应安装干管系统，喷头的操作温度应达到140℃。

2. 动力供应源

海水泵及自动警报和探火系统应有不少于两套动力供应源。若泵的动力源为电力时，则动力源为一套主发电机及一套应急电源。泵的供电应一路来自主配电板，另一路来自通过专用独立馈线的应急配电板。除非为到达相应配电板所必需，馈线的布置应避免穿过厨房、机器处所和其他具有高失火危险的围闭处所，并应接通至设在喷水器泵附近的自动转换开关。只要主配电板有电，此开关应一直由主配电板供电，并应设计成当此路供电发生故障时，能自动转换至由应急配电板供电。主配电板和应急配电板上的开关均应清楚标示，并在通常情况下保持闭合状态。上述馈线不允许设有其他开关。报警和探火系统动力源中的一路应为应急电源。如果泵的动力源之一是内燃机，则应远离任何A类机器处所的位置，且不应位于需要由该喷水器系统保护的任何处所内，并且所在位置应在任何被保护处所失火时不影响机器的空气供给。

3. 喷水器水泵

应装有一台专供喷水器自动连续喷水的独立动力泵。该泵应在压力柜内常备淡水完全排干之前由于系统压力的降低而自动开始工作。

泵和管系应能对在最高位置的喷水器保持所需的压力,以确保其能保持不少于 $5L/(m^2 \cdot min^{-1})$ 的出水量连续喷水,足以同时覆盖至少 $280m^2$ 的面积,即泵的最小排量为 84 t/h。在泵的出水一侧,应装有一个带有一根末端开口的排水短管的测试阀。阀和管子的有效截面积应足以放出对该泵要求的出水量,并同时在系统内保持规定的压力。

4. 压力柜

压力柜储存的常备充注淡水量应相当于水泵 1min 的排量,压力柜容积至少等于该规定充注水量的两倍。并应设有能保持柜内空气压力的装置,当柜内常备充注淡水量被使用时,能确保柜内的压力不低于喷水器的工作压力加上所测得的柜底至系统中最高位置喷水器的水头压力。应装设在压力下补充空气和补充柜内淡水的适当设施。压力柜应装设显示柜内正确水位的玻璃水位表,应设有防止海水进入柜内的设施。

5. 管系布置

喷水器应分组成若干独立分区,每一分区内的喷水器应不多于 200 个。在客船上,任一喷水器分区内的喷水器所服务的处所应不多于两层甲板,并应布置在不多于一个主竖区内。但如果主管机关确信不致因此而降低船舶的防火性能,可以允许一个喷水器分区所服务的处所多于两层甲板或位于一个以上的主竖区内。

每一喷水器分区只能用一个截止阀加以分隔。每一分区的截止阀应易于接近,位于相关分区的外面或梯道围壁内的小间里。阀的位置应有清楚的永久性标志,并应有防止任何未经许可的人员操作该截止阀的措施。

每一喷水器分区应设一个试验阀,用以放出相当于一个喷水器工作时的水量来测试自动报警,每一分区的试验阀应安装在该分区的截止阀附近。喷水器系统应与船上的消防总管相连接,在连接处应装设一个可锁闭的螺旋止回阀,防止水从喷水器系统中倒流至消防总管。在每一个分区的截止阀处和中心站内,均应装设一个指示该系统中压力的仪表。泵的海水入口应尽可能位于该泵所在处所,并应布置成当船舶处于漂浮状态时,除检查或修理水泵外,不需因任何其他目的而切断水泵的海水供给。

6. 喷水器

喷水器应能耐海上大气腐蚀。在起居和服务处所中,喷水器应在 68℃～79℃ 的温度范围内开始工作,但在如干燥室等可能出现较高环境温度的处所除外,在这些处所内,喷水器的动作温度可以增加至不超出舱室顶部最高温度 30℃。

工作原理:当温度达到规定度数时,热敏原件就会破裂,玻璃阀失去支撑而脱落,致使压力水柱打在散射盘上,变成水花向周围喷射。喷水器的水量不大,而且不能完全喷在火焰上,只能起到降温阻焰作用。

喷水器应设置在被保护处所的顶部位置,并保持适当的间隔,使喷水器所保护的额定面积保持不少于 $5L/(m^2 \cdot min^{-1})$ 的喷水量。但是,如果表明不比上述效果差并使主管机关满意,主管机关也可以准许使用适当分布的不同喷水量的喷水器。

图 6.3 为玻璃球型喷水器。

应在船上备有各种型号和规格的备用喷头,其数量见表 6.5。

图 6.3　玻璃球型喷水器

表 6.5　备用喷头数量

喷头的总数	所需备件数
<300	6
300~1 000	12
>1 000	24

任一型号的备用喷头数无须超过所安装的该型号喷头总数。

7. 系统的位置

喷水器泵和压力柜应位于远离任何 A 类机器处所的位置,且不应位于需要由该喷水器系统保护的任何处所内。

8. 系统控制要求

(1) 即时可用性。

所要求的任何自动喷水器探火和失火警报系统应能在任何时间立即启动而不需依靠船员的操作启动。自动喷水器系统应以必要的压力保持充水,并应按上述要求具有连续供水的设备。

(2) 报警与指示。

每一喷水器分区都应包括能自动发出声光信号的报警装置,当任一喷水器工作时,能在一个或几个指示装置中发出信号(指示装置的位置之一应设有能够对每一喷水器分区的报警和指示器进行试验的开关)。该报警系统应能指示系统中发生的任何故障。此种装置应显示出该系统所服务的分区内已经发生火灾,并应集中于驾驶室或连续有人值班的中央控制站内。此外,该装置的声光报警设施还应位于上述处所以外的位置,以确保火灾信号能立即被船员收到。

在每一指示装置处应有表或图显示该装置所涉及的处所和有关每一分区的位置,并应有试验(降低系统压力来试验水泵自动工作的装置)和保养的适当说明。

二、固定式灭火系统

(一)水灭火系统

水灭火系统是所有船舶必须配备的一种灭火系统,也是最基本而有效的灭火系统之一。水灭火系统包括消防泵(应急消防泵)、消防管系(相关阀系)、消火栓、消防水箱、消防水带、消防水枪、国际通岸接头。消防泵通过海水吸入阀将船外海(江、河)水吸入,再通过消防水管、消火栓及水带上的消防水枪,将水喷射到船上任何失火部位,以达到灭火的目的。图6.4为自动喷水器系统原理布置图。水灭火系统一般兼作甲板冲洗、锚链冲洗、喷射泵的动力源之用。水灭火系统配备规定见表6.6。

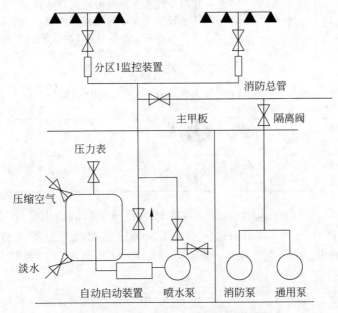

图6.4 自动喷水器系统原理布置图

(1)消防总管的直径。消防总管和消防水管的直径应足以有效地从两台同时工作的消防泵输送所需的最大水量,但对其直径仅需足以排送140 m^3/h 水量的货船除外。

(2)隔离阀和释放阀。用于将布置在设有主消防泵或泵组的机器处所内的消防总管部分与消防总管其他部分分开的隔离阀,应设在机器处所之外易于到达并站得住的位置。

表6.6 水灭火系统配备规定

船的种类 水灭火设备		客船		货船		
		4 000总吨以下	4 000总吨以下	6 000总吨以上	1 000~6 000总吨	1 000总吨以下
消防泵	数量	3	2	2		2（其中1台应为独立驱动的消防泵）
	总排量/(m³·h⁻¹)	舱底泵总排量的2/3		同样尺度客船一台舱底泵的4/3以上(不大于180m³/h)		
	每台泵的排量/(m³·h⁻¹)	总排量/台数×80%以上不小于25m³/h		总排量/台数×80%以上不小于25m³/h		
	消火栓应维持最低压力/MPa	0.4	0.3	0.27	0.25	0.25
	通海连接件、消防泵及其动力源的布置	分舱布置(1 000总吨以下可设置FSS要求的应急消防泵)		分舱布置或设置FSS要求的固定应急消防泵		一般用手台式消防泵来满足独立驱动要求
消火栓数量和位置		同右		从不同消火栓喷射出两股水柱,射至船舶在航行时旅客或船员经常到达的任何部位,而其中一般仅用一根消防水带。对装货处所,应使至少两股水柱能射至空舱时的任何部位		
消防水带		每个消火栓配1根		每30m船长配1根(另备1根)总数不少于5根(不包括机器处所)		每30m船长配1根(另备1根),总数不少于3根(不包括机器处所)
消防水枪(水雾/水柱两用)		每个消防水带配1支		每个消防水带配1支		每个消防水带配1支
国际通岸接头		1个(可用在船舶任何一舷)		1个(可用在船舶任何一舷)		

消防总管应布置成当隔离阀关闭时,船上除上述机器处所内的消火栓外,其他所有消火栓能由另一台消防泵或一台应急消防泵供水。如果消防泵能够产生超出消防水管、消火栓和水带设计压力的压力,应在消防泵上附设释放阀。这些阀的布置和调整应能避免在消防总管系统的任何部分出现超压。

(3) 消防水带。直径有65mm、50mm和40 mm,其长度要求是:机舱选用15m;其他处所和甲板选用20m;船舶型宽超过30m的开敞甲板选用25m。

(4) 水枪。规格有枪口直径12mm、16mm、19mm,居住区和服务处所一般不必要超过12mm,机器处所一般不必要超过19mm。

(5) 无人值班机舱的货船。应有一台消防泵能从机舱外进行遥控启动或由主消防泵之一对消防泵总管系统始终保持压力。

(6) 消防泵。船上的卫生泵、压载泵、舱底泵、通用泵在满足消防泵的排量和压力下，且不经常用来泵油，均可作为消防泵。

(7) 固定应急消防泵。应布置在机舱之外的舱室。电动机驱动的消防泵应由应急发电机供电；柴油机驱动的应急消防泵，其柴油机应能在0℃的冷态条件下进行人力启动，也可采用压缩空气启动柴油机（10min内能启动2次，30min内能启动6次）。燃油供给柜内的燃油应能使该泵在满负荷下至少运行3h，储备油柜应供泵在满负荷下再运行15h。其排量不小于消防泵总排量的40%，且在任何情况下应不小于25m^3/h，并满足消防泵的压力要求。

(8) 便携式消防泵。按照公约要求1 000总吨以上的船舶，便携式消防泵已经不再适用。目前仅在1 000总吨以下的船舶使用，可以作为此类船舶的应急消防泵。便携式消防泵通常用汽油机驱动，其正常工作时应能保持排量约为25m^3/h，并能连续工作12h以上。消防泵的压力能维持两股水柱射程12m以上。由于空吸能力差，工作时最大吸水高度应小于7m。吸水软管长度应大于轻载水线时最大干舷加上5m，并在吸水软管端部配有滤网和止回阀。

图6.5为消火栓及消防水带。

图6.5　消火栓及消防水枪

（二）固定二氧化碳灭火系统

CO_2是一种比空气重、无臭、不导电的惰性气体，不腐蚀金属，不损伤机械和货物，对电气绝缘没有破坏作用。一般空气中含有30%～40%的CO_2气体，物质就不能燃烧。按照常规充装率0.67kg/L（钢瓶压力约150kg/cm^2），可计算出灭火有效容积约为其液态的1 000～1 300倍，CO_2气体有较强的浸透性和扩散性，充满失火处所时，驱逐空气，隔断氧气达到灭火的目的。但对人员有窒息作用，因此在释放CO_2气体时，必须完全确认该处所没有人员存在。为此，对任何经常有人员在内工作或出入的处所，应设有施放CO_2灭火剂的自动声响报警装置。该报警装置在CO_2灭火剂施放之前至少报警20s，以便工作人员迅速撤离。

由于二氧化碳气体可以使人窒息,因此起居处所严禁采用 CO_2 灭火剂。CO_2 在船上以液态形式储存于钢瓶中,钢瓶集中存放在 CO_2 气瓶站室内。

1. 基本要求

(1) 船舶设有燃油锅炉或燃油装置的 A 类机舱,有内燃机的 A 类机器处所及用于载运油箱中备有自用燃料的机动车辆的密闭装货处所,1 000 总吨及以上客船的装货处所(除载运危险货物外),2 000 总吨及以上货船的装货处所(除载运危险货物外);油船货泵舱以及超过 $4m^2$ 的油漆间和易燃液体物料间等,一般均装高压二氧化碳灭火系统。任何船舶的专门建造用以装运矿砂、煤、谷物、没有干透的木料和不燃货物或认为失火危险较小的各种货物装货处所,有主管机关检验合格后可发放免除 CO_2 灭火系统证书。

(2) CO_2 站室应有有效通风,且 CO_2 站室最好能从开敞甲板进入,并在任何情况下应与被保护处所分开。出入口的门应为向外开启,并在这种储存室与毗邻围闭处所之间构成限界面的舱壁和甲板,包括门和关闭其任何开口的其他设施,均应为气密。站室应有与驾驶室或控制站直接联系的通信设施;控制站室或控制站门的开启钥匙,应置于有玻璃面罩的盒子内,该盒子应设在门锁附近明显而易于接近的地点;站室内应设有清楚而永久性的示意图,以表明与灭火剂的施放及分配直接有关的容器、总管、支管和附件等的布置,并对系统的操作方法作简要的说明。

(3) 在任何处所中,空气瓶内含有的自由空气量若因失火释放在该处所内,将会严重影响固定灭火系统的有效性,应额外增加灭火剂数量。一般在装有空气瓶的处所(如机舱)内,在计算 CO_2 量时,均将空气瓶内含有的自由空气量影响考虑在内。如果空气瓶的安全阀有导管引至机舱之外(干舷或舱壁甲板以上的开敞处所),即当机舱失火时,空气瓶内的压缩空气通过安全阀和其导管排至机舱之外时,则在计算机舱 CO_2 量时就不必考虑空气瓶的影响。图 6.6 为 CO_2 系统遥控释放装置。

图 6.6 CO_2 系统遥控释放装置

(4) 应备有适当的仪器检测设备,以便船员能安全地检查 CO_2 瓶内的灭火剂数量。

(5) CO_2 瓶充装率不应大于 $0.67kg/L$,此时工作压力约 $150kg/cm^2$。

(6) 瓶头阀应有安全膜片或其他认可的安全装置。安全膜片应在压力达到 $(18.6±1)$ MPa 时自行破裂。安全膜片破裂后,自瓶头阀释放出的灭火剂应由管路引至站室外开敞甲板处的大气中。目前市场上 CO_2 瓶头阀种类很多,如图 6.7 所示。

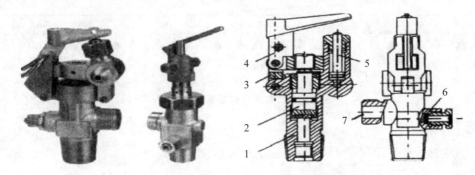

图 6.7 CO_2 瓶头阀(连杆式自带汽缸气动气瓶阀)
1—阀体;2—带阀瓣的阀杆;3—连杆;4—手柄;5—顶杆;6—安全膜片;7—CO_2 出口

(7) CO_2 瓶应根据各被保护舱室对 CO_2 的需要进行分组,如由人力直接开启释放装置,则每组瓶数应不超过 12 瓶。

(8) 应设有两套独立的 CO_2 系统的控制装置,以便将 CO_2 释放到被保护处所,并确保报警装置的动作。其中一套控制装置应用于将气体从所储存的容器中排出,另一套控制装置应用于开启安装在将气体输送至被保护的管路上的阀门。该两套控制装置应布置在一个控制箱内,该箱的特定部位应有醒目标志。如果该控制箱被锁住,开箱钥匙应放在控制释放箱附近易于发现并设有玻璃面板的盒子里。

(9) 配备 CO_2 钢瓶的数量应满足最大舱的灭火需要,所需要的 CO_2 的瓶数(钢瓶体积按 40L,充装率按 $0.67kg/L$)可按下面公式估算:

$$CO_2 瓶数 = [(0.3 \sim 0.4) 最大舱容]/(0.56 \times 27)$$

2. 管路及布置

管路及布置如图 6.8 所示。

(1) 每个 CO_2 瓶的瓶头阀至集合管的连接管上应装有止回阀。

(2) 集合管至分配阀箱的总管上应装有量程为 $0 \sim 24.5MPa$ 的压力表。

(3) CO_2 管路不得通过起居处所,并应避免通过服务处所,若无法避免,通过服务处所的管子不得有可拆接头。

(4) 通往机舱和货油泵舱的 CO_2 管应有足够的尺寸和喷嘴数量,以便上述处所所需 CO_2 量的 85% 能在 2min 内喷入被保护处所。约 10% 的总量应排放到机舱底层花钢板以

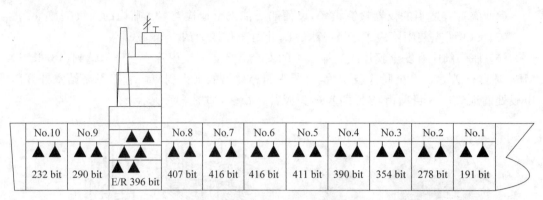

图 6.8 二氧化碳全船管路布置图

下的保护处所。

(5) 在总管或分配阀箱上,应装设压缩空气吹洗管接头。

3. 固定二氧化碳灭火系统的使用

(1) 机舱失火(遥控释放)。

用锤敲碎箱门上钥匙盒的玻璃,打开箱门,即发出 CO_2 释放报警与关闭机舱风机、燃油泵、分油机、锅炉供油泵及相关油路阀(根据船舶线路连接各不相同,一般风机开关都会连接)。若未连接,可使用相应速闭阀来关闭。

确认所有人员已经离开机舱,关闭其通风口和出入口(封舱)。依次打开 1 号和 2 号控制球阀和启动钢瓶瓶头阀,其中 1 号阀是启动进入机舱的主阀,2 号阀是启动 CO_2 钢瓶组自动延时 20~40s 后,CO_2 气瓶驱动气体开始释放。如果自动延时 20~40s 失效或需要立即释放灭火剂,可到二氧化碳间,拔掉安全销,拉下瓶组架上相对应区域的紧急启动拉环。图 6.9 为二氧化碳释放管路示意图。

(2) 货舱失火。

首先确信人员全部撤离货舱,关闭其通风筒及相关开口(封舱)。如果是货舱抽烟式探测器探测到的火灾,要人员现场核实确认,并且释放前要将三通阀转换到二氧化碳间。开启通往失火舱室的主阀(货舱分布较多,通往各个舱室的主阀一般为手动开启,不排除一些自动化程度较高的船舶采用遥控控制)。打开启动钢瓶遥控或手动开启 CO_2 钢瓶组。因货舱大小不同,所需 CO_2 的量也不相同。CO_2 气体应在失火区域保持足够的时间。灭火后,人员进入前要对失火区域彻底通风。检测该区域氧气含量,在没有确认氧气含量之前进入该区域需要佩戴呼吸器。

(三) 低压二氧化碳灭火系统

低压二氧化碳自动灭火系统是基于高压二氧化碳自动灭火系统原理基础上研制并且

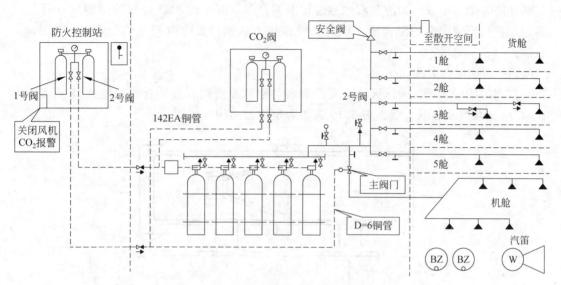

图 6.9 二氧化碳释放管路示意图

优于后者的灭火设施,和高压二氧化碳自动灭火系统相比具有以下优点:低压二氧化碳自动灭火系统由于低温储存,具有压力低、储存量大、灭火效率高、占地面积小等优点;采用的低压容器、管网、阀门、喷头无须耐高压,因此具有较好的经济性;低压二氧化碳自动灭火系统不仅可以以预先设定的时间来自动喷放灭火剂,还可以随时手动开启或关闭系统来控制灭火剂的喷放。

二氧化碳储存在一个或两个隔热压力容器内,设有两台冷冻机进行制冷,其中一台工作,另一台备用或轮换工作。在 $-18℃\sim-20℃$ 低温下储存且保持压力容器内的压力大约为 $2MPa$。为检修和保养方便设有两个安全阀。系统可以显示容器内压力和 CO_2 数量,当超过 2% 的 CO_2 减少,有警报显示。目前已有大型船舶使用,它将逐步替代高压二氧化碳灭火系统。

(四)固定泡沫灭火系统

1. 甲板泡沫灭火系统(低倍泡沫)

泡沫灭火原理是海水与泡沫原液的混合液中混入空气而产生泡沫,继而由较厚的泡沫层覆盖在燃烧物上,使燃烧物与空气隔开,断绝氧的供应,同时再由泡沫的冷却而达到灭火目的。泡沫不但能灭一般火灾,对扑灭油类大灾更为合适,因此常用于液货船甲板上的灭火。

甲板泡沫灭火系统的泡沫倍数(即所产生的泡沫体积与水和泡沫剂混合物的体积之比)一般不超过 12:1。泡沫原液是由动物性蛋白质的加水分解物为主要成分,并添加稳定剂和防腐剂等组成。原液和海水通过比例混合器与海水按 3%～6% 的比例进行混合,再通过管路形成完全的混合液。该混合液由压力从喷口放出时与空气接触形成泡沫而喷射。

（1）泡沫混合方法。

常用的固定式甲板泡沫灭火系统的海水与泡沫原液混合方法有线路定比型、压力定比型、泡沫泵型和预混合型。图 6.10 为压力定比型结构布置图。

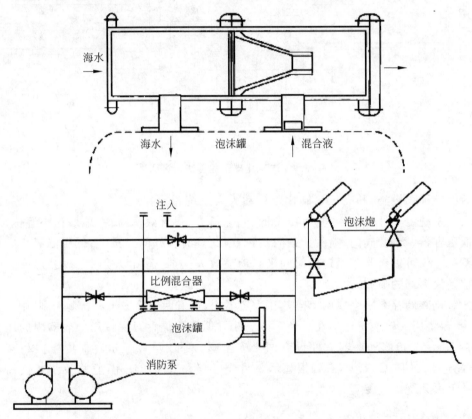

图 6.10　压力定比型结构布置图

图 6.11 为泡沫泵型布置图。

（2）基本要求。

凡载运闪点不超过 60℃（闭杯试验）且其雷特蒸气压力（雷特蒸气压力是将油放在一密封容器内,上面有 4 倍液体容积的大气容积,在温度为 37.8℃时测出的油蒸气压力）低于大气压的原油和石油产品以及载运具有同样失火危险的其他液体产品的货油舱。对于 500 总吨及以上但载重量小于 2 000 总吨的油船,应设有固定式甲板泡沫灭火系统。载运闪点超过 60℃（闭杯试验）石油产品的油船,在 2 万载重吨及以上时,亦应设有固定式甲

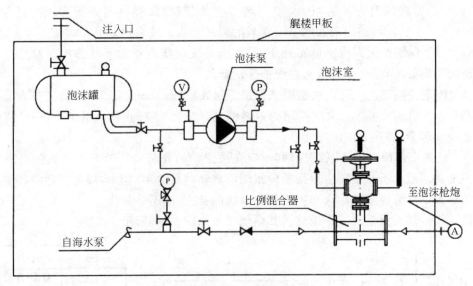

图 6.11 泡沫泵型布置图

板泡沫灭火系统。

2. 高膨胀泡沫系统

高膨胀泡沫系统一般布置在机舱和货油舱的油泵间,该系统应能通过固定喷射口迅速喷出的泡沫量足以使最大一个被保护处所每分钟至少覆盖1m厚度。泡沫的存储量:产生的泡沫量应足够等于5倍的最大保护处所的容积。泡沫的发泡倍数不超过1 000倍。使用该系统时应对被保护处所示警,以便人员撤离。

其系统组成主要由水泵、泡沫原液储罐、比例混合装置、中央控制柜、火灾探测器、高倍泡沫产生装置、管道及附件组成。系统原理和甲板泡沫系统相同:高倍数泡沫、可迅速充满大面积、大空间的火灾区、变覆盖式为淹没式灭火;较好的流动性和渗透性,对于难接近和难找火源的火灾,迅速充满,将明火和暗火一道扑灭;高绝热性能,抵抗热辐射、热对流,可作为火灾现场人员的临时避难场所,躲避高温、毒烟熏蒸等。

(五)固定压力式水雾灭火系统

此系统原理与自动喷水器探火和失火报警系统相似,区别在于固定压力式水雾灭火系统喷水器是开口式的。系统释放需要通过其他探火报警装置感应后来控制其释放或者采用手动来释放。因为现在货船大部分使用固定式局部水基灭火系统,所以在此仅介绍后者。

SOLAS 74/2000 修正案《用于 A 类机器处所的固定式水基局部使用灭火系统认可指南》MSC/Circ.913 的基本要求:

(1) 500总吨以上的客船和2 000总吨以上的货船,A类机器处所容积超过500m³的,还应由一个经认可的固定式水基或等效的局部灭火系统来保护。

(2) 对于周期性无人值班机器处所,该灭火系统应能自动和手动释放。对于连续有人值班的机器处所,仅要求该灭火系统能手动释放。

(3) 固定式局部使用灭火系统用来保护下列区域,而无须关闭发动机、撤离人员或封闭这些处所:船舶主推进和发电所用的内燃机上有失火危险的部分;锅炉前部;焚烧炉有失火危险的部分;加热燃油的净化器。

(4) 任何局部使用灭火系统启动时,应在被保护的处所和连续有人值班的处所发出视觉报警和清晰的听觉报警。该报警应指明所启动的具体系统。本规定所述的系统报警要求是对其他部分要求的探火和失火报警系统的补充,而不是替代。

固定式水基灭火系统工作原理及其系统组成如图6.12所示。

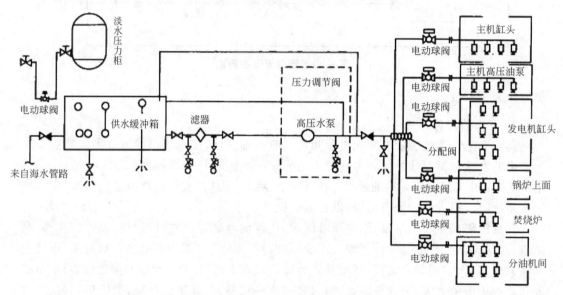

图6.12 固定式水基灭火系统管路示意图

水雾的灭火原理主要有以下几个方面:

(1) 在空间分布的水雾颗粒可迅速吸收火焰释放的热量,使火灾空间范围的温度迅速下降。实验证明,在用水雾熄灭6 MW(兆瓦)燃油火焰试验中,距火焰正上方10 m高度位置的温度30 s内可从250℃降至50℃以下。

(2) 温度降低后,可燃气体蒸发速度降低,空间形成的可燃气体大大减少,因此,火焰在很短时间内可得到有效的控制。

(3) 由于微小颗粒水雾吸收热以后,大量蒸发水雾气量比例增大,使得火灾空间空气中氧气比例减少,从而火焰燃烧速度降低,进而达到灭火的目的。

为了达到较好的灭火效果,采用高压水喷射系统。利用喷嘴节流形成水雾覆盖层。系统分别由高压供水单元、喷嘴组单元、电磁阀组单元、检测单元、控制及报警单元和相关管路组成。

(六)卤代烷灭火系统

卤代烷1211、1301、2402等自动灭火系统已禁止使用,目前开发新型替代产品,其中七氟丙烷自动灭火系统就是其中一种,分子式为$CF_3-CHFCF_3$,灭火机理是以化学抑制方式实现灭火。

七氟丙烷灭火剂具有以下特点:无色无味气体,不含溴和氯元素,对臭氧层的耗损潜能值(ODP)为0,符合环保要求。它是新型高效低毒的灭火剂,它的灭火浓度低,钢瓶使用量少,占据空间小,不导电介质,且不含水性物质,不会对电器设备、磁带资料等造成损害。

七氟丙烷灭火系统在结构上具有以下特点:①容器阀采用金属膜片密封设计,保证了可靠的密封性能,使灭火剂能长期储存;②多种启动方式(气动启动、电启动、电器手动启动及机械应急手动启动)确保系统绝对可靠地启动;③特殊的电启动装置使启动电流很小,有效地解决了控制部分功耗大、蓄电池容量大等问题,使布局更加合理紧凑;④直通式瓶头阀的独特结构,使灭火剂流动阻力降低。

适用范围:可扑救A、B、C各类火灾,能安全有效地使用在有人的场所,不用担心自动喷水灭火系统或使用水系统会造成水灾的场所、药剂喷放后清洗残留物有困难的场所,药剂存放空间有限和需用少量灭火剂达到灭火效果的场所。

(七)干粉灭火系统

液化气船必须安装固定式化学干粉灭火系统,以便对货物区域的液化气火灾进行有效的灭火。对于载货容积小于1 000m^3的船舶,货物区域容许只安装一套固定式化学干粉系统。载货容积大于1 000m^3的船舶,货物区域必须至少设置两套独立自给式化学干粉系统。

干粉灭火系统主要由干粉储罐、动力气瓶、启动气瓶、减压阀、固定管路、喷粉枪或手持喷粉软管组成。一个独立的干粉灭火系统至少配有两个手持喷粉软管或一个手持喷软管和一支喷粉枪。

(1)干粉储罐。是用来储存化学干粉的压力容器,由罐体、装粉口、出粉管、进气口等构成,工作压力一般为1.5~2MPa,储存的干粉可达1 500kg。

(2)动力气瓶。主要储存用来驱动干粉的专用惰性气体,如氮气等。它的高压氮气用以使干粉储罐增压并排出干粉。每瓶容量较大,如50L等,氮气压力为150~200kg/cm^2,每套装置约4个动力气瓶。

（3）启动气瓶。它的氮气用以启动干粉系统，瓶的容量较小，如 1.0L 等。瓶内氮气压力很高。

（4）减压阀。其作用是将动力气瓶中的高压氮气减压到驱动干粉所需的压力，该压力一般为 1.2~2MPa。

（5）管路。干粉系统管路包括气体管路和干粉输送管路。

（6）喷粉枪和手持喷粉软管。喷粉枪是一上下可以调节俯仰角度、左右可以回转的固定式喷粉管。手持喷粉软管由软管和一个能够开关的手持喷嘴组成，平时盘卷放在软管箱内。手持喷粉软管的长度一般不超过 33m。

三、消防员装备

船舶上配备消防员装备用于消防队员的呼吸保护，消防员可以安全顺利地接近火场救助伤员和探索火源及进行灭火行动等。消防员装备品包括一套个人装备和一套呼吸器。消防员装备如下：

（1）防火服。其材料能保护皮肤不受火焰的热辐射、蒸气的灼伤和烫伤，衣服外部能防水。

（2）防火靴。用橡胶或其他不导电材料制成的。

（3）刚性头盔。坚固结实且能经受撞击。

（4）安全灯。一盏认可型的手提安全灯能至少照明 3h，若用于油舱或其他处所应是防爆型。

（5）太平斧。一把主管机关认为满意的太平斧，其手柄应设绝缘层。

（6）呼吸器。一具符合下述要求的呼吸器：一具自给式空气呼吸器，气瓶内至少储气 1 200L，可供使用时间至少 30min。如果船上没有配置充气设备，则按每套呼吸器还应配备 2 个已充气的备用钢瓶(1 具用空气软管与合适的空气泵连接的防烟盔或防烟面罩，该空气软管应能从开敞甲板到达货舱或机舱的任何部位，但长度超过 36 m 时应使用储压式呼吸器)。

（7）防火绳。每具呼吸器配有一条至少 30m 长和能够承受 3.5kN 静载荷达 5min 强度的耐火救生绳，其中绳内有钢丝，该绳用弹簧卡钩系于呼吸器的背带上或一条分开的腰带上，在拖曳救生绳时不使呼吸器脱开。

消防员装备配备要求如下：

船舶上至少配备两套消防员装备。此外，客船上，按其甲板上乘客处所和服务处所合计长度最大一层的长度，每 80m(不足 80m 按 80m 计)应备有两套消防员装备和两套个人配备，每个主竖区内，应增配两套消防员装备。

消防员装备或个人装备，应存放在易于到达之处和随时可用，该位置应有永久的清晰标志。消防员配备不止一套时，应尽可能远离分开存放。

四、人员保护设备

在船舶火灾扑救的过程中,为避免和减少人员的伤亡,需配备一定的生命保障器材和人员保护设备。生命保障器材包括担架、急救箱、手动复苏器、全自动复苏器。救助专用的自给式呼吸器、个人保护设备包括消防员装备(防火服、呼吸器、头盔、防爆照明灯、带救生绳和安全钩的救生绳具等)备用呼吸器钢瓶、EEBD 等。这些设备要求随时处在可用状态。

(一)救助使用的人工手动复苏器

1. 人工复苏器简介

人工复苏器是进行人工通气的简易工具。与口对口呼吸比较供氧浓度高,且操作简便。尤其是病情危急,来不及气管插管时,可利用加压面罩直接给氧,使病人得到充分氧气供应,改善组织缺氧状态。

2. 性能与装置

人工复苏器具有结构简单,操作迅速方便,易于携带,通气效果好等优点。主要由弹性呼吸囊、呼吸器、呼吸活瓣、储气袋、面罩或气管插管接口和氧气接口等组成。

3. 基本原理

氧气进入球形气囊和储气袋,通过人工指压气囊打开前方活瓣,将氧气压入与病人口鼻贴紧的面罩内或气管导管内,以达到人工通气的目的。

4. 操作程序

(1)评估。是否有使用简易呼吸器的不适应,如急性呼吸衰竭、呼吸停止等。评估有无使用简易呼吸器的禁忌,如中等以上活动性咯血、大量胸腔积液等。

(2)充盈储气袋。连接面罩、呼吸囊及氧气,调节氧气流量 5~10L/min,使储气袋充盈。

(3)将面罩罩住病人口鼻,贴紧不漏气。若气管插管或气管切开病人使用简易呼吸器,应先将痰液吸净,气囊充气后再应用。

(4)双手挤压呼吸囊的方法。两手捏住呼吸囊中间部分,两拇指相对朝内,四指并拢或略分开,两手用力均匀挤压呼吸囊,待呼吸囊重新膨起后开始下一次挤压,应在病人吸气时挤压呼吸囊。

(二)救助使用的自动复苏器

1. MZS30 型自动复苏器简介

MZS30 型自动复苏器是一种自动进行正负压人工呼吸的急救装置,能把含有氧气的新鲜空气连续、自动地输入伤员肺内。自动复苏器装置充装医用氧气,在有氧情况下进行口腔、气道异物的吸除和实行人工呼吸。仪器还有单纯给氧和吸引装置,供呼吸机能尚未麻痹的伤员呼吸用。

仪器具有体积小、重量轻、操作简单、性能可靠、携带方便等特点,特别适用于灾难事故现场,也适用于石化、冶金等的抢险救护和医疗单位外出急救及护送伤员中使用(如胸部外伤、一氧化碳(或其他有毒气体)中毒、溺水、触电等原因所造成的呼吸抑制或窒息)。

2. 工作原理

自动复苏器的工作原理是:氧气瓶中的高压氧气经减压后到配气阀,根据伤员的不同需要,使用接在配气阀上的自动肺、自主呼吸阀或引射器。当伤员不能自主呼吸时,用自动肺向伤员肺部充气或抽气,如果伤员能自主呼吸,可用自主呼吸阀吸氧,当伤员的呼吸道内有分泌物时,可用引射器将分泌物吸出。

3. 产品结构

自动复苏器主要由氧气瓶、引射器、吸痰器、减压器、压力表、配气阀、自动肺、自主呼吸阀、面罩等主要部件构成。

4. 技术参数

氧气瓶工作压力表 20MPa;

氧气瓶容积 1.0L;

自动肺换气量 15L/min(氧气输入量 6L/min);

充气压力 1.77~2.45kPa;

抽气压力 －1.47~1.96kPa;

吸痰引射压力小于等于 －59kPa;

仪器净重 6.8kg。

(三)急救药箱和担架

急救药箱是装有急救或常用药品及消过毒的纱布,绷带的箱子,供医生出诊使用。搬运伤员常用的担架类型:升降担架、走轮担架、铲式担架、负压充气垫式固定担架、篮式担架和卷式担架。

五、测爆仪、有毒气体检测仪与测氧仪

(一)测爆仪

测爆仪是一种安全仪器,用它来检测舱室内空气中的可燃气体比例含量的仪器。其显示数值是可燃气体爆炸极限下限的百分比。如果船舶密闭舱室内或管系内含有可燃气

体在爆炸极限范围内，遇火源就会发生爆炸，因此，在存在可燃气体的处所进行作业时，必须对其进行测爆，符合规定要求，才可以工作。

目前，船舶使用的是可携式测爆仪，多数都是数字显示，灵敏度较高，设备工作稳定，数据可靠，其一般分两类：一类是强吸式；另一类是扩散式。

强吸式测爆仪是该仪器用一个带有单向阀的橡皮球，用手挤捏强行将被测气体吸进仪器内部，使其通过一间隔爆型的燃烧室，反应元件装在此燃烧室内，如有可燃气体，就在反应元件周围发生无火焰燃烧，根据可燃气体的浓度与燃烧量的成正比关系，显示浓度数值。

扩散式测爆仪是将反应元件和补偿元件同装在一个隔爆的金属网罩内形成一只传感器，传感器被安装在带接触片的金属封套内，可燃气体的检测发生在白金表面的活性元素上，利用气体的扩散作用，当空气中的任何可燃性气体或蒸气，在活性元素表面被加热时，都会被氧化（靠空气中的氧）。此氧化过程将发热，增加了活性元素的温度，使其电阻增大。在同一环境下，在惠斯顿电桥相邻的一边上，连接了一个没有催化剂（活性元素）的相似元件。当电阻改变时，此电桥会产生一个与气体浓度相对应的电流输出，仪器上的检流计即显示读数。图6.13为测爆仪。

图6.13　测爆仪

测爆仪必须经国家计量部门或由其指定的部门鉴定认可，并定期检查，每年取得检验证书。使用测爆仪必须严格遵循说明书规定，用前检查仪器是否正常，用后再次复核其正确性。使用中若对仪器产生怀疑，必须重新校准，必要时用标准气样测试校验。

1. 测试条件

凡进行测试的舱室、箱柜、管路必须先行有效清洗，清除可燃气体，杜绝再产生可燃气体的来源或已采取了有效隔离措施，并保持通风。测试人员应经主管机关认可，测试时应记录时间、气温和测量结果。

2. 测试方法（开敞甲板测试）

根据甲板上的具体情况（如货油舱口、透气口以及气体出口的位置，油管的布置和风速等）测试点应选在油气可能产生和积聚的处所。

3. 可以进行明火作业的技术条件

（1）可燃气体浓度不大于爆炸下限的1%，相对风速小于13.8m/s。

（2）明火作业前，施工现场须清除易燃易爆物品，备妥足够有效的消防器材，并有防止火花扩散的安全措施，应拆除作业现场内有影响的电缆或切断其电源并对其安全遮盖。

（3）在隔热舱壁或间架板上进行明火作业前，必须拆除距焊割边缘0.5m内的一切可燃物,对 0.5m 以外的可燃物,应采取防止焊割热传导的措施及有效遮盖。

(4) 可以拆除的管子等机件,应移至电焊间或安全地点焊补,对无法拆除拆卸的油管、污水管等,应进行有效清洗,使管内可燃气体达到上述第(1)项要求,或采取充满惰性气体、水或拆开管子接头,对作业点两端进行有效隔堵。

(5) 在长期封闭的舱室或空间狭小通道明火作业前,必须提供足够的通风,使空气中含氧量达到 18% 以上。

(6) 明火作业前,必须查清作业面的反面和周围,并确认无易燃易爆物品。

(7) 测爆合格的舱室或处所,明火作业必须在 4h 之内开工,否则,应重新测爆认可。作业前和作业中,应有专人对施工区域及有影响处所,随时复测可燃气体浓度。

(8) 明火作业时,必须有专人负责监护。作业完毕,必须彻底清理现场,在确认无残留火种时,监护人员方可撤离。

(二) 有毒气体检测仪

随着电子技术的进步,目前市场上有很多有毒气体探测仪已经和测爆仪合并在一起使用。即同时可以测试不同气体。当然根据需要也可以选用单一的气体检测仪。有毒气体的具体使用方法和测爆仪相似。

目前常用的气体检测仪传感器如下:

(1) 氧气。两电极电化学传感器。

(2) 可燃气体。红外原理、催化燃烧型传感器。

(3) 其他毒气。三电极电化学传感器。

表 6.7 为常见气体检测仪量程及分辨率。

表 6.7 常见气体检测仪量程及分辨率

量　　程	分　辨　率	极　限　值
可燃气体 LEL	0～100%LEL,1%LEL	参照爆炸极限
甲烷 CH_4	0～5%Vol,0.01%Vol	参照爆炸极限
氢气 H_2	0～2 000ppm,1ppm	参照爆炸极限
氧气 O_2	0～30%Vol,0.1%Vol	视环境而定
一氧化碳 CO	0～1 999ppm,1ppm	5ppm
硫化氢 H_2S	0～500ppm,1ppm	10ppm
二氧化硫 SO_2	0～100.0ppm,0.1ppm	2ppm
二氧化氮 NO_2	0～100.0ppm,0.1ppm	3ppm
二氧化碳 CO_2	0～5%Vol,0.01%Vol	视环境而定

(三) 测氧仪

测氧仪是一种测量舱室内的空气中氧含量的仪器,显示气样中氧的百分比。图 6.14 为便携式测氧仪。

图 6.14　便携式测氧仪

最常用的测氧仪有以下几种类型:顺磁传感元件型、电解传感元件型、选择性化学吸收液装置。

船舶上的使用测氧仪有众多品牌,其原理和操作方法虽不尽相同,但它们的操作方法却有共同之处:

1. 检查

检查的内容有:检查电池是否有电,外围部件是否完好无损。

2. 校验

校验测氧仪零位指示,通常用二氧化碳气体为零位;校验气体——校验含氧量 21% 的指示,通常采用新鲜大气为气样。在进行零位和 21% 的指示校验中,均由校验旋钮来调整,使指针达到零位指示和 21% 的指示。

3. 测量方法

(1) 取样测量法。

从待测油舱中用测氧取样袋取两个袋样。将测氧仪的取样探头插入取样袋,挤压吸气球数次,使其指针摆动达到稳定,记下读数。将测氧仪气样排净,指针回零,用此方法对另一袋气样进行测量和记录。

(2) 直接测量法。

直接测量法就是在被测舱室或空间实地测量。与测氧仪的操作是同样的,只是要考虑探头胶管在舱室内的上、中、下层各处检测,特别要注意死角和人员需要长时间工作的场所。

4. 维护

（1）电池检查。测氧仪大多采用的是充电电池，对此应经常检验电压值，还须检查外观是否漏泄，以防腐蚀仪表。

（2）仪器存放。测氧仪不用时应将电池取出，存放前应将仪器中的气样排净，放置无烃气或其他各种有害气体的凉爽处。

（3）修理与更换。仪器中某些容易损坏的部件在进行修理或更换后，都应对其进行校验后方可再用。在船上自我进行校验均采用新鲜空气作为 21% 含氧量的标准。

复习与思考

1. 船舶应急应变方面应注意哪些问题？
2. 应变部署表是应急计划的一部分，是根据船员的职务来编制的，它的具体内容有哪些？
3. 听到应变演习信号时，假设我们是邮轮上的工作人员，我们应怎样安慰和疏导游客？

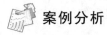

2012年意大利"康科迪亚号"邮轮事件

意大利歌诗达邮轮公司一个月内第二次出事故，这回是引擎室起火。继上月13日"科斯塔·康科迪亚号"邮轮在意大利吉利奥岛海域搁浅倾覆，造成至少25人死亡、7人至今下落不明后，意大利歌诗达邮轮公司旗下又有一艘邮轮2月27日发生意外事故，载千余人的"康科迪亚号"在经常有海盗出没的塞舌尔群岛海域因引擎室起火导致动力和电力系统失灵，在印度洋漂流一晚后，终于获路过远洋船只救助，被拖至安全海域。意大利安莎社报道说，这艘邮轮在从毛里求斯出发驶向塞舌尔的途中，位于邮轮尾部的引擎室突然起火，被扑灭前，火焰没有向邮轮其他部分蔓延，但邮轮却因此失去动力且停电，电池仅能保证通信系统等重要设备的工作正常，邮轮为此处于漂流状态。起火原因尚不清楚。据英国《每日电讯报》报道，事故发生后，船上共1 049人，包括636名旅客和413名工作人员都被船长集中到甲板上等待救援。船上人员来自25个不同国家，其中有127个法国人、126个意大利人，还有38个德国人、31个英国人、13个加拿大人以及8个美国人等。火情出现后，邮轮船长及时向意大利海岸警卫队通报了船上的情况，并表示所有乘员均"健康状况良好"。

"科斯塔·康科迪亚号"发生事故前正在进行为期一个月的印度洋、红海以及地中海航行，原本行程是从毛里求斯的路易斯港前往马达加斯加，之后再前往塞舌尔群岛、阿曼、埃及以及约旦,下个月抵达终点——意大利西北部萨沃纳(热那亚附近)。邮轮上周六离开马达加斯加,原本定于28日抵达塞舌尔的马埃,却在塞舌尔西南方向200n mile处发生事故,上演了一出"漂流记"。

问：邮轮失火后,如何进行有效的消防,以避免大的损失？

作 业 要 求

结合以上你所学的内容,假设你是一位邮轮上的工作人员,而船上发生了火灾,请你阐述一下在不同的工作岗位上,你应该采取怎样的行动来降低船舶和乘客的损失及危险程度？

第七章

邮轮救生设备

宿命论是那些缺乏意志力的弱者的借口。

——罗曼·罗兰

专业英语词汇

救生圈：Life buoy　　　　　　　　救生衣：Lifejacket
抗暴露服：Anti-exposure suit　　　视觉信号：Visual signal
救生艇：Lifeboat　　　　　　　　抛绳设备：Line throwing equipment
烟雾信号：Smoke signal　　　　　火焰信号：Flame signal
个人救生设备：Personal life-saving equipment

学习目标

掌握个人救生设备（救生圈、救生衣等）的正确穿戴方法；了解不同的视觉信号在邮轮上的配备要求。

学习重点、难点

区分救生艇与救助艇的区别，了解两者在什么情况下是相同的；了解个人救生设备和其他大型救生设备（救生艇、救生筏等）的存放条件。

 案例导入

综合国外媒体报道，英国一艘豪华邮轮于当地时间2013年2月10日在进行应急演习时发生意外，导致5名船员死亡、3人受伤。这艘邮轮是汤姆森邮轮公司的"殿下号"，归英国途易旅游公司所有，目前正停靠在拉帕尔玛岛的圣克鲁兹港口。

在进行应急演习时，悬挂救生艇的一根绳索突然断裂，导致救生艇垂直挂在空中，几秒钟之后，另一根绳索也断裂，救生艇从20m的高空坠下，翻扣在海水中，救生艇上8名船员5死3伤。

第一节　个人救生设备

个人救生设备是指供个人使用的救生设备。客船和货船的个人救生设备包括救生圈、救生衣、救生服(也称为浸水服)以及抗暴露服;另外,客船的个人救生设备还包括每件救生衣所应配备的符合国际救生设备规则要求的救生衣灯,以及客船为救生艇中没有配备救生服的每个人所配备的符合国际救生设备规则要求的保温用具。

一、救生圈与救生衣

(一)救生圈

救生圈是为了救助落水人员,供落水人员攀扶待救的救生设备,如图7.1所示。它以塑料或经验船部门同意的其他材料制成环状,制造救生圈的泡沫塑料是闭孔的,并不受海水及油类对它的不利影响,在海上温度或气候变化时,能保持其浮性及耐久性。

救生圈的外表有反光带和4根等间距的扶手索。根据需要,有的救生圈还有可浮救生索、自亮灯及自发烟雾信号等装置。

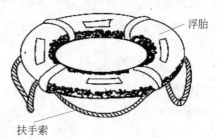

图7.1　救生圈

1. 救生圈在船上的配备

客船和货船应配备符合有关要求的救生圈,其数量应不少于表7.1的规定。

表7.1　救生圈在客船及货船上配置的最低要求

客船船长/m	最少救生圈数/只	客船船长/m	最少救生圈数/只
60以下	8	100以下	8
60~120(不含120)	12	100~150(不含150)	10
120~180(不含180)	18	150~200(不含200)	12
180~240(不含240)	24	200及以上	14
240及以上	30		

(1)存放要求。救生圈应分布在船舶两舷易于拿到之处,并在可行范围内,分放在所有延伸到船舷的露天甲板上;至少有一个应放在船尾附近。救生圈的存放应能随时迅速取下,且不应以任何方式永久系牢。

(2)可浮救生索。船舶每舷至少有一个救生圈应设有符合要求的可浮救生索,其长度不少于其存放处在最轻载航行水线以上高度的2倍,或30m,取较大者。

(3)自亮灯及自发烟雾信号的配置。不少于总数一半的救生圈应设有符合规则要求的自亮灯;这些救生圈中不少于两个应设有符合规则要求的自发烟雾信号,并应能自驾驶室迅速抛投;设有自亮灯的和设有自亮灯及自发烟雾信号的救生圈,应距离相等地分布在船舶两舷,这类救生圈不应是装有救生索的救生圈。另外,配在液货船上的救生圈所用的自亮灯,应是电池型。

(4)船名和船籍港的标明。每个救生圈应以粗体罗马大写字母标明其船名和所属船籍港。

2. 救生圈的使用

船在停泊时,如有人落水,船上抛投者应一手握住救生索,另一手将救生圈抛在落水人员的下游方向,无流而有风时应抛上上风,以便于落水者攀拿。也可以将救生索系在栏杆上,两手同时抛投救生圈。未配有救生索的救生圈,船上人员可参考风、流的方向直接用双手将其抛向落水人员,但无论哪种情况,都应注意不能把救生圈打到落水人员的身上。

落水人员在水中使用救生圈的方法是用手压救生圈的一边使它竖起,另一手把住救生圈的另一边,并把它套进脖子,然后再置于腋下;或先用两手压住救生圈的一边使救生圈竖立起来,手和头部乘势套入圈内,使救生圈夹在两腋下面,落水人员的身体便直立水中。此外,也可以采用一手抓住救生圈的扶手索,另一手做划水动作。

(二)救生衣

救生衣是船上最简便的救生工具。其穿着方便,能使落水者仰浮,保持面部、鼻和口高出水面而不致灌水,以减少落水人员的体力消耗,并可减少体热的散失。

一般来讲,救生衣主要有普通救生衣、充气式救生衣两种类型。充气式救生衣应在内外两面标明"船员专用"字样,并禁止其在客船和邮轮上使用。为避免使用混乱,船上配备救生衣不超过两种。

由于邮轮上儿童的需要,还须在客船上配备有一定数量的儿童救生衣。另外,有的船舶需要船员在工作时穿着救生衣,这样的救生衣又称为工作救生衣。为船员工作方便而配备的工作救生衣,在材料、浮力等方面的要求和普通救生衣一致,但穿着后身体灵活性较好。

1. 救生衣在船上的配备

应为船上每个人配备一件符合相关要求的救生衣。除此以外,配备足够数量的救生衣,以供值班人员使用,并供设置在很远的救生艇筏使用。另外,还应为邮轮配备若干适

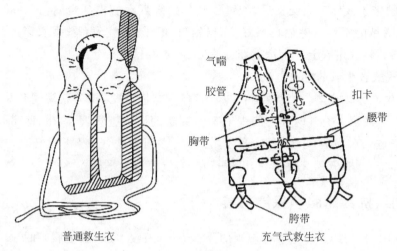

普通救生衣　　　　　充气式救生衣

图 7.2　救生衣

合儿童穿着的救生衣,其数量至少相当于船上乘客总数的 10%,或也可要求为每个儿童配备一件救生衣。

(1) 救生衣在船上的存放。

救生衣应放在容易到达之处,其位置应予明显标示。凡由于船舶的特殊布置,而使按要求配备的救生衣可能无法拿到时,可制定使主管机关满意的变通措施,其中可包括增加救生衣的配备数量。船员及乘客不得随意将救生衣当枕头或坐垫使用,以免受压后浮力减小。对于每艘客船,还应配备不少于船上人员总数 5% 的救生衣,这些救生衣应存放在甲板上或集合站显而易见的地方。供值班人员使用的救生衣应存放在驾驶室、机舱控制室和任何其他有人值班的地方。

除自由降落救生艇外,用于全封闭救生艇上的救生衣应不妨碍人员进入救生艇或在舱内就座,包括系好安全带。自由降落式救生艇选用的救生衣及其存放和穿着方式应不妨碍人员进入救生艇、艇内安全或该艇的操作。(注:上述两句内容的理解是指为了降落时个人安全,救生衣可以在全封闭救生艇或自由降落式救生艇降到水面后再行穿上。)

(2) 救生衣灯及哨笛。

所有客船和货船上每件救生衣应配备一盏符合要求的救生衣灯和一只哨笛。

2. 救生衣的正确穿戴

(1) 普通救生衣的穿戴方法。

穿着前应检查救生衣有无损坏,腰带、胸口(领口)的带子是否完好;普通救生衣须将头部先套进救生衣内,工作救生衣可像穿背心一样穿戴,儿童救生衣可在大人帮助下穿戴：将左右腰带于人体正面交叉后，如过长则分别绕到身后再到身前，打一救生衣结（即两侧均留有活结的平结），然后再系好胸口（领口）的带子；注意：救生衣穿戴过程中不要打死结，也不要将救生衣上的哨笛损坏或遗失。

（2）充气式救生衣的穿戴方法。

先将救生衣穿戴完毕，注意救生衣的前部有一充气钢瓶，拉动瓶头阀开关（如一根小绳）即自动充胀成形。充气时间一般少于 3s。穿着前应检查气嘴、腰带、胸带是否完好无损，穿系完毕进入水中后，求生人员仰浮，含住气嘴用力吹气（停止吹气时，气嘴自动关闭）；吹气时，应左、右气嘴交替吹气，以保持左、右气室浮力平衡。

二、浸水服、抗暴露服和保温用具

根据 SOLAS 公约及救生设备规则的要求不同，有浸水服（救生服）和抗暴露服（防暴服），两者均具有水密、浮力和自然保温等功能要求，并配有哨笛和救生衣灯。

浸水服（救生服）是指减少在冷水中穿着该服人员体热损失的保护服。

抗暴露服（防暴服）是指设计成供救助艇艇员和海上撤离系统人员使用的保护服。

保温用具用于救生艇筏内的遇险人员在寒冷环境中御寒，也可用于对从水中救护上来的落水人员进行穿戴，起保温作用。公约对保温用具没有浮力方面的要求。

浸水服一般不需加穿救生衣（当浸水服的浮力性不能满足要求时需要加穿救生衣），而抗暴露服不需加穿救生衣。由于两者都将衣裤连在一起，使用时可以保护除脸以外的整个身体。

（一）浸衣服、抗暴露服和保温用具的配备

所有货船和客船上每艘救生艇应配备至少三件符合规则要求的浸水服（救生服），或者，如主管机关认为必需和可行时，为船上每人配备一件符合规则要求的救生服；但是，船舶还应为船上未配有救生服的每个人员配备保温用具。

如邮轮符合下列要求，则不必要求配备这些救生服和保温用具：

（1）全封闭或部分封闭救生艇中的人员；

（2）如船舶一直在温暖气候航区航行，主管机关认为保温用具是不必要的。

（二）浸水服、抗暴露服和保温用具的穿戴使用

（1）浸水服（救生服）和抗暴露服的穿着方法（两者穿着方法基本一致）。如图 7.3 所示为穿着浸水服和抗暴露服。

① 穿着者根据身高选择尺寸合适的服装，并检查是否完好无损。

② 打开胸部水密拉链和腿部限流拉链，松开腰带。

③ 先穿两脚，再穿双手，戴上帽子，使面部密封圈与脸部接触紧密，再缚紧腰带，合拢胸部水密拉链。

④ 收紧腿部限流拉链，拉紧袖口宽紧带，最后抽紧脑后的带子，使面部的密封圈紧绷，穿着完毕。脱险或获救后，或营救工作完毕，浸水服（救生服）和抗暴露服按穿着时的相反顺序卸装，擦干（或晾干）后叠起。

（2）保温用具穿着使用方法。

① 撕开塑料包装袋，取出保温用具，找一相对平坦之处将其伸展开，将颈部水密拉链向胸部拉开。

② 穿着者坐下，先穿进下肢。

③ 将上体和双手置于其内，合上水密拉链。

④ 戴好头部帽子并收紧帽带，使其与面部紧贴。

⑤ 穿着完毕后人员采取坐姿或卧姿。

图7.4为保温用具。

图7.3 穿着浸水服和抗暴露服

(a)

(b)

图7.4 保温用具

第二节 视觉信号

视觉信号包括火箭降落伞火焰信号、手持火焰信号以及漂浮烟雾信号，国际航线的船舶上配备较多的有红光降落伞火箭信号、手持红光火焰信号以及橙色烟雾信号。另外，救生艇、筏上配备的日光信号镜、防水手电等也属于海上求生中可用的视觉信号。

一、视觉信号的配备

根据1974年SOLAS公约修正案以及国际救生设备规则的规定,应配备不少于12支符合规则要求的火箭降落伞火焰信号,并将其存放在船舶的驾驶室或其附近。

在远洋船舶所配备的所有救生艇、救生筏(即甲型筏)上,其每艘救生艇或每只救生筏均应配备火箭降落伞火焰信号(一般为红光降落伞火箭信号)4支,手持火焰信号(一般为手持红光火焰信号)6支,以及漂浮烟雾信号(通常为橙黄色烟雾信号)2支。

表7.2为救生艇、救生筏配备烟火信号表。

表7.2 救生艇、救生筏配备烟火信号表

品　名	单位	救生艇		救生筏	
		国际航线及Ⅰ类航区	Ⅱ、Ⅲ类航区	甲型筏	乙型筏
火箭降落伞火焰信号	支	4	4	4	2
手持火焰信号	支	6	6	6	3
漂浮烟雾信号	支	2	2	2	—

二、视觉信号在海上求生中的应用

(一)火箭降落伞火焰信号

火箭降落伞火焰信号外观呈圆柱形,上端(发射口)与下端(触发装置)均有水密橡胶盖和防潮膜保护,其触发装置一般有压杆式和拉环式两种。

使用时,先揭开上、下水密橡胶盖,撕去防潮膜,拉出底部金属触发压杆或金属拉环,然后根据不同的触发方式进一步完成施放操作。

(1)拉环式。左手紧握火箭降落伞火焰信号筒体的中下部,右手扣住拉环,举过头顶,发射口略偏向上风,人体面部偏开筒体,用力拉掉拉环后随即双手紧握筒体,约1s后即发射升空并在300m以上的空中强烈爆炸,爆炸后有红光降落伞缓缓降落。

(2)压杆式。发射前,左手握箭筒中部,右手握箭筒下部,以右手掌根部摁住压杆,摆好释放姿势后,右手根部用力压下压杆即发射。后续过程同拉环式。

(3)使用注意事项。火箭降落伞火焰信号主要在夜间使用,便于搜救船舶对求生者的发现和对难船或艇筏位置的确认。信号发射过程中绝对不能将筒体对向他人或自己身体的任何部位;另外,在有风天气下发射,应在发射时将发射筒口略偏向上方风方向。

(二)手持火焰信号

手持火焰信号(手持红光火焰信号)外观呈网柱形,类似于火箭降落伞火焰信号,其上端与下端均有水密橡胶盖和防潮膜保护。根据触发装置不同,手持火焰信号一般有拉发式、击发式和擦发式等类型。

(1)使用方法。首先将手持火焰信号的外壳(一般有圆筒形和塑料夹状外壳两种)对接在内筒的下部(圆筒形外壳)或将塑料夹状外壳转至下部;然后揭开信号筒的上下密封盖(膜),露出底部触发装置,将上口向外倾斜;接着,左手握住信号筒下部(或塑料夹座),右手启动触发装置,至燃烧开始。

(2)使用注意事项。手持红光火焰信号主要在夜间使用,其燃烧时便于过往飞机或近距离驶过的船舶发现海上求生人员。使用时将信号点燃后要将其伸向艇筏的舷外,有风天气使用则应把信号点燃后伸向艇筏的下风舷外,眼睛要避开火焰强烈的光芒。施放时还应注意,持握部位应在信号筒中部以下的空心壳体或支持筒体的塑料夹板上,以免被火焰烫伤。

(三)橙色烟雾信号

橙色烟雾信号的外壳为金属或塑料圆罐,通常在其顶部中央有一突出圆孔,拉环式触发装置装于顶部圆孔防潮盖(膜)内。图7.5为火箭降落伞火焰信号、手持火焰信号和漂浮烟雾信号。

图7.5 火箭降落伞火焰信号、手持火焰信号和漂浮烟雾信号

(1)使用基本操作步骤。首先左手握住罐体,右手旋开顶部密封盖,除去防潮膜;然后,将罐体倾斜倒出或直接拎出金属触发拉环;最后,右手用力拉掉金属触发环后再将其扔于水中,该信号的罐体即漂浮在水中(燃烧)并发出浓烈的橙黄色烟雾。

(2)使用注意事项。橙色烟雾信号仅限于白天使用;有风天气,应将其点燃后扔于艇筏下风舷的水中。

第三节　救生筏、救生艇与救助艇

一、救生筏

救生筏是供海上求生人员逃生及求生用的一种专门筏体。救生筏一般有气胀救生筏和刚性救生筏(传统救生筏)两种不同形式,其根据施放方式不同又有抛投式救生筏和可吊式救生筏(吊架降落救生筏)之分。其中最为常见的是抛投式气胀救生筏,邮轮多用可吊式救生筏。

气胀救生筏平时包装存放在玻璃钢存放筒内,安装在船舷的专用筏架上,可将筏连存放筒一起直接抛入水中,救生阀即可自动充胀成形,供遇险人员乘坐。如果船舶下沉太快,来不及将其抛入水中,当船舶沉到水下一定深度时,筏架上的静水压力释放器会自动脱钩,释放出救生筏,救生筏会浮出水面并自动充胀成形。图 7.6 为救生筏及其存放筒。

图 7.6　救生筏及其存放筒

二、救生艇与救助艇

救生艇是海船的主要救生设备,它抗御风浪的能力比较强,稳性好,属具、备品齐全,可较长时间在海上漂泊待救,而且目标显著易为航行船舶和飞机发现。除此之外,必要时还可用于短距离水上联络交通、进行舷外作业运送物品和带缆等作业。目前,救生艇按结构形式、建造材料、推进方式以及降落落水方式的不同有许多分类方法。图 7.7 为敞开式机动救生艇。

而救助艇是专门为救助遇险人员以及在水中集结救生艇筏所用的小艇,一般情况下

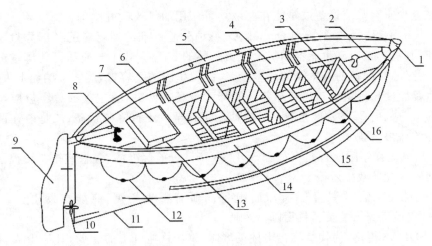

图 7.7 敞开式机动救生艇

1—艇首柱;2—艇首座板;3—空气箱护板;4—边座板;5—艇舷;6—桨插孔;7—艇机盖板;
8—吊艇钩;9—舵;10—螺旋桨;11—龙骨;12—扶手索;13—艇机;14—护舷材;15—舭龙骨;16 座板

其操纵性能较好并具备一定的拖带能力。救助艇须符合救生艇的一般要求,但如果船上配备的救生艇也同时符合救助艇的有关要求,则可将此救生艇作为救助艇使用。图 7.8 为耐火型全封闭救生(救助)艇。

图 7.8 耐火型全封闭救生(救助)艇

三、救生艇、救助艇及救生筏的配备

(1)从事非短程国际航行的邮轮应配备部分封闭或全封闭救生艇,其在每舷的总容量应能容纳不少于船上人员总数的 50%。主管机关可准许以相等总容量的救生筏来代替救生艇,条件是船舶每舷应配备足够容纳不少于船上人员总数 37.5% 的救生艇、气胀式或刚性救生筏,它们应符合国际救生设备规则的要求,而且应使用等量分布在船舶每舷的降落设备。此外,救生筏的总容量应至少能容纳船上人员总数的 25%。这些救生筏应使用每舷至少1台降落设备或是能在两舷均可使用的等效认可设备。

（2）从事短程国际航行且符合SOLAS特种分舱标准的客船应配备部分封闭或全封闭救生艇，其总容量应至少能容纳船上人员总数的30%。救生艇应尽可能等量分布在船舶各舷。此外，所配备的救生筏的总容量，连同救生艇的总容量，应能容纳船上人员总数。这些救生筏应使用等量分布在船舶每舷的降落设备。此外，救生筏的总容量应至少能容纳船上人员总数的25%。这些救生筏应使用每舷至少1台降落设备，或是能在两舷均可使用的等效认可设备。

（3）从事短程国际航行而不符合SOLAS特种分舱标准的客船，应按非短程国际航行的客船的要求配备救生艇筏。

（4）为船上人员总数弃船所需而配备的所有救生艇筏，应能在发出弃船信号后30min内，载足全部乘员及属具后降落水。

（5）SOLAS规定，为代替满足上述的要求，500总吨以下的客船，凡船上人员总数少于200人者，可符合下列要求：

① 船舶每舷配备的气胀式或刚性救生筏，其总容量应能容纳船上人员总数。

② 除非救生筏是存放在一个能在单一开敞甲板平面上方便地作舷对舷转移的地方，否则应配备附加救生筏，使每舷可用的总容量能容纳船上人员总数的150%。

③ 如救助艇也是符合国际救生设备规则要求的部分封闭或全封闭救生艇，则可计入所要求的救生艇筏的总容量，但是船舶任何一舷的总容量至少是船上人员总数的150%。

④ 在任何一艘救生艇筏掉失或不能使用时，每舷可供使用的救生艇筏，包括存放在一个能在单一开敞甲板平面上方便地作舷对舷转移的地方的救生艇筏，应能足够容纳船上的人员总数。

（6）符合规则要求的一个或几个海上撤离系统可用来替代本条要求的救生筏和降落设备的等效容量。

（7）救助艇。

500总吨及以上的客船应在船舶每舷至少配备一艘救助艇。500总吨以下的客船应至少配备一艘救助艇。如救生艇也符合救助艇的要求，则此救生艇可以作为救助艇。

（8）救生筏的集结。

配备于客船上的救生艇和救助艇的数量应能足以确保供船上全体人员弃船时使用，每艘救生艇或救助艇需要集结的救生筏不多于6只。配备于从事短程国际航行且符合SOLAS特种分舱标准的客船上的救生艇及救助艇的数量应能足以确保供船上全体人员弃船时使用，每艘救生艇或救助艇需要集结的救生筏不多于9只。

四、救生艇、救助艇及救生筏的存放

（1）每艘救生艇筏的存放应满足以下条件：

① 使该救生艇筏及其存放装置，均不会妨碍存放在任何其他降落站的任何其他救生

艇筏或救助艇的操作。

②在安全和可行的情况下,尽可能靠近水面,并且对除需抛出船外降落的救生筏外的救生艇筏,其位置在登乘地点,在船舶满载时纵倾至10°和任何一舷横倾至20°或横倾至船舶露天甲板的边缘浸入水中的角度(取较小者)的不利情况下,应离水线以上不少于2m。

③处在持续使用准备状态,使两名船员能在不到5min内完成登乘和降落准备工作。

④配齐所要求的所有装备。

⑤在切实可行的情况下,位于安全的并有遮蔽的地方,并加以保护免受火灾和爆炸引起的损坏。尤其是油船上的救生艇筏,除可以舷对舷移动的救生筏外,不应存放在货油舱、污油舱或其他含有爆炸性或危险性货物舱的上方。

(2)顺船舷降落的救生艇应存放在推进器之前尽量远的地方。在船长为80m及以上但少于120m的货船上,每艘救生艇应存放在使救生艇尾端至少在推进器之前不少于该救生艇长度的地方。在船长为120m及以上的货船与80m及以上的客船上,每艘救生艇应存放在使该救生艇尾端至少在推进器之前不少于一倍半救生艇长度的地方。如适合,船舶的布置应对在存放位置的救生艇加以保护使其免受巨浪引起的损坏。

(3)救生艇应附连于其降落设备上存放。

(4)每只救生筏的存放应将其首缆牢固地系在船上。对于不是舷对舷移动的救生筏,每只救生筏或救生筏组的存放应设有一个符合SOLAS要求的自由漂浮装置,以使每只救生筏能自由漂浮。如为气胀式,在船舶下沉时能自动充气,同时,这类救生筏的存放应能使其从系固装置上解脱时人工释放一只筏或容器。

(5)吊艇架降落的救生筏应存放在吊筏钩可到达的范围内,除非设有某些转移设施,该设施船舶满载时纵倾至10°和任何一舷横倾至20°或横倾至船舶露天甲板的边缘浸入水中的角度(取较小者)的不利情况范围内或因船舶摆动或动力故障而不致造成无法操作。

(6)用于抛出舷外降落的救生筏的存放,应能容易地转移到船舶的任一舷降落,除非船舶每舷已按SOLAS要求的总容量存放了救生筏,且能在任一舷降落。

(7)救助艇的存放应满足以下条件:

①处于不超过5min的降落持续准备使用状态。

②在适宜于降落并收回的位置。

③救助艇及其存放装置均不干扰存放在任何其他降落站的任何其他救生艇筏的操作。

④如救助艇兼作救生艇,应符合救生艇的存放要求。

第四节 其他救生设备

一、救生浮具

救生浮具是一个用钢质空气箱或泡沫塑料包以帆布或玻璃纤维增强塑料制成的矩形或圆形浮体,以供遇险者扶着它,漂浮在水面上等待救助的救生工具。浮体当中有绳网或活动木板踏脚,可供遇险者乘坐之用,浮体的外侧应设有环绕整个浮具的悬挂半连状扶手索一根,扶手索应为直径不小于10mm的合成纤维绳。

图7.9 救生浮具

以模压法闭孔型软质聚乙烯泡沫塑料为浮力材料的睡垫、枕头或坐垫式救生浮具则适用于江、河、湖泊及水库水域中的各类船舶。

在海船中,救生浮具主要配备在乙类航区航行的客船上,按船员和旅客总数的3%配置。

二、抛绳设备

（一）每具抛绳设备应具备的条件

(1) 能相当准确地将绳抛射出。
(2) 包括不少于4个抛绳体,每个能在无风天气中将绳抛射至少230m。
(3) 包括不少于4根抛射绳,每根抛射绳的破断强度不少于2kN。
(4) 备有简要说明书或图解阐明抛绳设备的用法。

对于使用手枪发射的火箭,或火箭与抛射绳组成整体的组件,应装在防水的外壳内。此外,对于手枪发射的火箭、抛射绳和火箭引燃器材应储存在抗风雨的容器内。

（二）抛绳设备的操作使用

发射前，将抛绳的一端与火箭头部的细钢丝索相连，然后将火箭插入抛射器的枪筒里。接着，再将抛射绳的另一端与被传递的缆绳相连。发射时，手持抛射器，对准目标，保持发射角 45°，这时扣动扳机就能发射火箭，将绳抛出。如果救助或被救助的一方是邮轮等载运危险品的船舶，则应由邮轮发射比较安全。

三、降落与登乘设备

（一）降落设备或装置

降落设备或装置是指将救生艇筏或救助艇从其存放位置安全地转移到水上的设施。

自由漂浮下水是指救生艇筏从下沉中的船舶自动脱开并立即可用的降落方法。自由降落下水是指载足全部乘员和属具的救生艇筏在船上脱开并在没有任何制约装置的情况下，任其下降到海面的降落方法。

（二）登乘设备

登乘梯是指设置在救生艇筏登乘地点以供安全登入降落下水后的救生艇筏的梯子。

（三）海上撤离系统

海上撤离系统是指将人员从船舶的登艇甲板迅速转移到漂浮的救生艇筏上的设备。其通常置于船舶两舷，多见于客船，便于旅客在遇险时及时撤离大船。

对于海上撤离系统的存放，SOLAS 要求：

（1）在海上撤离系统的登乘站和最轻载航行水线之间的船侧不应有任何开口，并应设有保护该系统免受任何突出物影响的设施。

（2）海上撤离系统应布置在能安全降落的位置，应特别注意离开推进器及船体陡斜悬空部分，并应尽可能使海上撤离系统能从船舷平直部分降落下水。

（3）每一海上撤离系统的存放应使其通道或平台，或其存放或操作装置均不会妨碍任何其他救生设备在任何其他降落站的操作。

（4）如适合，船舶的布置应对在存放位置的海上撤离系统加以保护，使其免受巨浪引起的损坏。

四、其他

船舶救生设备还包括船舶通用应急报警和公共广播系统，静水压力释放器，救生艇、救助艇以及救生筏上配备的各种属具——如雷达应答器（SART）、雷达反射器、应急无线电示位标(EPIRB)、中(高)频数字选择性呼叫系统以及双向甚高频(VHF)无线电话等应急无线电设备等。

(一)船上通信与报警系统

应配备一套固定式或手提式设备构成的或为两种形式构成的应急设施,供船上应急控制站、集合和登乘地点与要害位置之间的双向通信联系使用。

应配备符合国际救生设备规则要求的通用应急报警系统,以供召集乘客与船员至集合地点和采取应变部署表所列行动之用。该系统应以符合国际救生设备规则要求的有线广播系统或其他适宜的通信设施作为补充。当通用应急报警系统启动时,娱乐声响系统应自动关闭。

客船通用应急报警系统启动后应在所有开敞甲板上都能听到。

配备海上撤离系统的船舶应确保登乘地点和平台或救生艇筏之间的通信联络。

(二)无线电救生设备

1. 双向甚高频(VHF)无线电话设备

每艘客船和每艘500总吨及以上的货船,应至少配备三台双向甚高频(VHF)无线电话设备。每艘300总吨及以上,但小于500总吨的货船,应至少配备两台VHF无线电话设备。该设备应符合不低于本组织通过的性能标准。如果在救生艇筏上装有固定式双向VHF无线电话设备,也应符合不低于本组织通过的性能标准。

2. 雷达应答器(SART)

每艘客船和每艘500总吨及以上的货船,每舷应至少配有一台雷达应答器,每艘300总吨及以上,但小于500总吨的货船应至少配有一台雷达应答器。该雷达应答器的性能应不低于IMO的标准。

雷达应答器应存放在能迅速放入任何救生艇筏的位置处(可舷对舷移动的救生艇筏除外)。或者,在每一救生艇筏上存放一台雷达应答器(可舷对舷移动的救生艇筏除外)。在至少配有两台雷达应答器以及配备自由降落救生艇的船上,其中的一台雷达应答器应存放在一艘自由降落救生艇内;另一台存放在紧邻驾驶室的附近(如报房),以便能在船上使用,并能便于转移至任一其他救生艇筏上。

复习与思考

1. 邮轮上通常有哪些救生设备?何谓个人救生设备?
2. SOLAS公约对邮轮上救生圈的配备有何要求?试简述救生圈使用要领。
3. 视觉信号在船上的配备有何要求?如何正确使用视觉信号?

4. 现阶段国际航行的邮轮上一般配备有哪些无线电救生设备，其分别按什么样的标准配备？

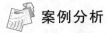 **案例分析**

意大利"协和号"邮轮触礁事件

2012年11月3日17：30左右，泰国旅游胜地芭堤雅发生一起游船沉没事故，截至目前已确认造成包括一名中国香港籍乘客在内的6人死亡，另有一名中国香港乘客和一名广东乘客受伤。死者中还包括两名俄罗斯人和三名泰国人，目前搜救打捞工作仍在进行中。据当地媒体报道，这艘双层的游船当天从金沙岛驶往芭堤雅，在出发不久就疑似发生了机械故障，导致游船漏水沉没，船上近200名乘客落水。有目击者表示，事故发生后，这艘游船上的救生艇和救生衣都不够，有部分不会游泳的乘客抱着海面上的漂浮物等待救援人员的到来。据了解，这艘游船的载客量是130~150人，泰国警方表示，仍然要进一步调查这起事故的原因。中国驻泰国使馆参赞兼总领事朱伟东当天表示，中国驻泰国使馆已经启动应急工作机制，第一时间向泰方有关部门了解、核实中国公民伤亡情况，表达中方关切，请其全力搜救并及时通报有关情况，并要求医院方面全力救治中国伤员。使馆将密切跟踪搜救工作进展，并将安排领保官员到现场了解情况，协助死伤中国公民善后、救治和安置事宜。

问：发生海难时，落水人员如何通过救生设备求生？

作 业 要 求

想象自己在一艘邮轮上遇到了紧急情况，需要使用救生设备，从简单的救生衣的穿戴到救生艇的乘坐，你能否掌握各救生设备使用、存放和配备上的各项要注意的细节？

第八章

邮轮卫生检查与急救护理

我们得到生命的时候附带有一个不可少的条件,我们应当勇敢地捍卫生命,直到最后一分钟。

——狄更斯

专业英语词汇

邮轮卫生检查:Cruise sanitary inspection　　急救护理:Emergency Care
国际卫生规则:International health rules　　人工呼吸:Artificial respiration
现场急救:The scene first aid

学习目标

了解国际卫生规则;大体了解药物在体内的过程。

学习重点、难点

掌握邮轮药物的储存和储备的注意事项;掌握常用药物的用法、不良反应与注意事项;掌握邮轮的基本急救技术。

 案例导入

2012年7月25日上午,厦门港务集团厦门国际邮轮中心迎来世界卫生组织专家组的实地测评。经过紧凑的实地考察测评,世界卫生组织专家听取厦门港及邮轮中心创卫工作情况汇报,并实地考察邮轮中心视频监控室、医疗急救、食品卫生和创卫展厅等创卫设施,对邮轮中心具备的口岸核心能力共93项测量指标情况进行了实地检查评估。这是世卫组织首次运用《国际卫生条例》的口岸核心能力评估工具对国际卫生机场和港口进行实地测评。

第一节 国际卫生规则

一、简介

国际卫生规则于1969年7月25日为第二十二届世界卫生会议(The 22nd World Health Assembly)所采用,以作为早期国际卫生规则(International Sanitary Regulations)之修订和统一的范本,其目的是在对国际间交通运输再少的干扰情况下对国际间传染病的蔓延作最优先的围堵。

本届所介绍的是1971年1月1日生效的国际卫生规则,和第二十二届以后各届世界卫生会议以及国际传染病监视委员会(Committee on International Surveillance of Communicable Disease)所提出之建议。

二、内容概述

国际卫生规则一共有101款(Article),分列为9个部分(Part),以及5个附录(Appendix)和9个附件(Annex):

第一部分 定义(Part Ⅰ Definitions)。共列举与规则有关之名词定义三十一则,例如"到达"(Arrival)、"行李"(Baggage)、"流行性"(epidemic)等。

第二部分 传染病之情报资料及其通报(Part Ⅱ Notifications and epidemiological Information)。规定各个国家、地区之卫生机关与世界卫生组织间有传染病案例、疫区及非疫区之情报资料之报告与交换等。

第三部分 卫生组织(Part Ⅲ Health Organization)。规定每一港口、机场应有卫生机构之设置,并对港口、机场之检疫、饮水、食物等做原则性之说明。

第四部分 卫生措施及程序(Health Measures and Procedure)。本部分又分五章:第一章 通则(General Provisions);第二章 起航之卫生措施(Health Measures on departure);第三章 启程及到达港或机场间之卫生措施(Health Measures Applicable between Ports or Ariports of Departure and Arrival);第四章 到达之卫生措施(Health Measures on Arrival);第五章 有关国际间货物、物品、行李及邮件运输之措施(Measures Concerning the International Transport of Cargo Goods, Baggage and Mail)。

第五部分 与本规则所列每一疾病有关之特别条款(Special Provisions relating to rach of the disease subject to the regulations)。国际卫生规则特别指定之传染病共有四种,分列为四章:第一章 鼠疫(Plagul或称黑死病);第二章 霍乱(Cholera);第三章 黄热病(Yellow fever);第四章 天花(Smallpox)。

第六部分 卫生文书(Health Documents)。本部分规定远洋船长或飞机机长应于到达港口或他国机场适应备便之卫生文书,另对国际预防接种证书所使用之语言、签署等亦作原则性之规定。

第七部分 收费(Charges)。

第八部分 其他条款(Various Provisions)。

第九部分 最后条款(Final Provisions)。

附件 1 防鼠证书(Derating Certificate),防鼠豁免证书(Derating ecemption Certificate)。

附件 2 国际黄热病预防接种或再接种证书(International Certificate Vaccination or Revaccination against Yellow fever)。

附件 3 国际天花预防接种或再接种证书(International Certificate Vaccination or Revaccination against Smallpox)。

附件 4 海上健康报告(Maritime Declaration of Health)。

附件 5 国际霍乱预防接种或再接种证书(International Certificate Vaccination or Revaccination against cholera)。

附件 6 国际预防接种证书之正确填写模式(Model of a Correctly Completely International Certificate of Vaccination)。

第二节 邮轮卫生计划检查

一、邮轮药物采集和储备

(一)药物的采集

通常船上由受专门医务技术训练的驾驶员负责药品的管理及使用。船上一般都有药库,药库有两套钥匙,一套由负责医务的驾驶员专用,一套存于船长处。药库应有专门柜子及抽屉存放各种药物,如内服药、外用药、剧毒药、控制性药物,药柜应配备保护隔、分隔板,抽屉应有搭扣以防船摇晃时药品跌落。控制性药物应专门存放并上锁。药品存放可按商品的拼音字母顺序存放或按药物的类别、用途存放,例如,抗生素、解痉止痛药等。药品标签要清楚。药品使用要有登记本记录,控制性药物使用登记时要用复印纸,一式两份,存根放于船长处,以备核对,至少保存两年,应定期检查药品失效期,及时更换失效药物。最好配备冰箱,因有些药物需冷藏。

船上药物一般定点供应。根据航线远近和人员配备,每次出航前都要及时补充,检查失效期,并予以更换。有些药的商品名称有多种,要用通用名,并用标签说明,控制性药物(麻醉药、缓解剂、兴奋剂等)应标以特殊标签"控制性药物",其他告示性标签亦应适当采用,如"剧毒"、"外用"等。

（二）药物的储备

药物的储存温度务必注意，一般为15℃~25℃。有些应储存于冰箱，温度维持在2℃~5℃，但切不可冷冻；有些药则需避光保存。

麻醉药应严加保管，船上配备有严格控制。应用后需详记指征、用量、应用者，存根保存三年。远洋船每抵外港均需申报并封存。在国外如需补充此类药物，只能从有供应此类药执照的药剂师处获得，并需有船东或船长签名的订单。

麻醉药须有资格的船医才能使用。驾驶员兼医务者须经无线电医疗咨询指导后谨慎使用（一般仅用于诊断明确的肾绞痛等）。

用药前要尽量诊断明确，对所用药物的规格、剂量、副反应要了解。一般药物的副反应不严重，如消化道不适、头痛，不影响继续用药。如出现皮疹（抗生素）、哮喘（阿司匹林）、黄疸及酱油色尿（伯氯喹啉）则需要立即停药。

二、药物的使用

（一）药物在体内的过程

1. 吸收

药物自用药部位进入血液循环的过程称为吸收。不同给药途径有着不同的药物吸收特点。

（1）口服。是最常用的给药途径。因为吸收方便，而且大多数药物可以被吸收。

（2）吸入。因为肺泡表面积大，肺血流量丰富，因此只要具有一定溶解性的气态药物便可通过肺泡迅速吸收。

（3）局部用药。目的是在皮肤、眼、鼻、喉和阴道等部位产生局部作用。

（4）舌下给药。舌下给药时，药由血流量丰富的颊黏膜吸收，不通过肝脏直接进入全身进行循环。

（5）注射给药。有多种类型，其中最常见的为静脉注射，避开了屏障而直接入血，快速生效。

2. 分布

药物一旦被吸收进入血液循环内，便可以分布到机体的各个部位和组织。药物吸收后从血液循环到机体各个部位和组织的过程称为分布。药物在体内的分布受很多因素影响，包括药物的脂溶性、毛细血管通透性、器官和组织的血流量、与血浆蛋白和组织蛋白的结合能力、药物的pK和局部的pH值、药物转运载体的数量和动能状态、特殊组织膜的屏障作用等。

3. 代谢

药物作为一种异物进入体内后，机体内各种机制使药物发生化学结构的改变，即药物的转化或生物转化，又称为药物动员代谢。代谢是药物在体内消除的重要途径。药物经代谢后作用一般均降低或安全消失。

体内各种组织均有不同程度的代谢药的能力，但肝脏是最主要的药物代谢器官，此外，胃肠道、肺、皮肤、肾也可产生有意义的药物代谢作用。

4. 排泄

排泄是药物的原形或其代谢产物通过排泄器官或分泌器官排出体外的转运过程。药物及代谢产物主要通过尿排泄，其次经粪排泄，挥发性药物主要经肺随呼出气体排泄，汗液和乳汁排泄也是药物的排泄途径。

（二）药物的基本作用

1. 药物作用和药理效应

药物作用是指药物对机体的初始作用，是动因。药理效应是药物作用的结果，是机体反应的表现。由于二者意义接近，在习惯用法上并不严加区别。但当二者并用时，应体现先后顺序。

药理效应是机体器官原有功能水平的改变，功能提高称为兴奋，功能降低称为抑制。例如，肾上腺素升高血压、呋塞米增加尿量均属兴奋；阿司匹林退热和吗啡镇痛均属抑制。

多数药物是通过化学反应而产生药理效应的。这种化学反应的专一性使药物的作用具有特异性。例如，阿托品特异性地阻断 M-胆碱受体，而对其他受体影响不大。药物作用特异性的物质基础是药物的化学结构。

2. 治疗效果

治疗效果也称疗效，是指药物作用的结果有利于改变病人的生理、生化功能或病理过程，使患病的机体恢复正常。根据治疗作用的效果，可将治疗作用分为：

（1）对因治疗。用药目的在于消除原发致病因子，彻底治愈疾病，称为对因治疗，如用抗生素杀灭体内致病菌。

（2）对症治疗。用药目的在于改善症状，称为对症治疗。对症治疗不能根除病因，但对病因未明暂时无法根治的疾病却是必不可少的。对某些重危急症如休克、惊厥、心力衰竭、心跳或呼吸暂停等，对症治疗可能比对因治疗更为迫切。

（3）不良反应

凡与用药目的无关，并为病人带来不适或痛苦的反应统称为药物不良反应。多数不良反应是药物固有的效应，在一般情况下是可以预知的，但不一定是能够避免的。少数较严重的不良反应较难恢复，称为药源性疾病，例如庆大霉素引起的神经性耳聋，肼屈嗪引起的红斑狼疮等。

① 副反应。由于选择性低，药理效应涉及多个器官，当某一效应用做治疗目的时，其他效应就成为副反应（通常也称副作用）。例如，阿托品用于解除胃肠痉挛时，可引起口干、心悸、便秘等副反应。副反应是在治疗剂量下发生的，是药物本身固有的作用，多数较轻微并可以预料。

② 毒性反应。毒性反应是指在剂量过大或药物在体内蓄积过多时发生的危害性反应，一般比较严重。毒性反应一般是可以预知的，应该避免发生。急性毒性多损害循环、呼吸及神经系统功能，慢性毒性多损害肝、肾、骨髓、内分泌等功能。致癌、致畸胎和致突变反应也属于慢性毒性范畴。企图通过增加剂量或延长疗程以达到治疗目的，其有效性是有限度的，同时应考虑到过量用药的危险性。

③ 后遗效应。是指停药后血药浓度已降至阈浓度以下时残存的药理效应，例如服用比妥类催眠药后，次日出现的乏力、困倦等现象。

④ 停药反应。是指突然停药后原有疾病加剧，又称回跃反应，例如长期服用可乐定降血压，停药次日血压将明显回升。

⑤ 变态反应。是一类免疫反应。非肽类药物作为半抗原与机体强白结合为抗原后，经过接触10天左右的敏感化过程而发生的反应，也称过敏反应（hypersensitive reaction）。过敏反应常见于过敏体质病人。反应性质与药物原有效应无关，用药理性拮抗药解救无效。反应的严重程度个体之间差异很大，与剂量无关，从轻微的皮疹、发热至造血系统抑制、肝肾功能损害、休克等。可能只有一种症状，也可能多种症状同时出现。停药后反应逐渐消失，再用时可能再发。致敏物质可能是药物本身，也可能是其代谢物，亦可能是制剂中的杂质。临床用药前虽常做皮肤过敏试验，但仍有少数假阳性或假阴性反应。可见这是一类非常复杂的药物反应。

⑥ 特异质反应。少数特异体质病人对某些药物反应特别敏感，反应性质也可能与常人不同，但与药物固有的药理作用基本一致，反应严重程度与剂量成比例，药理性拮抗药救治可能有效。这种反应不是免疫反应，故不需预先敏化过程。现在知道这是一类先天遗传异常所致的反应。例如，对骨骼肌松弛药琥珀胆碱产生的特异质反应是由于先天性血浆胆碱酯酶缺乏所致。

三、常见药物

（一）青霉素类

1. 青霉素钠（钾）（青霉素 G，Penicillin G）

（1）作用与用途。本品为繁殖期杀菌剂，适用于溶血性链球菌、肺炎球菌、脑膜炎球菌、敏感金黄色葡萄球菌（金葡菌）等感染，亦应用于草绿色链球菌和肠球菌致心内炎、气性坏疽、厌氧球菌感染、炭疽、梅毒、钩端螺旋体病、淋病等。可与特异性抗毒素联合应用于破伤风及白喉，并可用于风湿病的预防。

（2）用法。一般感染，成人80万～240万U/日，分2～3次，肌注；重症感染，1 000万～2 000万U/日，分2～4次，静滴；儿童每日5万～25万U/kg，分2～3次，肌注或静滴。小儿肺炎球菌脑膜炎每日30万～80万U/kg，分4～6次，静滴。局部注射：适用于脓胸或肝脓肿等，以配合全身治疗。成人10万～20万U/次（2 000～5 000U/mL），一日1次。椎管内注射适用于肺炎球菌性脑膜炎，成人5 000～10 000U/次。

（3）不良反应与注意事项。①应用前，必须问清有无过敏性疾病，以往用青霉素后有无皮疹、发热等过敏反应等，用药前务必先做青霉素皮试。②本品稀释后应立即使用，不宜放置过久，以免药效降低，并促使致敏衍生物"青霉烯酸"的形成。③肌注局部有疼痛，静滴可发生静脉炎（加小剂量糖皮质激素可作预防）。④钾盐不可静脉推注，禁忌在鞘内、脑池内、脑室内给药。⑤鞘内注射尽可能不用。⑥老年人用量不宜太大（一般要求每日量不超过1 000万U），以防发生神经毒性反应。⑦本品不宜与快速抑菌剂（红霉素、氯霉素、四环素）合用，以免发生拮抗作用而降低疗效。⑧本品在正常情况下，脑脊液中含量极少，但在脑膜炎时易通过血脑屏障，脑脊液中浓度升高到血浓度的10%～30%，且其有效浓度的维持时间延长，若采用较大剂量（成人1 000万U/日）静滴，可使血药浓度迅速升高，同时也有较多的青霉素进入脑脊液。⑨肾衰竭无腺病人，半衰期延长不多，应用本品可不受限制。

（4）制剂。①青霉素钾盐粉针剂：20万U/瓶、40万U/瓶、80万U/瓶、100万U/瓶。稀释后可供肌注或静滴。

②青霉素钠盐粉针剂：20万U/瓶、40万U/瓶、80万U/瓶、100万U/瓶。稀释后可供肌注或静滴。

2. 青霉素V（苯氧甲基青霉素，Phenoxymethylpenicillin，Penicillin V）

（1）作用与用途。本品对酸稳定，口服吸收良好，血清浓度约为口服同剂量青霉素的2～3倍，饭后服药比空腹为佳。抗菌谱同青霉素G。用于治疗溶血性链球菌、肺炎球菌等引起的扁桃体炎、咽喉炎、中耳炎、支气管炎、肺炎等呼吸道感染，猩红热及丹毒、蜂窝织炎等软组织感染。

（2）用法。口服：20万～40万U（111～250mg），每4～6h一次。

（3）不良反应与注意事项。本品过敏性反应较少见，但也可引起过敏性休克、荨麻疹、皮疹等，因此对青霉素过敏者禁用。口服较大剂量（40万U）时，可有胃肠道反应。

（4）制剂。片剂：20万U，40万U。

3. 氨苄西林（氨苄青霉素，安必仙，Ampicillin）

（1）作用与用途。本品为半合成广谱苛霉素，作用机制与青霉素G同。对革兰阳性球菌的作用不及青霉素 G,但对革兰阴性杆菌有较强的抗菌作用。对肠球菌的作用优于青霉素。但近年来耐药菌株日益增多,影响其疗效。临床上对肠球菌感染、小儿化脓性脑膜炎可作为首选。

(2) 用法。口服、肌注、静注、静滴均可。口服:成人 2~4g/日。肌注或静滴:成人 3~6g/日。鞘内注射:成人 10~110mg 7 次。

(3) 不良反应与注意事项。①大剂量口服可能出现胃肠道反应,肌注后局部有疼痛。②发生皮疹较多(15%以上)。③主要用于敏感菌所致的脑膜炎与肠球菌性心内膜炎。④与庆大霉素不宜置于同一输液瓶内,以免庆大霉素被破坏而失效。⑤对神经组织有一定刺激性,故鞘内注射尽量小用,对老年人忌用。⑥本品肌注宜深、推注速度宜慢,以减轻局部疼痛。⑦本品忌与碱性药液配伍,以免使药物迅速分解,降低疗效。⑧在含葡萄糖的溶液中也不够稳定,宜在溶解后立即滴注,以免久置分解,影响疗效。

(4) 制剂。粉针剂:0.5g。片剂、胶囊:0.25g,0.5g。干糖浆:1.5g。

4. 阿莫西林(羟氨苄青霉素,阿莫仙,氟莱莫星,再林,益萨林,Amoxycillin)

(1) 作用与用途。本品的抗菌谱和抗菌活性与氨苄西林相似,由于其口服吸收好,血药浓度较氨苄西林为高,在尿中排出的浓度更高,故适用于治疗敏感菌所致的尿路感染,亦可用于呼吸道感染。

(2) 用法。口服:常用。成人 3~4g/日。肌注或静注(常用静滴):成人 1~4g/日。

(3) 不良反应与注意事项。①本品抗菌活性较氨苄西林为强,是一种较好的治疗各种敏感菌所致呼吸道、尿路感染的口服药。②大剂量口服可有胃肠道症状,如上腹部不适、恶心、腹泻等。③偶见皮疹等过敏反应。

(4) 制剂。胶囊:0.125g,0.25g。粉针剂(钠盐):0.25g。

(二) 抗真菌药

酮康唑(里苏劳,Ketoconazole)

(1) 作用与用途。本品系咪唑类抗真菌药,口服后胃肠道易吸收。一次服 200mg。本药不能透过脏脑屏障。临床用于治疗多种皮肤癣病和深部真菌病,如黄癣、甲癣、体股癣、花斑癣、慢性皮肤黏膜念珠菌病、孢子丝菌病、球孢子菌病、副孢子菌病、组织胞浆菌病、曲霉菌病、着色真菌病、足菌肿、芽生菌病等。

(2) 用法。口服:成人 200mg/日,亦可增加至 400mg/日,分 2 次服。

(3) 不良反应与注意事项。①本药可发生的副作用有恶心、呕吐、腹痛、腹泻、瘙痒、过敏性皮疹、头痛、头晕、嗜睡、畏光、轻度阳痿、性欲减低、白细胞减少、精神障碍等。②肝损害可出现黄疸与肝功能异常。长期用药也可发生中毒性肝炎致死,故有肝病者应提高警惕。③妊娠和哺乳期妇女及 1 岁以下婴儿不宜使用本药。

(4) 制剂。片剂:200mg。

（三）抗病毒药

利巴韦林（病毒唑，三氮唑核苷，Ribavirin）

（1）作用与用途。本品为1972年合成的广谱、核苷类、非选择抗病毒药，对多种RNA和DNA病毒均有抑制作用。在细胞培养内抗RNA病毒作用较强（对流感病毒最为敏感，其次为乙脑病毒、副流感病毒、呼吸道合胞病毒、麻疹病毒、流行性出血热病毒和甲肝病毒）。可用于RNA病毒引起的感染。可与干扰素a联用治疗慢性丙型肝炎。

（2）用法。口服：成人200～300mg/日，分2～3次，可连用5日或酌情延长。口含：成人每2h口含一片。静滴：每日10～20mg/kg，分2次。

（3）不良反应与注意事项。①口渴、思饮、腹泻、血细胞减少等，及时停药或适当减量可自动缓解。②本品用于RNA病毒感染早期（相当于病毒血症期）有一定抑制病毒的作用，对于极期病人（如乙脑病人的脑实质已经明显受损）则无疗效。③妊娠头3个月内孕妇忌用。

（4）制剂。片剂：100mg。含片：2.0mg。针剂：100mg/1ml。气雾剂：6.0g/瓶。

（四）镇痛药

盐酸吗啡（吗啡，Morphine Hydrochloride，Morphine）

（1）作用与用途。属阿片受体激动剂，具有强烈的中枢性镇痛作用。对心血管功能影响轻微，对呼吸及咳嗽中枢均有明显抑制作用。可增加胃肠道及其括约肌的张力，减少胃肠蠕动，延长胃排空时间。能增加胆道张力，尤以胆总管下端括约肌更为显著，还有催吐和缩瞳作用。主要用于缓解急剧疼痛或心源性哮喘等，也广泛用于术前用药和静脉麻醉。

（2）用法。镇痛：成人每次5～15mg，对剧痛者可肌注或按0.1mg/kg稀释后静脉缓注。麻醉：心内直视手术，0.5～3mg/kg；一般手术，0.2～0.3mg/kg。

（3）不良反应与注意事项。①治疗剂量可引起眩晕、恶心、呕吐、便秘或尿潴留等，连续应用可成瘾。②中枢性呼吸抑制。宜于麻醉初期应用，剂量因人而异，术毕待自主呼吸恢复良好后方可停止呼吸支持和拔管，必要时可用纳洛酮拮抗之。③心率减慢，宜稀释缓注或静滴，必要时用阿托品对抗。④忌用于肝功能严重减退、支气管哮喘、肺气肿、肺心病、甲状腺功能减退的病人，婴幼儿或哺乳期妇女；慎用于颅脑手术病人。

（五）镇咳药

可待因（Codeine Phosphate）

（1）作用与用途。对咳嗽中枢的抑制作用较强，而对呼吸中枢的抑制作用较弱，成瘾性也较吗啡为轻。适用于剧烈的干咳。

(2) 用法。口服：成人 15～30mg/次，一日 3 次。皮下：成人 15～30mg/次。

(3) 不良反应与注意事项。便秘、抑制呼吸及成瘾性均较吗啡为轻。

(4) 制剂。片剂：15mg、30mg。糖浆：50mg/100mL。针剂：15mg/1mL。

第三节　邮轮急救的基本技术

一、人工呼吸的几种方法

1. 口对口呼吸法

口对口呼吸法是最常用和最有效的方法。

2. 口对鼻呼吸法

当病人口腔严重外伤、牙关紧闭时不宜做口对口人工呼吸，可采用口对鼻人工呼吸法。该法的操作与口对口呼吸法相似，只是吹气时应关闭口腔，病人呼气时应开放其口腔。

3. 仰卧压胸法

病员仰卧，腰背部垫枕使胸部抬高，把病员头转向一侧，两手平放。急救者跪跨在病员两侧的下胸部，拇指向内，其余四指向外，向胸部上后方压迫，将空气压出肺部，然后放松，使胸部自行弹回而吸入空气，如此反复按压，每分钟 16～20 次，如图 8.1 所示。此法不适用于胸部外伤或同时需要做心脏按压者。

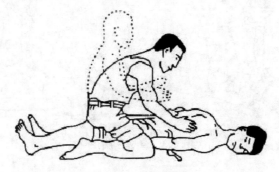

图 8.1　仰卧压胸法

4. 俯卧压背法

使病员俯卧位，腹下垫枕，头向下略低，面部转向一侧，以防口、鼻触地，一臂弯曲垫在头下，另一臂伸直，急救者跪跨在病员大腿两侧，将手放在患者背部的两侧下方，相当于肩胛下角下方，向下用力压迫与放松。以身体重量向下压迫，然后挺身松手，以解除压力，使胸部自行弹回,如此反复进行,每分钟16～20次,如图8.2所示。

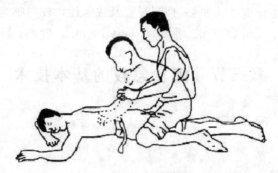

图 8.2　俯卧压背法

此法适用于溺水者的急救。

5. 举臂压胸法

使病人仰卧,在肩下垫一枕头或衣物,头偏向一侧,操作者跪或立于患者头前,握住患者两前臂近肘部,将上臂拉直过头,此时病人胸部被动扩张使空气吸入,然后再屈两臂,将肘部放回下半部,并压迫其前侧两肋弓,使胸部缩小,空气呼出,如此反复进行,每分钟16～20次,如图8.3所示。此法效果仅次于口对口呼吸法,且简易有效,特别适用于服毒的伤病员。

图 8.3　举臂压胸法

二、脑复苏

心肺复苏时,防止脑缺氧和脑水肿所采取的一切方法亦称脑复苏。心脏骤停后,脑组织急性缺血必然导致缺氧性脑损伤,其严重程度与心脏骤停的时间密切相关。部分患者虽然获心肺复苏成功,但终因不可逆性脑功能损害而致死亡或残留严重后遗症。因此,脑复苏是心肺复苏最后成败的关键。在缺氧状态下,脑血流的自主调节功能丧失,脑血流的维持主要依赖于脑灌注压(平均动脉压与颅内压之差值)。

1. 降温

复苏后的高代谢状态或其他原因引起的体温增高可导致脑组织氧供关系的明显失衡,从而加重脑损伤,因此降温应尽早实施,尤其是头部。一般体温以33℃~34℃为宜,可以用物理降温或加用冬眠药。

2. 脱水

应用渗透性利尿剂配合降温处理,以减轻脑组织水肿和降低颅内压,有助于大脑功能恢复。通常用20%甘露醇(1~29)、激素(地塞米松5~10mg)、呋塞米等。

3. 防治抽搐

可用冬眠药,可选用双氢麦角碱0.6mg、异丙嗪50mg稀释于5%葡萄糖溶液100ml内静脉滴注,也可应用地西泮10mg静脉注射。

4. 氧疗

必要时高压氧治疗(宜尽早进行)。

5. 给用促进脑代谢的药物

如胞磷胆碱、美洛宁等。

6. 脑复苏有效的体征

(1) 瞳孔缩小,是脑复苏最有价值和敏感的体征。但应注意药物的影响。

(2) 对光反射,是良好的体征,但复苏早期难以引出。

(3) 睫毛反射,如出现睫毛反射,表示心跳恢复后神志可能很快恢复。

(4) 挣扎,突然发生挣扎是复苏有效和脑功能恢复的早期体征,但严重挣扎不好。

(5) 肌张力增强和吞咽反射出现是脑活动恢复的体征。

三、止血技术

外出血是指血液自伤口向外流出。外出血分三种:毛细血管出血、静脉出血和动脉出血。毛细血管出血为涌出状,血液颜色呈鲜红,且量不多;静脉出血为缓慢持续性出血,血液颜色呈暗红,多发生在血管断裂的远心端;动脉出血为喷射状,随心脏的搏动而增强,血液颜色呈鲜红,多发生在血管断裂的近心端,且出血量较多,在紧急情况下应根据不同的出血性质和部位,采用不同的止血方法进行暂时止血。常用的有指压动脉止血法、止血带止血法、加压包扎止血法及直接止血法。

1. 手指压迫止血法

这是最方便和快捷的止血方法,但不能持久,一般用于动脉出血。用手指压住出血血管的上部(近心端)或直接压迫伤口的出血处,并用力压向骨面,把出血的来源阻断。

(1) 指压颞动脉止血法。

如果出血在头顶部,可压迫同侧颞动脉(耳前动脉)止血。具体做法是,在大耳轮的前方有一个动脉搏动处,用拇指或食指压迫,使血管闭合而止血,如图 8.4 所示。

(2) 指压面动脉止血法。

如果出血在口鼻面颊部,则可压迫颌外动脉(面动脉)止血。急救着一手固定伤员的头部,另一手的食指或拇指在伤侧的下颌角前约 1.5~3cm 的凹陷处可触及一动脉搏动点,压迫此点即可止血,如图 8.5 所示。

图 8.4　指压颞动脉止血法

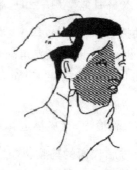
图 8.5　指压面动脉止血法

(3) 指压颈总动脉止血法。

适用于头颈部创伤的动脉大出血,在紧急情况下,用手指压在气管旁的颈总动脉止血。方法是,在该侧的胸锁乳突肌和气管之间有一较强搏动处,用拇指或其他四个手指,将颈总动脉压在该侧的颈椎横突上即可止血,如图 8.6 所示。压迫颈总动脉时,容易引起病人脑缺氧、昏迷、脉搏变慢、血压下降,所以不是特别紧急的情况不宜使用此法,更不宜两侧同时进行。

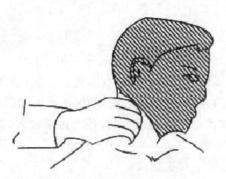
图 8.6　指压颈总动脉止血法

(4)指压锁骨下动脉止血法。

当肩部、腋窝部、上臂上部发生动脉出血时,可压迫锁骨下动脉止血。方法是用拇指在伤侧的锁骨上窝中部摸到锁骨下动脉搏动点之后,将拇指向下内后方的第一肋骨施压即可止血,如图8.7所示。

(5)指压肱动脉止血法。

如果出血点在上臂远端或前臂及手,则可压迫肱动脉止血。压迫点在伤侧的上臂肱二头肌内侧的沟处,将肱动脉压于肱骨的骨干上即可止血。方法是,用一手将伤侧的前臂提起,使伤侧的前臂与肩平行,再用另一手拇指或其他四指压住肱动脉,即可止血,如图8.8所示。

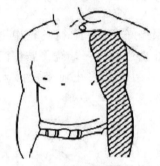

图8.7 指压锁骨下动脉止血法

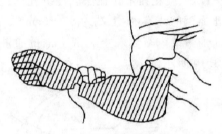

图8.8 指压肱动脉止血法

(6)指压股动脉止血法。

当大腿或小腿外伤动脉出血时,可压迫股动脉止血。方法是,在伤侧的大腿上端腹股沟中间稍下方的搏动处,用两手的拇指或双手掌重叠压迫,将股动脉用力压在耻骨上止血,如图8.9所示。

图8.9 指压股动脉止血法

2. 加压包扎止血法

(1)敷料加压包扎止血法。

即在伤口处填塞以干净的纱布,再用绷带进行加压包扎。主要适用于较小的血管引起的出血或渗血,但当有骨折或有异物存在时则不适用。除了在伤口处填塞纱布外,有条件时尚可在创口上撒上止血药物的粉末,如云南白药粉或吸收性明胶海绵等,然后再加压包扎以取得更好的止血效果,但要注意创口一定要保持清洁,勿任意用黄土、棉花或香灰等止血。

(2)屈肢加垫止血法。

在肢体的关节部位下端出血时,在关节屈侧加上棉垫、毛巾团或折叠好的三角巾,将伤肢关节屈曲后,进行固定,以达到止血的目的。

3. 止血带止血法

止血带止血法是利用有弹性的胶皮管或较软的布带或三角巾折成的布带等在出血部位的近心端将整个肢体进行绑扎,以阻断通向肢体的动脉血流,使末端没有血液供应从而达到止血目的。止血带止血法适用于四肢较大动脉出血的止血。有时在现场找不到胶皮类止血带,也可用听诊器胶管或三角巾、绷带、手帕等代用,但切不可用绳索、电线或铁丝等物品代替止血带。

止血带止血法虽能有效地制止住四肢的出血,但用后常可引起或加重肢体的坏死、急性肾功能不全等并发症,因此只能用于其他方法暂不能控制的出血,不能应用于头、颈或躯干部的出血。止血带只能作暂时的应用,要争取时间转院或采取其他根本办法。

(1)止血带止血法可分为以下几种:

① 橡皮止血带止血法。在绑扎部位先用毛巾或衣服垫好,用左手的拇指、中指、食指持止血带的一端(距上端约 8~10cm),然后用右手拉紧止血带的另一端绕伤肢缠两圈,再将止血带的末端放入止血带下面的食指、中指之间,最后两指夹住止血带拉回固定,如图 8.10 所示。

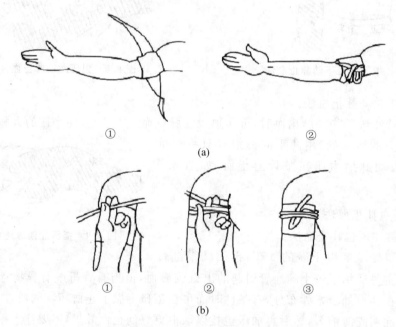

图 8.10 橡皮止血带止血法

② 勒紧止血法。将三角巾折叠成带状或用软布带在伤口近心端勒紧止血,第一道绑扎作垫层,第二道压在第一道上面勒紧。

③ 绞紧止血法。将绷带卷或将毛巾或纱布折成绷带卷大小,放在伤口近心端的动脉

干上，用布带子放在其上绕肢体两圈后拉紧，待两端合拢后打一活结，将绞棒插在后一圈的下面，提起绞紧，然后将绞棒的一端插入活结内，再将活结拉紧固定绞棒，如图 8.11 所示。

① ② ③

图 8.11　绞紧止血法

（2）使用止血带时应注意的事项

① 使用止血带后须作出显著的标志（如红色布条），注明上止血带的时间。

② 连续阻断血流时间一般不得超过 1h，如必须继续阻断血流，应每 1h 内放松止血带 1～3min，看到鲜红色血液流出时为止。

③ 上止血带前须抬高患肢，使静脉回流，止血带要缚紧在靠近肢体出血部位之上端，并在止血带下面衬敷料棉花或布垫，以免损伤皮肤、血管和神经，或日后引起功能障碍。

④ 上臂止血带不可缚在中 1/3 处，以免损伤桡神经。

4. 直接止血法

直接止血法是指通过清创术对已损伤的血管行结扎、修复或吻合等，是最彻底、有效的止血方法。一般现场急救时难以做到。

四、伤员和病人的搬运

（一）正确搬运伤员和病人的方法

病人发生急病或受伤，在救护之前尽量在原地少动，除非留在原地会有危险。通常是在现场进行初步的急救之后，将病人送到医院进一步检查和治疗，这个送往医院的过程，就是搬运病人的过程。

搬运病人是一门很重要的技术，危重病人必须躺在担架上搬运，对愈后有利。

1. 搬运病人前需要考虑的事情

（1）病人是否适合搬动，用什么方法搬运。

（2）在场的能够协助搬运的人数，病人的体格、身形，急需时需要采取的体位对搬运的影响。

（3）搬运的路线，是下楼梯还是平抬，有无电梯，距离救护车路程的长短。

2．搬运病人的基本要点

（1）采取必要的初步的急救措施使病情稳定，危重病人最好开通静脉通道，以便搬运中随时用药。

（2）采取最有利病情的搬运方式和工具。

（3）将病人置于最适当的体位，既不影响呼吸，又可随时观察病情的变化。

3．上下担架的方法

担架是运送病人最常用、最适宜的工具。救护车上装备的走轮担架、可升降担架、铲式担架都是根据病人的生理特点和急救的需要设计的，有保护和固定病人的作用。

在现场可临时就地取材，用木板、床板等制作简易担架，但是，除非万不得已，应使用正规、标准的担架。

（1）将病人抬上或抬下担架，至少需要 2～3 人，一人用手托住病人的头部、肩部，一人或两人用手托住腰部、臀部、膝部、腿部，两人或三人同时将病人抬起，轻轻放在担架上或从担架上移到病床上。

（2）抬担架的人脚步要讲调，行动要一致，平稳前进。

（3）上下楼梯或台阶，担架应始终保持平稳。

4．搬运注意事项

首先必须妥善处理好伤员，先对外伤进行止血、包扎、固定，保持呼吸通畅，才能搬动。如果病人立即有生命危险，而救护人员无法在短时间赶到，则应该先就地处理，待病情稳定后再转送医院。

在人员、担架等未准备妥当时，切忌搬运，尤其是搬运身体过重和神志不清的病人，否则途中可能发生滚落、摔伤等意外。

（二）特殊伤员的正确搬运方法

1．颈部外伤伤员的正确搬运

颈部外伤极易造成颈椎骨折或脱位，搬运不当还可能造成立即死亡或截瘫。

（1）搬运前，先妥善固定颈部，如用衣物、沙袋、硬纸板等做成颈托作临时固定，如图 8.12 所示。

（2）固定好颈部后，使头部与身体成直线，并维持颈部不能左右活动。

2．胸部、腰部外伤伤员的正确搬运

胸、腰部外伤如果造成胸椎或腰椎的骨折和脱位，可能损伤胸、腰部的脊髓神经，导致下肢瘫痪。

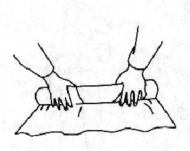
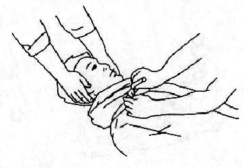

图 8.12 颈托的临时制作

（1）搬运前，先妥善固定胸部或腰部，将衣物、沙袋等物放至胸、腰部两旁，再用绷带一起捆绑，固定在担架上，防止身体移动。

（2）三人配合搬运病人，一人托住肩胛部，一人托住腰部、臀部，一人托住伸直且并拢的双下肢，三人同时抱住病人，轻抬轻放，如图 8.13 所示。

图 8.13 搬运胸部、腰部外伤伤员的正确方法

注意：不能用错误的搬运方法，即一人抱胸，一人抱住腋下拖动病人。

（三）徒手搬运伤员的方法

（1）单人搬运伤员常用的方法有拖行法、背负法、环抱法，如图 8.14 所示。当伤员体形大或者是处于人事不省的状态，最方便易行的方法为拖行法。援救者可以从后托住伤员的腋窝，用上臂承托其头部，倒后拖行。如需下楼梯，则宜用大腿承托其头部。如伤员身躯笨重，可蹲下来，双手伸至伤员的胸前，一手抓紧另一手腕，然后拖行。

（2）两人搬运伤员的方法：两人搬运一个伤员，最简单的方法是利用椅子，一人抬椅背，一人抬椅腿，如图 8.15 所示。也可以徒手搬运，如图 8.16 所示。

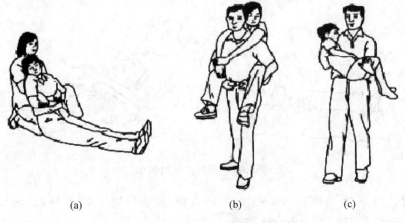

图 8.14 单人搬运伤员的方法
(a) 拖行法;(b) 背负法;(c) 环抱法

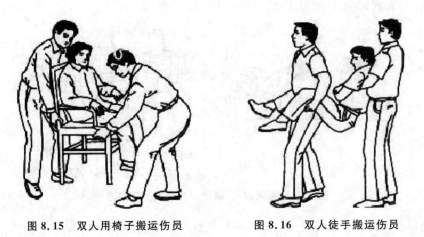

图 8.15 双人用椅子搬运伤员　　　图 8.16 双人徒手搬运伤员

第四节　邮轮常见急症的现场急救

一、心脏骤停与心脏性猝死

　　心脏骤停是指各种原因引起的、在未能预计的时间内心脏突然停止搏动,从而导致有效心泵功能和有效循环突然中止,引起全身组织严重缺血、缺氧和代谢障碍,如不及时抢救可危及生命。心脏骤停不同于任何慢性病终末期的心脏停搏,若及时采取正确有效的复苏措施,病人有可能康复。

　　心脏性猝死是指急性症状发作后 1h 内发生的以意识骤然丧失为特征的、由心脏原因引起的自然死亡。无论是否知道患者有无心脏病,死亡的时间和形式不能预料。心脏骤停是心脏性猝死的直接原因。

1. 临床特点

绝大多数病人无先兆症状,常突然发病。心脏骤停的主要临床表现为意识突然丧失,心音及大动脉搏动消失,呼吸断续及停止,伴有面色苍白或发绀,瞳孔散大。心搏骤停发生后,大部分患者将在4~6min内开始发生不可逆的脑损害,随后经数分钟过渡到生物学死亡。

心脏骤停的识别一般并不困难,最可靠且出现较早的临床征象是意识突然丧失和大动脉搏动消失。通常一边拍喊病人以判断意识是否存在,一边用另一手食指和中指摸其双侧颈动脉以了解有无搏动,如果二者均不存在,就可肯定心脏骤停的诊断,并应立即实施初步急救。

2. 急救与处理

对于心脏骤停的病人,在诊断确立后,迅速采取有效果断的措施,立即实施心肺复苏术,其主要措施包括开通气道、人工呼吸和人工胸外按压。如船上有条件,在进行徒手心肺复苏时,可在医生的指导下行电除颤和药物治疗。常用药物为肾上腺素1mg及阿托品1~2mg静脉注射,亦可用异丙肾上腺素(15~20 μg/min)静脉滴注。心肺复苏初步成功后,应立即送医院进行复苏后处理。

二、急性心力衰竭

急性心力衰竭是指由于急性心脏病变引起心排血量显著、急骤降低导致组织器官灌注不足和急性瘀血综合征。急性右心衰即急性肺源性心脏病,主要为大块肺梗死引起。临床上急性左心衰较为常见,以肺水肿或心源性休克为主要表现,是严重的急危重症,抢救是否及时合理与预后密切相关,是本节主要讨论内容。

1. 临床特点

临床表现为突发严重呼吸困难,呼吸频率常达每分钟30~40次,强迫坐位、面色灰白、发绀、大汗、烦躁,同时频繁咳嗽,咳粉红色泡沫状痰。极重者可因脑缺氧而致神志模糊。发病开始可有一过性血压升高,病情如不缓解,血压可持续下降直至休克。

急性左心衰的呼吸困难应与支气管哮喘的呼吸困难相鉴别,急性左心衰多有高血压、心脏病病史,阵发性咳嗽,常咳出粉红色泡沫痰;支气管哮喘多见于中老年人,有慢性咳嗽史,喘息长年存在,有加重期。

2. 急救与处理

急性左心衰竭时的缺氧和高度呼吸困难是致命的威胁,必须尽快使之缓解。

（1）患者取坐位，双腿下垂，以减少静脉回流。

（2）吸氧。立即高流量鼻管给氧。在吸氧的同时使用抗泡沫剂使肺泡内的泡沫消失，增加气体交换面积，一般可用50%酒精置于氧气的滤瓶中，随氧气吸入。如病人不能耐受可降低酒精浓度或间断给予。

（3）注射吗啡。吗啡5~10mg静脉注入不仅可以使患者镇静，减少躁动所带来的额外的心脏负担，同时也具有小血管舒张的功能而减轻心脏的负荷。必要时每隔15分钟重复一次，共2~3次。老年患者可酌减剂量或改为肌肉注射。

（4）快速利尿。呋塞米20~40mg静注，于2min内推完，10min内起效，可持续3~4h，4h后可重复一次。

三、心肌梗死

心肌梗死是心肌缺血性坏死，是在冠状动脉病变的基础上，发生冠状动脉血供急剧减少或中断，使相应的心肌严重而持久地急性缺血导致心肌坏死。绝大多数心肌梗死是由于不稳定的冠状动脉粥样斑块破溃，继而出血和管腔内血栓形成，而使管腔闭塞。临床上有剧烈而持久的胸骨后疼痛、发热、血清酶增高及特征性心电图变化；可发生心律失常、休克或心力衰竭，属冠心病的严重类型。

诱发因素：过度疲劳；激动、紧张、愤怒等急剧的情绪变化；暴饮暴食；寒冷刺激；血压剧升或用力大便时；休克、脱水、出血、外科手术等。

1. 临床特点

（1）先兆。多数患者在发病前数日有乏力，胸部不适，活动时心悸、气急、烦躁、心绞痛等前期症状。

（2）疼痛。急性疼痛常为最早发生和最突出的症状，其性质、位置及放射区均与心绞痛相似，但较剧烈而持久，范围亦较广，并多伴有冷汗、烦躁不安、恐惧或有濒死感。疼痛常持续30min以上或数小时，甚至1~2天以上，且常在休息时发生，含服硝酸甘油多数无效。也有少数病人无疼痛，一开始即表现为休克或心力衰竭。

（3）全身症状。有发热、心动过速等。一般在疼痛发生后24~48小时出现，体温在38℃左右，很少超过39℃，持续约一周。

（4）胃肠道症状。疼痛剧烈时常伴有频繁的恶心、呕吐及上腹胀痛等表现，易被误诊为急性胃肠炎。

（5）低血压和休克。患者面色苍白、焦虑不安、全身乏力、皮肤湿冷、大汗淋漓、脉搏细而快、血压下降，甚至昏厥和休克。这些情况的出现可使心肌缺血加重，严重的休克可在数小时内引起死亡。

（6）心力衰竭。主要为急性左心衰竭，表现为呼吸困难、咳嗽、发绀、烦躁等症状，严重者可发生急性肺水肿。

(7) 心律失常。可出现各种心律失常。室颤是急性心肌梗死早期特别是入院前主要死因。

2. 急救与处理

(1) 绝对安静卧床休息,避免活动,不要随便搬动病人。

(2) 吸氧,以改善心肌供氧。严密观察血压、呼吸和脉搏变化。除颤仪应随时处于备用状态。建立静脉通道,保持给药途径畅通。

(3) 无禁忌证者即嚼服肠溶阿司匹林150～300mg,然后每日1次,3日后改为75～150mg每日1次,长期服用。

(4) 解除疼痛。哌替啶50～100mg肌肉注射或吗啡5～10mg皮下注射,必要时1～2小时后再注射一次,以后每4～6h可重复应用,注意呼吸功能的抑制。

(5) 再试用硝酸甘油0.3mg或硝酸异山梨酯5～10mg舌下含服。

心肌梗死病情发生急,进展快,病情凶险,并发症多,可发生猝死,因此,一旦确诊或可疑,应及早送医院治疗。

四、晕厥

晕厥又称昏厥、虚脱、昏倒,是因脑部缺血、缺氧引起的短暂的意识不清。在脑供血恢复后,立刻就会苏醒。

1. 临床特点

晕厥发作突然,持续时间短。典型可分为三期:

(1) 发作前期。前期症状通常持续10s至1min,表现为头晕、眼花、恶心、苍白、出冷汗和心动过速等。

(2) 发作期。患者感觉眼前发黑,意识丧失而跌倒,伴面色苍白、大汗、血压下降、脉缓细弱和瞳孔散大,心动过速变为心动过缓,可发生尿失禁。

(3) 恢复期。患者平卧后意识迅速(数秒至数分钟)恢复,可遗留紧张、头晕、头疼、恶心、苍白、出汗、无力等。休息数分钟或数十分钟缓解,不留任何后遗症。

2. 急救与处理

(1) 平卧、双腿抬高。如果发现某人面色苍白并开始摇晃,为了防止昏倒,应立即让他坐下,两腿分开,头低下在两膝之间,或让他平躺下,垫高双腿。已昏倒在地时,让患者平卧,头部略低,抬高下肢,解开衣领、腰带等。

(2) 移患者于空气流通处,使之获得新鲜空气,若有条件或呼吸有困难,可给予输氧,如呼吸停止,可行人工呼吸。

(3) 针刺或用手掐有效穴位,如人中、合谷等,以促其苏醒。

(4) 知觉恢复后可给以热茶、热咖啡。给患者擦涂清凉油、风油精等也有一定疗效。

(5) 患者清醒后,有条件应送医院进一步检查,以明确是否有心脏病、颈椎病、脑血管病等,以便针对病因治疗。

五、昏迷

昏迷是机体高级神经活动受到严重抑制的一种表现。临床上按意识障碍的程度将昏迷分为四级:

(1) 嗜睡。病人持续地处于睡眠状态,对刺激有反应,尚能唤醒,并能用语言或运动作出反应。

(2) 昏睡。较强刺激能唤醒,言语、运动、反应较少,刺激停止马上又进入睡眠状态。

(3) 浅昏迷。对声、光等刺激无反应,对疼痛等强烈刺激有运动反应,生命体征平稳,角膜反射、光反射等均存在。

(4) 深昏迷。对外界刺激均无反应,肌肉松弛,各种生理反射消失,病理反射出现,生命体征常有改变。

昏迷病因很多,按部位不同而分为两大类:①颅内病变,如脑血管意外、高血压脑病、脑外伤、脑肿瘤、癫痫大发作等;②全身性疾病,如肺炎、中毒性菌痢、心脏病、肺性脑病、肝昏迷、尿毒症、糖尿病酸中毒、中暑、药物中毒等。

1. 临床特点

通过了解昏迷病人的病史、发病经过和症状、体征,全面综合分析,才能作出正确的诊断。

(1) 了解发病时间及经过。突然发病见于急性脑血管病、脑外伤、急性药物中毒;逐渐发生要考虑脑肿瘤;阵发性昏迷需考虑肝昏迷等。

(2) 首发症状。起病有剧烈头痛者以出血性脑血管病尤以蛛网膜下腔出血较为多见;病初有发热应考虑颅内或全身感染的可能。

(3) 呼吸。呼吸深快常见于代谢性酸中毒;浅而慢呼吸见于颅内压增高或碱中毒;呼吸过慢或叹息样呼吸则提示镇静、麻醉药过量。

(4) 皮肤。一氧化碳中毒皮肤呈樱桃红色;皮肤潮红见于感染性疾病及酒精中毒;皮肤苍白见于休克;皮肤黄染见于肝胆疾病;皮肤瘀点或者瘀斑可见于流行性脑膜炎、败血症、血液病等。

(5) 气味。呼气有烂苹果味见于糖尿病酮症酸中毒;呼气有氨味可能为肝昏迷;呼气有尿臭者要考虑尿毒症可能;呼气有大蒜味提示为有机磷农药中毒。

(6) 瞳孔。吸毒过量、安定中毒等瞳孔缩小,有机磷中毒时瞳孔亦缩小。

2. 急救与处理

在船上发生昏迷的病人，当务之急是积极采取措施，挽救生命。具体措施有：

（1）减轻脑水肿。常用20％甘露醇125～250ml快速静脉滴注，每6小时1次。

（2）病因治疗。药物中毒患者应立即洗胃、输液，促进毒物排出，同时使用特效解毒药；CO中毒时立即将病人搬离现场，吸氧；低血糖昏迷者即刻静脉推注高渗葡萄糖液。几分钟后可清醒；癫痫持续状态时，立即给予安定10～20mg稀释后缓慢静脉注射，或鲁米那0.1～0.3g肌肉注射。

（3）当发现病人呼吸、心跳停止，必须立即进行胸外按压和人工呼吸。如船上有条件，在进行徒手心肺复苏术时，可在医生的指导下行电除颤和药物复苏。常用的强心药为肾上腺素1mg及阿托品1～2mg静脉注射，亦可用异丙肾上腺素（15～20μg/min）静脉滴注；常用的呼吸兴奋剂为尼可刹米0.375g和洛贝林10mg肌注或静脉滴注。

（4）加强护理，避免碰伤，有条件时可吸入氧气，注意保暖。保持呼吸道通畅，及时用无线电联系，送往岸上救治。

六、急性阑尾炎

急性阑尾炎是人们通常所说的盲肠炎。急性阑尾炎是阑尾的急性细菌性感染，是最常见的急腹症。本病可发生于任何年龄，以青壮年为多见。及早诊断、及时治疗，效果很好，否则转为慢性阑尾炎，经久不愈，缠绵多年。

阑尾也称蚓突，是盲肠内侧一个细长盲管。人体阑尾的长短和位置不一，一般长7～9cm，位于右下腹髂窝内。阑尾近端与盲肠相通，末端为盲端。阑尾黏膜下层有丰富的淋巴组织，并常呈增生，使阑尾腔狭窄或梗阻；阑尾腔内常有粪便、结石、寄生虫等存留，这些因素都可造成阑尾腔内容物引流不畅，尤其因阑尾动脉为终末动脉，供血较差，一旦因某种原因造成血循环障碍，就易引起阑尾缺血坏死而发炎。阑尾炎分急性和慢性两种。阑尾炎是腹部外科中最为常见的疾病之一，大多数病人能获得良好的治疗效果。但是，有时诊断相当困难。急性阑尾炎是最常见的急腹症。其临床表现为持续伴阵发性加剧的右下腹痛、恶心、呕吐，多数病人白细胞和嗜中性白细胞计数增高。而右下腹阑尾区（麦氏点）压痛，则是本病重要的一个体征。急性阑尾炎一般分四种类型：急性单纯性阑尾炎、急性化脓性阑尾炎、坏疽及穿孔性阑尾炎和阑尾周围脓肿。

（一）临床表现

主要表现为腹部疼痛、胃肠道反应和全身反应。

迫使急性阑尾炎患者及早就医的主要原因就是腹痛，除极少数合并有横贯性脊断有一定困难，须与下列疾病进行鉴别诊断。

（1）胃、十二指肠溃疡穿孔，穿孔后胃肠道内容物积于右下腹髂凹时，可有右下腹固定性压痛，但其过去多有溃疡病史，且发病突然，以上腹痛为主，压痛及腹肌紧张明显为"板样强直"，X线检查常见膈下有游离气体。

（2）右输尿管结石：亦有右下腹痛、压痛，并伴有恶心、呕吐，与急性阑尾炎易混淆。但其疼痛多为绞痛并向会阴部或外生殖器放射，除右下腹有压痛外，右肾区均有明显叩击痛，尿内可查到红血球。X线摄片可有结石阴影。

（3）急性肠系膜淋巴结炎：亦可有右下腹疼痛及压痛，但此病多见于儿童，腹痛前常有发热、上呼吸道感染症状。

（4）右下肺炎或右侧胸膜炎有时可放射至右下腹痛，常误诊为急性阑尾炎，但患者常有明显呼吸道感染史。肺部可听到罗音或摩擦音，胸部透视或摄片可证实肺部有炎症变化。

（5）青年女性和有停经史的已婚妇女，对急性阑尾炎诊断有怀疑时，应请妇科会诊以便排除宫外孕和卵巢滤泡破裂等疾病。

（二）现场急救

1. 非手术治疗

非手术治疗主要适应于急性单纯性阑尾炎、阑尾脓肿、妊娠早期和后期急性阑尾炎、高龄合并有主要脏器病变的阑尾炎。

（1）基础治疗。包括卧床休息，控制饮食，适当补液和对症处理等。

（2）抗菌治疗。选用广谱抗生素（如氨苄青霉素、头孢霉素）和抗厌氧菌的药物（如灭滴灵、替硝唑）。

（3）针刺治疗。

（4）中药治疗。

2. 手术治疗

（1）急性单纯性阑尾炎。条件允许时可先行中西医相结合的非手术治疗，但必须仔细观察。

（2）化脓性、穿孔性阑尾炎。原则上应立即实施急诊手术，切除病理性阑尾。

（3）发病已数日且合并炎性包块的阑尾炎。暂行保守治疗，待3～6个月后如仍有症状者，再考虑切除阑尾。

（4）高龄病人、小儿及妊娠期急性阑尾炎。原则上应和成年人阑尾炎一样，急诊手术。

复习与思考

1. 邮轮药物的采集和储备对于邮轮的正常运行的影响有多大？
2. 邮轮急救当中经常出现的人工呼吸有几种方法？
3. 伤员在运送过程中根据不同的实际情况应该采取哪些相应的运送方式？

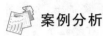
案例分析

邮轮乘客发生意外考验邮轮急救　　邮轮一般免费提供简单诊断

8月7日，一位女乘客在"海洋水手号"邮轮上忽然大出血，经过船上相关医护人员初步救治后，被直升机接到济州岛一家医院救诊。

该邮轮于8月6日从上海出发，前去济州岛，原定于8月7日登岛。事发前邮轮上医务人员已对这名孕妇情况有一定掌握。皇家加勒比邮轮公司工作人员称，根据邮轮的相关规定，孕妇怀孕24周以上，通常不建议上船。"如果游客一定要上船，则需要做好备案，并由游客提交一份健康查询拜访报告。"该工作人员称，出现大出血意外的游客，已经怀孕22周，此前做过相应备案工作。

"考虑到病人情况比较紧急，医生第一步要做的是稳定病人体征。"工作人员介绍，当晚，接到孕妇紧急求助信息后，邮轮医务室的医务人员迅速赶往救治，由于病人失血较多，输血必不可少。于是，他们发布广播希望乘客献血，以备船上可能储血不足的情况。最终，船上共有四人参与献血，其中三人为乘客，一人是船员。"由于那时邮轮已经靠近济州岛的港口，考虑到病人孕妇的特殊情况，以及可能出现其他意外，医务人员决定将病人转送到当地医院。"工作人员称，取得信息的济州岛相关医院很快派来一架直升机及随机医务人员，将孕妇接往该医院救治。

昨日，"海洋水手号"邮轮已返回上海港，孕妇及其家人并未随船返回。目前，这名女游客仍然留在济州岛医院，病情已稳定，并能下床行走，其家人也在医院四周安置下来。

遇重病要联系陆地医院

连续发生的邮轮意外事故，让一些游客不由要问：邮轮是不是足够安全？如果在邮轮上发生意外事故或生病，能否被及时救治？

昨日，早报记者就此采访相关邮轮公司及相关业内人士，取得的答复是，"针对意外事故或游客病情，国际邮轮都有一套专门的预案，每艘邮轮都配有医务室，拥有专业的医疗救治设备和设施，以及专门的医务人员。"

邮轮既是交通工具，也是旅游目的地，有着众多的休闲度假设施，供游客娱乐、健身、休闲、派对。对于这些奢华型邮轮来说,舞厅、剧场、赌场、泳池、健身房、各类儿童俱乐部等是船上基本设施,有些邮轮还有篮球场、网球场、羽毛球场、高尔夫练习场等,甚至包含溜冰场、攀岩场地等设施。

游客在进行健身等活动时,难免会发生一些肌肉拉伤、擦伤等小的意外事故。由于邮轮上有很多老年游客及儿童游客,老年人的一些常病发情如高血压、关节炎、糖尿病等,以及儿童的疫苗注射、感冒发烧等常病发,邮轮上的医务室基本都能解决。

业内人士介绍,国际邮轮都配备有专门的医务室,有若干名全科医生及护士,如果游客出现生病或意外事故,医生将及时对病人进行诊断。通常情况下,医生对邮轮乘客的简单诊断是免费的,但如果病情比较复杂,则需要相应的诊断费;病人需要开药或用专业的医疗器具,则都是需要费用的。

问题:
1. 本事件中你认为体现出了邮轮急救的哪些原则和技巧?
2. 旅途中,船上的乘客受伤或者生病到什么程度的情况下需要到路上医院治疗?

 课外知识拓展

日常急救小常识——你知道多少?

一、流鼻血

鼻子流血是由于鼻腔中的血管破裂造成的,鼻部的血管都很脆弱,因此流鼻血也是比较常见的小意外。急救办法:身体微微前倾,并用手指捏住鼻梁下方的软骨部位,持续约5~15分钟。如果有条件的话,放一个小冰袋在鼻梁上也能起到迅速止血的效果。绝对禁止:用力将头向后仰起的姿势会使鼻血流进口中,慌乱中势必还会有一部分血液被吸进肺里,这样做既不安全也不卫生。

亮警报: 如果鼻血持续流约20分钟仍旧止不住的话,患者应该马上去医院求助于医生。如果流鼻血的次数过于频繁且毫无原因,或是伴随着头疼、耳鸣、视力下降以及眩晕等其他症状,那么也务必去医院诊治,因为这有可能是大脑受到了震荡或是重创。

二、烫伤

烫伤分为三级:一级烫伤会造成皮肤发红有刺痛感;二级烫伤发生后会看到明显的水泡;三级烫伤则会导致皮肤破溃变黑。

急救办法: 一旦发生烫伤后,立即将被烫部位放置在流动的水下冲洗或是用凉毛巾冷敷,如果烫伤面积较大,伤者应该将整个身体浸泡在放满冷水的浴缸中。可以将纱布或是绷带松松地缠绕在烫伤处以保护伤口。

绝对禁止: 不能采用冰敷的方式治疗烫伤,冰会损伤已经破损的皮肤导致伤口恶化。不要弄破水泡,否则会留下疤痕。也不要随便将抗生素药膏或油脂涂抹在伤口处,这些黏糊糊的物质很容易沾染脏东西。

亮警报：三级烫伤、触电灼伤以及被化学品烧伤务必要到医院就医。另外，如果病人出现咳嗽、眼睛流泪或者呼吸困难，则需要专业医生的帮助。二级烫伤如果面积大于手掌的话，患者也应去医院看看，专业的处理方式可以避免留下疤痕。

三、异物入眼

任何细小的物体或液体，哪怕是一粒沙子或是一滴洗涤剂进入眼中，都会引起眼部疼痛，甚至损伤眼角膜。

急救办法：首先是用力且频繁地眨眼，用泪水将异物冲刷出去。如果不奏效，就将眼皮捏起，然后在水龙头下冲洗眼睛。注意一定要将隐形眼镜摘掉。

绝对禁止：不能揉眼睛，无论多么细小的异物都会划伤眼角膜并导致感染。如果异物进入眼部较深的位置，那么务必立即就医，请医生来处理。

亮警报：如果是腐蚀性液体溅入眼中，必须马上去医院进行诊治；倘若经过自我处理后眼部仍旧不适，出现灼烧、水肿或是视力模糊的情况，也需要请医生借助专业仪器来治疗，切不可鲁莽行事。

四、扭伤

当关节周围的韧带被拉伸得过于严重，超出了其所能承受的程度，就会发生扭伤，扭伤通常还伴随着青紫与水肿。

急救办法：在扭伤发生的24小时之内，尽量做到每隔一小时用冰袋冷敷一次，每次半小时。将受伤处用弹性压缩绷带包好，并将受伤部位垫高。24小时之后，开始给患处换为热敷，促进受伤部位的血液流通。

绝对禁止：不能随意活动受伤的关节，否则容易造成韧带撕裂，恢复起来相对比较困难。

亮警报：如果经过几日的自我治疗和休息之后，患处仍旧疼痛且行动不便，那么有可能是骨折、肌肉拉伤或者韧带断裂，需要立即到医院就医。

作业要求

1. 药物采集和储备有哪些注意事项？
2. 简述各种常见药品的用途、用法及注意事项等。
3. 如何正确搬运伤员和病人？
4. 人工呼吸有哪些方法？如何操作？在哪些情况下适用？

第九章

野外生存装备和技能

如果没有勇气远离海岸线，长时间在海上孤寂地漂流，那么你绝不可能发现新大陆。

——纪德

专业英语词汇

攀岩：Rock climbing　　　　　涉水：Wade
灶台：Hearth　　　　　　　　定位系统：Positioning system
帐篷：Tent

学习目标

正确掌握野外生存之个人装备、野外生存之集体装备、野外生存之技术装备的运用。

学习重点、难点

掌握对于个人装备的准备以及如何整理行囊；如何利用身边的物品生火；选择正确的地点搭建营区以及如何搭建。

 案例导入

据英国《每日邮报》2013年6月19日报道，六名选手参加了美国"探索"频道（Discovery）一档名为《赤裸与恐惧》的节目，于当地时间16日首次登台。

这六人被放置在荒野丛林里，还要面对土狼和毒蛇的攻击。尽管他们已经是经验丰富的幸存者，仍然心有余悸。该档声称"适者生存"的节目被誉为"最艰难的生存挑战"。每周有一对毫不相识的男女被置于世界上天气最为极端的环境之中，这些地方高温干燥，没有食物和水，也没有衣服。他们必须在这样除了一个同伴外一无所有的环境下，度过整整21天。他们绝望地寻找可吃的食物。夜里则通过摩擦取火来驱赶土狼。他们当中有电工、军人,甚至还有学生。"探索"频道经理则说,"'生存秀'现在如此普遍以致很难取信于观众。因此,赤裸这一项终极测试使生存难度倍增。"在如此艰难的状态下,他们是如何应对种种挫折的?在困难面前,什么东西可以拯救他们?

第一节　野外生存个人装备

不论你是为漫长的远征,还是为简短的一日游而装备自己,选择正确的设备和服装都相当重要。当你的生命仰仗某种设备的救助时,你却发现,它并不能像预想的那样胜任工作,可就悔之晚矣。在选择装备时,设想最坏的场景是一个不错的方法,想象最坏的情况发生,你需要什么,那么这些就是你的"首要"设备。这个方法可以使你在所处的环境中,根据生存基本原则解决问题,包括你应该穿什么样的衣物和携带什么样的求生工具。

一、挑选好的背包

你需要一只背着舒适而且结实的背包,以便携带衣物和必要装备。如图9.1所示为野外生存的背包。在你能支付得起的范围内,尽可能选择质量最好的。制包的材料应足以安全地承受背包的载量,还应不易磨损。不够结实的背包会使你一路上狼狈不堪。背包负重的秘密在于,它将大部分重量分担在臀部——身体最富韧性、极其耐劳的支点上,而不是肩膀或背上,肩膀和背部都易疲惫而不堪承重。所以背包应有结实而舒适的腰带。

图9.1　背包

背袋容积大,将所有东西通通装入,取拿时既不容易分辨又费时。最好多准备几个塑料袋,除路上要经常取用的东西之外,一切东西都应先用塑料袋分类装成小袋子系好口,然后才放入背袋之中,这样一来不会弄乱,二来即使在路上天逢下雨,也不担心物品被打湿,特别是电池、药品等物件。最少要有一套衣物、一包干粮装在塑料袋之中。另外,有一种伸缩性棉质袋子,可装易破损的东西。这种袋子可用旧的衣服缝制而成。

现在,东西都已装入分类的小袋子中,再细分易破损和不易破损东西两种。照相机、生鸡蛋、手电筒都是很容易受到撞击而破损的,应该放置在背袋上面。背袋下面装轻而容积大的东西,如睡袋、衣服等。中间依餐具类、小炉子、食品类顺序装入。它们与易破损东西之间用布和报纸作为缓冲。手电筒在装入袋之前,应先检查开关是否有故障,如果开关容易松动,可能到目的地时手电筒电池已经不能用了。因此,可事先把电池倒装,或在电池间夹纸(记着带备用的电池)。另外,不要忘记带备用电灯珠,当电筒上的电灯珠烧了的时候，再想起它就已经晚了。轻的东西放下面，重的东西放上面。

最后要强调的是，制作包类的材料一定要选用结实而且防水的织物。最好主袋有一内衬，既能防水渗入又防所装物品渗漏。侧袋也很有用，但袋口要选择安全的拉链而不是褡扣之类，否则容易丢东西。

（一）背包分类

1. 根据尺寸分类

大型背包容积在 50 升以上，适用于中长距离的旅行和比较专业的探险活动。比如你要去西藏这样的地区进行长途旅行或登山探险时，你无疑应选择容积在 50 升以上的大型背包。一些中短期旅行如果需要在野外露营时也需要大型背包，因为只有它能装下你露营所需的帐篷、睡袋和睡垫。大型背包根据用途不同又可分为登山包和长途旅行用背包。

登山包一般包体瘦长，以便通过狭窄的地形，包体分为上下两层，中间用一个拉链的夹层分开，这样在取放物品时十分方便。背包的侧面和顶部可外绑帐篷和垫子，无形中增大了背包的容积。背包外还有冰镐套，可供捆绑冰镐、雪杖之用。最值得一提的是，这些背包的背部结构，包内有支撑包体的轻质铝合金内架，背部的形状是按人体工程学原理设计的，背带宽而厚，形状采用符合人体生理曲线的 S 形设计，并且还有防止背带向两边侧滑的胸带，使背包者感到十分舒适。

长途旅行背包的包体结构和登山包类似，只是包体宽大些，并配有许多侧袋，以便将零碎物件分类放置，长途旅行背包的前脸通常能全部打开，取放物品十分方便。

中型背包的容积一般在 30~50 升之间，这些背包的用途更加广泛，随身带的衣物和一些日常用品都能装得下。中型背包的式样和种类更加多样。有些背包增加了一些侧袋，更加利于分装物品。这些背包的背部结构和大型背包大致相同。

小型背包的容积在 30 升以下，这些背包大多在城市中使用，当然用于 1~2 天的郊游也非常合适。

图 9.2 为背包内物品的放置。

2. 根据背包架分类

在外形轮廓上，内架包会比相应的外架包窄长些，中间的隔断很少，只有一两个，露在外面的口袋也很少。框架被集成到了包内，通常由一些塑料材质的扁形固定条组成，宽约 25mm（1 英寸），厚约 3mm（1/10 英寸）。包外的条带可以用来束牢和压缩包裹，这样里面的东西才不会乱窜，而你背着也不会找不到平衡。

外架包用轻巧的条框架起背囊，它们更适合用来背负量大偏沉的行李，因为就整体设计而言，这种包更平整，不会使背负者的背部和臀部不适。同时，由于在背部和包身之间会有一定的间隙供空气流通，因此，这种包背起来要比内架包凉快一点。外架包通常在外侧会有很多个口袋，这样你就能分门别类地归置物品，而不用一股脑儿地都塞进那么一两

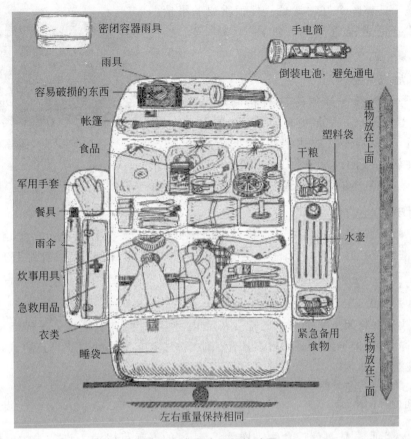

图 9.2　背包内物品的放置

个隔断里了,这样取用物品会变得容易许多,因为你顶多只需要解开需要的一个兜,而不至于把整个包翻遍。另外,设计胸带和腰带是为了让你背着能更加舒适、合身。

二、不同的防潮垫

防潮垫,在野外露营时是相当重要的,其主要有如下三个功能:

(1) 防硌。因为在野外露营时很难找到一块平整的地方,所以睡觉时会觉得很不舒服,使用了防潮垫,情况就会好得多。

(2) 保暖。由于在野外露营时身体一般直接与地面接触(仅靠帐篷底的隔热效果是微乎其微的),因此在身体与地面之间如有一层防潮垫相隔,保暖效果会好很多。

(3) 防潮。在野外露营时,一般夜间地面很潮,由于防潮垫是防水的,即可起到隔潮的作用。对防潮垫而言,暖度、重量、舒适度、耐用性和大小等依次重要,但是对一个登山者而言,晚上能够睡个好觉就是一件很重要的事情,好的防潮垫也是很重要的。如图9.3所示为防潮垫。

1. 开放气室式

由一种像海绵一样的泡沫材料制成。其优点是:比充气式更舒适,重量更轻,更便宜,更保暖。其缺点是:由于材料是开放式结构,因此防潮能力较差,不宜在较潮湿的环境下使用。保温性能比封闭气室式要差,而且压缩性也较差(不易携带),使用寿命也较短。

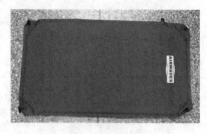

图 9.3　防潮垫

2. 封闭气室式

由一种由大量的微小封闭气室构成的泡沫材料制成。其优点是:便宜,绝佳的绝缘性,薄,防潮性佳。其缺点是:比开放气室式的看上去要重;由于薄,因此睡起来不是非常舒适。

3. 自充气式

将开放气室封闭于一个防水的尼龙外壳内,使用时会自动膨胀。其优点是:像开放气室式一样舒适,但绝缘性要好得多;防水、防潮;气室充气量可调节。其缺点是:价格昂贵;容易被刺破;体积较大,而且较重。

三、如何选择睡袋

对于生存而言,休息就像食物一样重要,一夜的安睡可以消去许多的忧虑和紧张,因此选择一个适宜的睡袋,是一件至关重要的事情。睡袋有许多不同形状和式样,不管选哪种,你都要确保它有足够的填料,就算在没有帐篷的情况下,都可以让你保持温暖。睡袋是绝对拒绝潮湿的东西,不用的时候一定要放进防水的袋子,比如放到配套的包装袋或纤维袋里。另外,在买之前要先使用一下,如果太紧的话,它的舒适度和保暖效果会大打折扣的。

睡袋的填充物一般是羽绒或合成纤维。羽绒是由一些高度绝缘的禽类羽毛制成的,通常来自鸭子或鹅,如果以暖和度与种类的比率作为标准,其优越性是无可比拟的。但是,羽绒一旦被弄湿,其效果会大大降低,而且会导致某些人产生过敏反应。若是合成纤维的填充物,其类型也有好几种,有些由简单的凹空形纤维构成,有些则是由模仿羽绒结构的复杂的纤维构成。它们有一个好处就是,即使在弄湿的情况下,还能维持一定程度的绝缘性。如图9.4所

图 9.4　睡袋

示为一般睡袋。

目前,业界没有一个标准的指标来衡量睡袋的暖和程度,温度等级的评定对于睡袋而言,仍是一项不甚精确的技术。一些生产商于是就给出了所谓的"舒适"等级和"耐抗性"等级,综合起来以"季节性"等级来作为其评判标准。这大致能够说明生产商对其产品性能的预期。如图 9.5 所示为睡袋的等级。

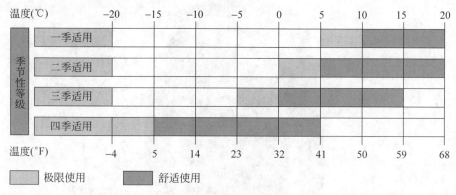

图 9.5　睡袋等级

睡袋的使用方法如下:

(1) 进行户外运动前 1～2 天请将睡袋完全舒展,有助于在野外充分发挥其保暖性能。出发前再将睡袋装入压缩袋。

(2) 寒冷环境下请勿穿着外套进入睡袋,建议只穿内衣睡眠,这样有助于快速提高睡袋内温度和睡眠的舒适性。

(3) 在营地里如时间许可,早晨将睡袋外翻,置于帐篷顶或干燥、通风、阳光照耀的环境,有助于睡袋的风干,但是要避免白天的强烈日光照射。

(4) 收纳时,可先将睡袋卷收一次,挤出大部分空气。再将睡袋摊开,从尾部开始将睡袋不规则地放入压缩袋内。不推荐用卷收的方式放入压缩袋内,因为长期有规则的卷收会使睡袋面布因为受力不均衡而加速老化。

(5) 羽绒睡袋面料具有防水或防泼水功能,但如果途中天气极其潮湿,请将睡袋用塑料袋密封,避免潮湿的空气进入睡袋。

四、科学的户外服装

时下,为户外运用设计的服装在技术上已经相当精细和先进了,新的用料和设计使它们轻便、耐磨,而且具有多种功能。如图 9.6 所示为上衣,图 9.7 为裤子。

秉着"最大限度地利用外物"的原则,我们应该为即将要去的环境选择最合适的面料和最佳的搭配。主张在登山、攀岩及其他户外运动时应该做到分层着装。

图 9.6 上衣

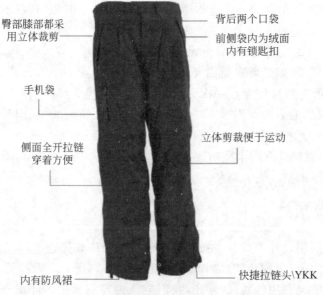

图 9.7 裤子

分层穿衣法的道理很简单,多件轻便的应该比一件厚重的衣服更有优势。多层穿衣提供了调节体温的灵活性,你可以随时脱衣或添衣来控制身体热量。多选用一些纯羊毛、羊绒、超细羊绒、羽绒材质的衣服,它们的绝缘性能很好。这样穿之所以效果好,是因为把空气都困在层与层之间了,因为少了流通,穿着就相对暖和。如果按恰当的层序穿面料合适的衣服,它们会帮你很好地排除汗液,并把湿气挡在体外,同时使你保持绝缘。在较冷或较热的环境里,推荐穿透气的衣物。

影响户外服装的选择因素有以下几种:

1. 保暖性

虽然保暖性是与织物厚度密切相关的,但是户外运动不允许服装过于厚重,因此既要保暖又要轻便才符合户外运动服装的特殊要求。最常见的方法是在涤纶等合成纤维纺丝液中加入含氧化铬、氧化镁、氧化锆等特殊陶瓷粉末,特别是纳米级的微细陶瓷粉末,它能够吸收太阳光等可见光并将其转化为热能,还可反射人体自身发射出的远红外线,因此具有优异的保温、蓄热性能。当然也可以把远红外陶瓷粉、黏合剂和交联剂配制成整理剂,对织成的织物进行涂层处理,再经干燥和焙烘处理,使纳米陶瓷粉附着于织物表面和纱线之间。这种整理剂发射出的波长为 $8\sim14\mu m$ 的远红外线,还具有抑菌、防臭、促进血液循环等保健功能。

此外,根据仿生学原理,参考北极熊毛的结构把涤纶纤维内部做成多孔空心状、使纤维内包含大量不流通空气,外部做成螺旋卷曲状以保持蓬松性,都能在保证质地轻盈的前提下起到良好的保温作用。当然,把衣服甚至织物都做成双层乃至三层,使不流通空气层增多,也是最传统的保暖措施之一。

2. 防水透气性

防水透气功能,几乎已经成为户外运动爱好者最为关注的一项功能。而关于这个功能的指标及实用评价,往往也成为选购产品的一项重要依据。从理论角度来定义的话,防水至少能够胜任一般的雨天(2 000mm 水柱,中雨),而透气至少符合日常活动要求$[2\,500g/(m^2 \cdot h^{-1})$,典型办公室活动的蒸发速率]的面料可以被称之为防水透气面料。

3. 抗菌防臭性

由于运动的特点造成汗液、皮脂腺大量分泌,而户外条件又不可能常换衣服,在适宜的温度和湿度环境下,微生物也就大量繁殖,导致人身上散发出不雅的气味并引发瘙痒感。因此正规的户外运动服装都是经过抗菌防臭化学整理的。整理的途径一般是将具有杀菌作用的有机季胺型、咪唑啉型表面活性剂或银、铜等重金属离子通过树脂和交链剂固定在纤维上,使其具有一定的耐洗性。当然,选择杀菌剂的一个重要原则肯定是无毒或低毒,否则就是舍本求末了。近年来日本在天然抗菌整理剂的研究上做了不少探索,例如采用芦荟、艾叶、桉叶、玫瑰花等具有杀菌作用的芳香油提取物,将其包覆在多孔性有机微胶囊或多孔性陶瓷粉末中附着在织物上,并加以树脂交联固定,通过摩擦、积压等机械作用缓慢释放出杀菌剂以达到耐久抗菌整理的目的。这一类天然抗菌剂不仅无毒无害,而且还有一定的保健功能,应该是抗菌整理的发展方向。不过由于固定抗菌剂的手段目前很有限,因此抗菌剂的耐洗性不够好,每洗涤一次抗菌性能就下降一些,一般几十次之后就完全消失。

美国道康宁 AEGIS 防霉抗菌剂采用分子键结的方式将十八个长碳链均匀地分布在织物表面,与织物纤维结合为一体,之后依靠物理作用进行杀菌,而不同于其他通过化学作用进行杀菌,以达到永久抗菌的效果。

4. 防污和易去污性

户外运动经常行走穿梭在泥泞潮湿的山野林间,衣服擦脏是难免的事,这就要求服装外表要尽量不容易被污渍所沾污,而一旦被沾污之后又要易于洗涤去除。改变纤维的表面性能,大幅度提高织物的表面张力,使油污和其他污渍难以渗透到织物内部去,轻微的污渍用湿布揩擦即可除去,较重的污渍也易于清洗。而防污整理不仅能够防止油污的污染,还同时具有防水透湿的性能,一般被称为"三防整理"(拒水、拒油、防污),属于比较实用有效的高级化学整理手段,常用在服装外层和背包、鞋子、帐篷的面料整理上。

5. 抗静电和防辐射

登山是户外运动的核心内容,除了原始密林之外,海拔 3 000m 以上的高山高原地带由于气压低,水分易于挥发,环境一般都比较干燥,而户外服装基本都是化学纤维织物制成,因此静电问题较为突出。静电的危害一般表现为衣服易起毛起球,容易沾染灰尘污垢,贴近皮肤有电击和粘滞感等。如果携带有如电子罗盘、海拔表、GPS 导航仪等精密的电子仪器,就有可能被服装的静电所干扰而产生错误,带来严重后果。

五、户外运动鞋

有很多因素决定什么样的鞋才适合你。首先,当然是你脚的尺寸,还有你希望这双鞋能提供给你什么样的功能。再就是你得考虑旅程有多长,你在途中得经历哪些地形地貌。最后,自然还有价格因素,有相对便宜的,也有非常昂贵的。记住,假如你要花很多时间在野外生存的话,多花点钱买一双舒适、结实的鞋子是值得的。如图 9.8 所示为登山鞋,图 9.9 为鞋底的结构。

按用途,鞋子可分为以下几类:

1. 高山系列

也可以称为重型登山靴。这个系列的靴子通常是特地为登雪山而设计的,这种靴子具有很强地抗冲击力,可装冰爪,靴帮设计很高,一般在 20cm 以上,靴面采用硬塑树脂或加厚牛皮、羊皮缝制,内衬保暖鞋套,适应复杂恶劣的积雪、坚冰、岩石混合地形,可以有效

图 9.8　登山鞋

图 9.9　鞋底的结构

保护你的双脚。

2. 低山系列

可以称为重型攀登鞋。这类鞋使用目标是海拔 6 000m 以下的山峰,攀爬冰壁或冰雪混合的岩壁,这类鞋的鞋底很硬,抗冲击力很强,攀登时有足够的支撑力,鞋帮高通常 15cm 以上,在复杂地形条件下可有效地保护双脚,减少伤害,部分款式设有冰爪结构,没有固定结构的可用捆绑式冰爪。

3. 徒步系列

徒步系列是户外运动中比较常用的品种。设计目标为中短距离负重较轻的徒步,适用于较为平缓的山地、丛林,一般郊游或野营活动。这类鞋的设计特点鞋帮 12cm 以下,有保护脚踝的结构。大底采用耐磨橡胶,中底用微孔发泡及双层加密橡胶,高档品牌有大底塑板夹层,有较好的抗冲击力和减震作用,中帮鞋的优势在于质轻、柔软、舒适、透气性好。

六、生存必备之火种

在户外活动中,火种是必备物品。生一堆火和保持一堆火的持续燃烧,对于人的心理有重大影响,甚至会影响到你决定是继续尽全力求生存还是放弃生命的希望。火会给你生存的信心,就像树下搭建的窝棚会给你家的感觉一样。图 9.10 为在野外生火。

图 9.10　生火

（一）燃烧的三要素

氧气、热量和燃料是生火和使火持续燃烧的三个最基本的要素。氧气对燃烧的发生十分重要。如果你在火堆上添加了过多的木头，就很可能造成燃烧时供氧不足，从而导致火的熄灭。如果你发现刚生起的火很弱，可以用你的手或地图扇风，这样就会产生气流，使氧气流到火堆上。热量是点燃燃料不可或缺的要素。一般来说，热量无非由火星、化学反应和摩擦等生成的，或者是单纯的摩擦生成的。一旦你将火生起来了，你就需要让燃料燃烧起来，你可以先添加体积较小、较干燥的燃料，等到产生足够热量后，再往火堆里添加大块的燃料。

（二）生火的三要素

生火的三要素为火绒、引火物、燃料，而且它们必须是干燥的、足量的。一根做得好的火杖，能提供火绒、引火物和燃料，只需要一点火星就能点燃。

1. 火绒

你用来生火的第一件东西，是一种干燥的、能燃烧的物质——火绒。火绒可能在你随身携带的装备里，也可能需要你从自然中或其他人造的材料中寻找。重要的是，你最好在需要用之前就试验一下你周围的东西是否适合做火绒。要确保火绒的干燥——如果它们潮湿就将其放在太阳底下晒干。你用完一些火绒后，要尽快补充上。火绒分为天然火绒和人造火绒。天然火绒：火杖、竹子外皮刨花、树皮刨花、细木屑、松针、动植物的绒毛、粉状粪便、烧焦的木棍等。人造火绒：棉絮球、卫生棉、烧焦的布、生火盒、软麻布、薄纸、胶片、胶皮条、蜡烛芯等。

2. 引火物

引火物是生火的第二个元素。干燥的引火物是用来添加在已点燃的火绒上的。它可以像火柴一样细，也可以像手指一般粗，你能用手握住它。如果它遇火不噼啪作响的话，可能是因为没有完全干燥。如果它是潮湿的,就将它外面的一层削掉(因为潮气大部分聚集在这一层),然后将其折成15cm(6英寸)长的小棒。

(1) 软木的嫩枝十分易燃,而有易燃树脂的树木(如松树),会燃起更灼热、更持久的火焰。

(2) 你也可将一些火绒当作引火物,如树皮、棕榈叶、松针、草叶、地衣、蕨类植物等。但是,用这些做引火物会比做火绒需要更大的量。

3. 燃料

开始,你生起的火需要一直精心照料。但是,当火可以持续燃烧五分钟之后,它就稳定了。然后,你就可以往火堆里添加大块的燃料,以形成一个灼热的中心——一堆火热的炭,这堆热炭可以自己持续燃烧,不需要你太多的照顾。这时,添加的燃料就应该像你手腕或前臂一样粗。首先,添加干燥的、劈开的木料,等到火势很旺时,再添加青木头或粗木头(整个的或劈开的)。如果气候很潮湿,就在火堆上搭建一个盖子,以防被雨水浇灭。

(1) 从落叶乔木(如橡树、枫树、桦树、山毛榉、榉树)上取的硬木,燃烧的时间更长,释放出的热量更多,而且能烧出更好的炭。但是,这些木头不易点燃。

(2) 从针叶类树木(如松树、冷杉和云杉)上所得的软木,由于含有大量的树脂,更容易被点燃;但是,它们燃烧得很快,而且释放出的热量也没有硬木多。它们在燃烧时,会释放出大量的烟。

(3) 泥炭块有时候能在排水良好的沼泽地里找到,可以用刀将其切开,不过泥炭在燃烧时需要更好的通风。

(4) 木炭很轻,而且无烟,释放出的热量也很多。

(5) 干燥的动物粪便也是很好的燃料,而且燃烧时还很少冒烟。

七、善用手套,保护双手

手是人体活动最主要的部位,对手的保护应格外重视,因为寒冷时手会变得僵硬,使操作变得困难。户外手套一般分两层,内层保温保暖,外层防水防风、耐磨。手套按形状可分为并指手套和分指手套。并指手套是指除大拇指外其他四指连在一起,处于一个空间内,如图9.11所示。分指手套是指五指各自独立完全分开,可以自由活动。还有一种是半指手套是五个手指的指头部位露出在外面不加保护。

八、准备一副运动眼镜

在雪山、沙漠及阳光照射强、紫外线强的区域,准备一副运动眼镜非常有必要,如图9.12所示。运动眼镜是指运动中所佩戴的安全防护眼镜,通常高级装备具有安全(PC镜片)、保护(TR-90镜框,柔软又有弹性)、舒适(防滑的鼻垫及脚套)、美观(配合运动、休闲服饰搭配)的功效。

图9.11 手套

图9.12 运动眼镜

（1）安全(PC镜片)、保护(TR-90镜框,柔软既有弹性)、舒适(防滑的鼻垫及脚套)、美观(配合动、休闲服饰搭配)。

（2）UV400,100%的抗紫外线。

（3）偏光镜片。偏光镜片是采用偏振原理(即百叶窗的原理),过滤杂光的作用。检测是否为偏光片的方式：手机检测；纵观、水平方向观察；好处：佩戴之后视觉效果非常舒服,视野更清晰；开车、钓鱼、登雪山尤其适合；欧野公司所采用的镜片是1.1MM的镜片,质量上乘。

（4）镁合金。镁合金是一种绿色环保的金属材料,质地很软,只有钛的2/5,铝的2/3,色泽鲜艳,不易褪色,佩戴起来有档次,又轻巧舒服。

（5）PC镜片。PC镜片即太空片,是一种不碎不裂的镜片,安全性100%。

（6）TR-90框。TR-90框是超韧性树脂材料,瑞典进口,又光滑,柔韧性好又轻,佩戴舒服。

（7）使用。双手摘戴,不让镜面碰到桌面及其他尖锐物件；

（8）保养。镜片脏的时候,除用洗洁精外,其他溶液不得用于清洗镜面。偏光片的保养：忌用水及超声波清洗,否则会破坏偏光效果。

九、户外用品之帽子

在户外用品中,帽子是一般人比较容易忽略的户外装备之一,与帽子选购的相关资讯也比较少。这主要是因为一般玩家认为,随便一顶帽子即可,主要就是遮阳,没有真正理解帽子对于户外运动的作用。从这儿也可以看出,真正意义上的驴友还不多。做一个驴友可不是仅仅能吃苦就行,还要有丰富的户外知识,如果大家老靠团长的经验,是永远也不能自立成为一名出色驴友的。

户外运动和旅游不同,无论什么天气,都存在体力消耗的问题。人的体力消耗和热量散发是成正比的,而60%以上的热量散发是通过头部散发,所以帽子在户外运动中的主要功能是防止热量散发过快,在休息时防止着凉感冒,而不是普通旅游中的防晒。因此在所有的户外运动中,一定要戴上一顶帽子哦。图9.13就是一顶户外用的帽子。

从材料上分,帽子可分为以下几类:

1. 普通型

普通型的帽子和旅游帽是一模一样的,所以对初学者来说,只要把平时的旅游帽带上就行了。

图9.13 帽子

2. 防水型

防水型帽子透气性差一点,但胜在风雨无阻,适合要求比较高的驴友。

3. 防水透气型

防水透气型高级品种,常见的有Gore-Tex材料的,它们是在海拔3 000米以上旅行时的必需品,比如去西藏、云南等海拔较高的景点时,拥有一顶Gore-Tex的帽子,当然是最佳的选择。一般来说,对于低难度的户外运动爱好者,不建议使用。

十、水的装载和储存——水具

人体中水的含量占到体重的三分之二,同时又是人体活动的重要介质,其重要性众所周知。目前户外用的水具主要是铝制的运动水壶、铝制的保温水壶。这些水具由于材质不同,选择使用时应该根据具体情况而定,总的原则是实用,便于携带,不会产生对人体有害的物质,使用方便。图9.14为户外用的水具。

图9.14 水具

在生存困境下,你需要做出很多抉择,其中有一些关系到生死。其中一个抉择是,待在原地等待救援还是试图自救。影响这个选择的一个主要因素是,能否获得水以及你装载和储存水的能力。

警告:一定要在容器上清楚标示。深夜在营地里,很容易将装有处理过的可饮用水与装着没有处理过的水或野营燃料的瓶子搞混。

(一)装水容器

装载冷热液体的容器有很多种,有固体塑料或钢制长颈瓶或瓶子,有折叠不透水袋(不用时可折起来)。

常见的装水容器有以下几种:

(1)塑料水瓶。这种水瓶轻便、结实,有旋松盖和推拉喷口两种。

(2)金属水瓶。这种水瓶比塑料水瓶稍重一些,但更结实。

(3)热水瓶。热水瓶较重,但能装热水或冷水。

(4)军用水瓶。这是世界上大多数军队使用的标准配置水瓶。

(5)折叠水壶。这是一种可挂在脖子上的耐用塑料水壶。

(6)折叠水碗。这种水碗轻便、易包装,还可以用来隔开你背包中的物品。

(7)水袋。可用于将水从水源处运到营地,还可用来保持设备的干爽。

(二)临时装水容器

在紧急情况下,你手头很有可能没有水瓶或储水装置。但是,如果运气好,再加上点创造力,你就可以找到盛水和运水的东西,以满足你的需求。

(1)应急用水。应急水囊可以事先买好备用,以便在紧急情况下使用。这种水囊一包通常有5个,每个装有5ml水,也就是说,只有一口水。这些水囊只能在万不得已时才使用。在求助于应急水囊前,一定要用其他办法获取水。

(2)海上救生服。既然救生服的设计旨在不让进水,那就是说它们也可以盛水。救生服在包装捆扎时,为了防止材料相互粘在一起,大多放有一层白垩,所以,使用前要彻底清洗。

(3)防水服。许多防水服都可以改造成盛水器。夹克衫的袖子和裤腿在打结后可以成为简易的囊袋,戈尔特斯(Gore-Tex)袜子可以装水,有些防水背包也可以储水。

(4)废弃的材料。随时注意寻找能装水的东西,如空塑料袋或瓶子、工业用大容器。使用前,要做清洗和消毒处理。

(5)葫芦容器。中空、干燥的果实(葫芦属植物)的外壳可用来装水。像小番瓜、南瓜、西瓜等做成的葫芦容器,可装载相当多的水。

十一、黑暗中的希望——灯具

灯具是户外运动的必需品。夜间操作、活动（包括生活）都离不开照明的灯具，户外灯具可以分为电筒、头灯、营地灯。图9.15为户外用的灯具。

注意：外出时应根据时间的长短备足各种灯具的电池及携带备用的头灯，以防止途中损坏，还有白天时最好取出电池，以防止无意中打开电源，使电源在无意中用完。

图9.15 灯具

灯具的选择是个让人头大的问题，功能、价格、重量、体积、通用性甚至外观都会影响你的最终决定，那么，还是从最基本的需要说起，在特定的时间、特定的环境下选择特定的灯具。如果只是打算偶尔周末去野外露营，不会走夜路，也不需要用它在夜间搜索水源，只是在营地悠闲的晚餐和玩杀人，推荐使用太过复杂的灯具似乎有些浪费，这种情况下用最简单的LED灯具就足够了，照明时间长，使用经济，方便小巧就够了，时下最流行的25元的5LED小头灯算是廉价的选择，各种普通小手电也不错（不过有时你可能会埋怨为什么自己只有两只手，最好DIY个小头带）。当然，如果银子充裕，为什么不带上一支体积极小巧，装设电压调整电路的ARC AAA袖珍手电或者防水性好、装有电压调整电路、亮度分挡调节的princeton TEC AURURA 3LED头灯呢。

如果已经是头心玩得有点野的驴，那么，可能少不了半夜冒雨赶山路的经历，这种情况下推荐使用25元的LED小头灯无疑是变相谋杀，少不了一只有足够亮度的白炽光源灯具，防水性和可靠性较好，比较省电，射程较远是你优先需要考虑的，总之你需要的是一支均衡性较好的灯具，如果想节约点银子，GP超霸的挑战者系列、劲量的碳纤维、国产仿L手电和某些国产头灯都还凑合，不过，其重量体积相对于其亮度实在是太大了点，其实再多加点银子，你会发现特别小巧轻量可靠、亮度高的princeton TEC 40潜水手电和手电头灯两用、照明时间长的Petzl SAXO是这个级别中很不错的选择。

十二、不同功能的刀具

在户外活动中一把好的刀具可以帮你排除困难，脱离险境。在特殊情况下还能挽救你的生命。出门在外携带一把多功能的刀具，可以帮你完成很多工作，如料理食物，整理、整修装备等。图9.16为户外用的刀具。

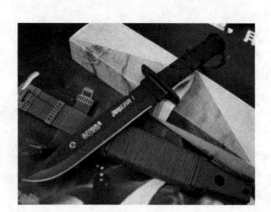

图 9.16　刀具

（一）刀的选择

多锋折叠刀是非常有用的工具。但如果你仅能带一把刀，应选择那种适于通常用途、锋利且结实耐用的刀具，从砍柴到挖野菜或者给动物剥皮都用得着。有些刀柄上嵌有指南针，还有的刀柄中空，以便内放一些救命之物。但问题是，中空型刀柄可能不那么结实，刀柄上的指南针在经历几次奋力砍柴之后也失去可靠性。如果丢了这把刀，那些救命之物也就随之失去了。所以最好还是把其他救生物品放入救生箱系在腰带上。

切记，锋刀利刃代表着你的力量。刀在你的所有生存装备中举足轻重，应保持刀锋锐利以便随时可用，但不要误用。千万不要将刀口向树上或地下扔。保持刀锋清洁。如果有段时间不用，应擦油后放回刀鞘保存。

当历险于封闭偏疏之地时，要养成经常检查刀具的习惯。这应形成条件反射，尤其是过了艰难危境之后。随时注意察看所有兜袋和物品应成为探险者的第二天性。

1. 折叠刀

考虑到便于携带，折叠刀就很有价值。木柄折叠刀给你的感觉会相对舒服一些：手上有汗时也不易打滑，而且如果刀柄由单块整木制成，就更不易把手磨得起泡了。

2. 月牙形弯式砍刀

这是一种马来人惯用的弯月形大而重的短刀，对于日常生活来说过于笨重，不便携带，但对于野外生活或工作来说是很理想的。最好用的砍刀以刀锋全长约 30cm、整刀重量不超过 750g 为宜。刀锋面最宽处约 5cm，末端深入木制柄把中。弯月形刀刃最适于砍柴，并且刀锋前伸有利于保护握刀的手。即便相当粗的圆木它也能砍断，这对于盖棚子或扎筏都有很大好处。

切记，砍刀刀刃划破刀鞘露出来的危险性是存在的。拔刀时千万不要用手去握刀刃所对刀鞘那一边,这样会有危险。养成总是握刀背所对那一边的习惯。

(二)刀的使用

1. 正手握刀

这种握刀方式是最自然的,也是最常用的,用这种握刀方式工作时,你的背部和胳膊提供的力量,而你的手腕则用来控制刀。将一个拇指或两个拇指放在刀背上,能让你更好地控制刀身,完成更精细的工作。确保刀刃向下,否则你有可能将自己严重割伤。

2. 反手握刀

这种握刀方式和正手握刀差不多,只是削东西时是向上削,刀刃是朝向你的。如果你想看见和更好地控制刀刃的走向,或者你在切削时可能会伤到自己,使用这种方法为好。

3. 齐胸握刀

用这种握刀方式是很有效的,反手握刀,胳膊和胸肌使力,腕部控制切割动作,可以靠近身体削东西。

4. 安全递刀

一个团队里可能只有一把公用的刀,所以你可能要频繁地将刀递给其他人。递刀时,要先递刀柄,刀刃要朝上,这种方法简单易学,而且易被人接受。

十三、记得佩戴手表

通常手表的功能是计时,户外运动的性质要求参与者对时间进行良好的规划和掌握,所以户外手表也是必要的装备之一。

(一)种类

户外运动手表的种类有:登山系列、越野系列、航海系列、滑雪系列。

(二)功能

户外运动手表的功能有:①计时;②日历;③闹铃;④秒表;⑤温度计;⑥测高计;⑦数码罗盘;⑧气压计;⑨照明;⑩电池电量;⑪GPS功能;⑫天气预报;⑬防水。

(三)辨别方向——太阳和手表

"时数折半对太阳,12指向为北方",如果艇筏上有钟表且走时准确的话,在有日出的白天,一般在上午9时至下午4时之间可以快速辨别方向。用时间的一半所指的方向对着太阳,12时刻度的方向就是北方。

夏天在我国台湾的嘉义、广东汕头东北的南澳岛、广西的梧州市、云南的个旧市的北回归线(北纬 23°27′)以南地区不能使用。

手表平放,以时针指向太阳,则时针与 12 时的平分线指向南方。反方向指向北方,垂直南北线的就是东西方向,如图 9.17 所示。

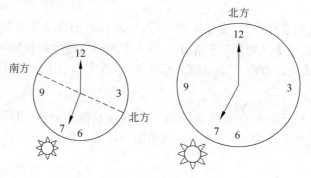

图 9.17 辨别方向

十四、切记涂抹防晒霜

(一)定义

防晒霜是指添加了能阻隔或吸收紫外线的防晒剂来达到防止肌肤被晒黑、晒伤的化妆品。具体而言,阻隔紫外线的防晒剂一般是指物理性防晒成分,其原理犹如打伞戴帽,可以将照射到人体的紫外线反射出去,主要成分有氧化锌、二氧化钛、物理性防晒粉体 280~370nm(防护 UVA)、物理性防晒粉体 250~340nm(防护 UVB)。吸收紫外线的防晒剂一般是指化学性防晒成分,可以吸收紫外线的能量而发生化学反应。化学性防晒成分种类就非常多了,留待以下成分一栏中分紫外线 UVA 和 UVB 吸收剂分介绍。"防止肌肤被晒黑、晒伤",是指防晒霜要同时具备防护紫外线 UVA 和 UVB 的功能。

选购防晒霜时,不单只要看防晒系数,即看防护紫外线 UVA 的 PA、PPD 指数和防护紫外线 UVB 的 SPF 指数,还要看防晒成分,才能确保安全有效地使用。

(二)使用注意事项

(1)阳光弱、暴晒时间短时。先用化妆水清洁皮肤;如果是干性皮肤,适当抹一点润肤液;擦 SPF15 左右的防晒霜。

(2)阳光猛、暴晒时间长时。除了以上几个步骤外,要擦 SPF15 以上的防晒霜,每两个小时补擦防晒两用粉饼。

(3)涂防晒霜时,千万不要忽略了脖子、下巴、耳朵等部位,小心造成肤色不均。

(4)如汗水冲掉了防晒品,应每隔几个小时再涂一遍。

（5）即使做好了防晒措施，但如果阳光很强烈，夜里最好还要使用晒后护理品。

（6）使用时间要恰当。防晒霜不能在上妆前使用，也不可临出门才涂防晒霜。防晒霜跟一般的护肤用品一样，需要一定时间才能被肌肤吸收，所以出门前10～20分钟应涂防晒霜，而去海滩前30min就应涂好。

（7）使用量要足够。防晒霜并不是涂上就有效，而要达到一定量才能发挥效应，通常防晒霜在皮肤上涂抹量为每平方厘米2mg时，才能达到应有的防晒效果。需要注意，SPF值不能累加，涂两层SPF10的防晒霜，都只有一层SPF10的保护效果。

（8）不要混合使用不同品牌的防晒霜。混合使用会增加皮肤过敏的可能性。各个品牌防晒霜的成分是不一致的，如果混用，重叠在皮肤上，有可能造成成分相互干扰或相互排斥，降低了防晒功效，甚至引起皮肤过敏。

（9）注意保存。如果长时间受热或太阳直晒，防晒霜效果可能降低。不可使用变质的防晒化妆品，因为它不仅防晒效果下降，而且更有可能刺激皮肤。

（10）注意防晒死角。涂抹普通防晒品的时候，一般会和普通的保养品一样注意避开眼周和唇部肌肤，所以，眼唇部肌肤一度成为"防晒死角"，带防晒值的眼霜、唇膏是必需的，不要担心这些东西会给脆弱敏感的特殊部分肌肤压力，因为一定至少比裸露于日光下和承受普通防晒品的压力来得小。但是选择上，最好还是选择物理防晒型的。

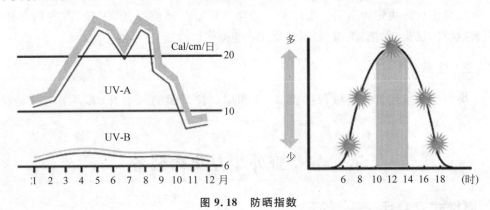

图9.18　防晒指数

十五、对登山杖的使用

早期的登山、郊游活动人们常使用拐杖、手杖，为的是能给身体提供支持，减少体力的消耗，当户外运动蓬勃发展后，人们已经认识到使用登山杖的种种优点，并开始研究如何更好地使用这种器材。图9.19为登山杖。

（一）分类

登山杖的分类有：普通登山杖、两用登山杖、登山拐杖。

（二）优点

登山杖的优点有：①提高行进的稳定性；②上坡时增加上升力量，下坡时减缓冲击；③可做支撑物搭建雨篷或帐篷；④可做摄影支架；⑤遇到动物可防身。

（三）缺点

登山杖的缺点有：①手中多一个物品，增加能量消耗；②妨碍双手做其他事情；③使用方法不当会增加负担；④开销大，较好的登山杖需数百元。

图 9.19　登山杖

（四）结构

登山杖的结构包括：杖杆、杖头、锁扣、减震、握把、腕带。

购买登山杖的决定因素有：①用途；②功能（长度、减震系统、雪托、雪崩勘察杆）；③材料（杖杆、杖头、握把、腕带）；④性价比；⑤操作。

（五）注意

不要用登山杖代替绳子做保护工具，比如用其拉下面的人上升，其各节连接处会断开，造成滑坠。

第二节　野外生存集体装备

一、便携式避身所——帐篷

帐篷质轻，携带方便，篷内提供的与外界隔绝的休息空间，给人以安全感，野外活动帐篷是不可缺少的。图 9.20 所示为户外帐篷。

（一）分类

1. 根据帐篷的用途、性能

可分为车载帐篷（屋型帐篷）、登山帐、休闲帐。

（1）车载帐篷（屋型帐篷）。

图 9.20 帐篷

优点:空间大,适合多人宿营,稳定性好,抗风能力强;缺点:流动性差,安装拆卸比较费力,重量大,超出人体负荷,不适合徒步穿越者使用。

(2) 登山帐。

优点:防护性好(轻便、抗风、保暖),不易破损;缺点:透气性差,价钱昂贵。

(3) 休闲帐。

优点:价钱便宜,款式多,用途广;缺点:抗损性差,防水保暖性不强,不适合较恶劣的天气。

2. 根据帐篷的容量

可分为单人、双人、多人帐篷。

3. 根据帐篷形状和款式分类

(1) 三角形帐篷。前后采用人字形铁管作支架,中间架一横杆连接,撑起内帐,装上外帐即可。

(2) 圆顶形帐篷(蒙古式帐篷)。采用双杆交叉支撑,拆装都比较简便。一般为双层帐篷。

(3) 六角形帐篷(网格式帐篷)。采用三杆或四杆交叉支撑,也有的采用六杆设计,注重了帐篷的稳固性,是"高山型"帐篷的常见款式。

(4) 船形帐篷。撑起后像一条小船,又可分为二杆、三杆不同的支撑方式,一般中间为卧室,两头为厅棚,空间利用合理,但稳定性差。

(二)如何选择和处理帐篷

1. 帐篷的选择

选择帐篷应考虑以下几个方面:气候类型、用途、外出方式、颜色等。

2. 帐篷的处理

从野外回来还一定要对帐篷进行清洗,防止霉变。清洗时,只能晾干,不能暴晒。收起帐篷要检查有无破损,如有破损应及时修补。每次出行后将内外帐及帐杆、地钉清理干净,主要清理对象为雪、雨、尘灰、泥草以及小虫子。

帐篷具有防风防雨防雪防寒、防尘防蚊虫的功能,在野外环境中为你隔离出一个独立安全的个人空间。帐篷主要由四部分构成:内外帐、支架、帐底、包装和辅配件,另外帐篷的设计和支撑方法也是其重要的技术指标。

外帐是帐篷的保护层,一般帐篷外帐是带有涂层的尼龙布。涂层的厚度和质地决定帐篷的防雨性能,尼龙布的质地表现在结实耐磨防撕裂程度。外在观感也很重要,最常见的帐篷涂层是 PU 涂层,PU 是聚氨酯高分子有机物,PU 涂层是一种稳定耐低温的涂层,常用在各种织物上。

PU 涂层的厚度和涂层技术决定着织物的防水性,涂层厚度用 mm 表示,表明在实验室条件下涂层的静态防水柱高度。

PU800 涂层表明该涂层在 800mm 的静态水柱下是不渗漏的。根据我们的实际经验,在野外环境中,PU800 涂层可以防小到中雨,PU1000~1200 的涂层可以防中到大雨。

超过 1 500mm 涂层基本可以使用在各种环境。需要注意的是国内相当一部分工厂技术设备、生产环境条件差,制作的 PU 涂层不稳定,经常号称 PU1 000 涂层的布料实际防雨性能相当 PU500,而且很不均匀,防雨性能没有保障。

除了 PU 涂层,国外纺织公司利用化学有机高分子技术,研制了很多新的高功能涂层,如 GORE-TEX(戈尔公司)、POWER-TEX(SALEWA)、CONDUIT(MOUNTAIN HARDWARE)、OMNI、MEMOTEX 等。

这些涂层除了具有放水功能,还有透气的能力,被称为能呼吸的织物。透气原理是涂层是孔状的膜层,单孔直径小于气体水分子而大于液态水分子。这样外界的雨水等不能通过涂层,而人体散发的水蒸气能够透到外界去。需要说明的是,透气织物的透气性是双向的,所以在外界湿度较大的情况下,湿气也会一定程度透到织物内侧去。除非很高档的专业帐篷,一般帐篷都使用普通的 PU 涂层。SANFO-SUNSHINE 帐篷和 E225 帐篷,分别是 PU1000 和 PU1600 的 PU 涂层,这两种产品在广州的某台湾工厂加工,工艺技术在亚洲属于一流,产品质量很有保障。

E225 使用的尼龙材料为进口产品,涂层还有防止紫外线穿透的功能,是原装出口欧洲的产品,也是近年来国内在较低价位性能最好的一款帐篷。OLIDAY 帐篷自韩国进口,使用 PU3000 的涂层。

尼龙布的质地主要取决于尼龙丝的质量、纺织密度、染色技术和纺织工艺。如美国杜邦公司的 Codura 尼龙织物,其耐磨指数超过普通尼龙丝的几倍。从密度上有 170T、190T、210D 和更高织数的尼龙布料。

关于尼龙织物这里不做过多讲述,国外品牌的专业帐篷中,专业帐篷多使用指定的进口材料,普通帐篷使用韩国生产的尼龙织物。韩国的纺织涂层技术和缝纫加工工艺优于中国,20世纪80年代末相当一部分知名品牌的户外用品加工地从日本转向韩国、中国台湾,90年代又逐步转向中国、马来西亚。中国很多外单加工厂中,相当比例的技术总工程师是韩国人。

内帐相对要简单得多,低档帐篷的内帐使用尼龙布或一般的纱网,中高档帐篷的内帐使用致密优良的纱网,保障良好的透气性和防蚊虫功能。

（三）如何保养帐篷

（1）帐篷不可使用洗衣机清洗,可用水冲、手搓等洗涤方法,使用非碱性清洗剂,清洗后放置通风处阴干,折好装进收纳袋,存放在干燥、阴凉的地方,帐篷要不规律折叠,因为多次使用帐篷后,折叠太规律整齐会使折痕硬化出现裂痕。

（2）使用帐篷时注意不可穿鞋进入内帐,因为鞋底连带的泥土、石子等极其容易将内帐划破,从而失去防水意义。

（3）避免在帐篷内炊事、吸烟,高温及明火对帐篷的危害很大,如果外部天气恶劣必须在帐内炊事,则需在炉头下垫上铝膜或其他隔热物品,并将帐篷的所有门窗打开。

（4）夜间帐内照明,尽量避免使用蜡烛等无保护措施的明火物品作为照明道具,尽量使用头灯、手电及帐篷专用汽灯。

（5）睡觉前请将攀岩劈材及绳索等专业器材放置在帐篷的角落或内外帐之前的前厅处,以防夜间熟睡时蹭踏触碰到这些锋利物品伤到帐篷。

二、安全使用野营炉

没什么能比自己生起篝火更让人愉悦和满足的了,但是,出于方便和可靠性考虑,专门设计的野营炉应该成为探险者的基本炊具,尤其是在一些禁止生火的区域。现代野营炉都非常小巧轻便,可以折叠成很小的体积。目前,气体燃料型的野营炉属于主流,但液体燃料型也同样值得考虑,两种类型的炉子都各自有自己的优缺点。你应该根据行李重量和空间上的限制、旅途的长短,以及环境因素而酌情选择,若是在生存困境下,乌洛托品炉会是一个比较不错的选择。图9.21所示为户外用的野营炉。

图 9.21　野营炉

（一）注意事项

使用野营炉时,应注意如下问题:

（1）烧煮的场地要清理干净干草和叶子,以防你不小心撞翻炉子或溅出燃料,而造成严重后果。

（2）把炉子放到一个平坦/稳固的地方。

(3) 让火苗和火星离燃料远一点,尤其是当你给炉子灌气的时候。在灌之前,一定要确保火已灭,同时要确保炉子已经冷却下来。

(4) 把炉灶安置在一个通风好的地方,尤其是液态燃料会散发出有毒的烟雾,比如一氧化碳。而且,不管用哪种炉子都需要氧气,所以通风很重要。

(5) 不要把炉子放到帐篷里使用,除了毒烟雾的威胁之外,火本身也是很大的安全隐患。空间有限,出口狭窄,万一不测发生了,你的帐篷可能在顷刻间就被烧成灰烬,包括里面所有的东西,而你也可能都没有足够的时间逃离。失去帐篷和所有设备已经是很大的悲哀了,假如再落得个三级烧伤,岂不是更惨?

(6) 不要让一个正在燃烧的炉子处于无人照看的状态,如果它翻倒在地,很可能会导致一场火灾,就算炉火已经熄灭,火星仍可能点燃燃气而引发爆炸。

三、通信器材的重要性

在户外,手机发挥不了作用,保持人员之间的联络,紧急情况下的救援,都需要有良好的通信器材,即对讲机。

对讲机便于操作,可在规定的频道范围内人工选取一个频道进行单对单通信或小组对讲,比较适合户外团队内部使用。

(一) 对讲机的基本操作

对讲机的操作步骤如下:
(1) 装上电池并确认同机身锁定。
(2) 检查天线,确认接触良好。
(3) 开机。
(4) 设置或检查频率(频道),应使本机和同队(组)其他对讲机在一个频率(频道)上。
(5) 设置发射功率大小。
(6) 将静噪门限 SQL 旋钮调到刚好没有"沙沙"噪音的位置。
(7) 按下发射键 PTT,和同队(组)对讲机试通,同时调好音量,确认收发正常后即可投入使用。

(二) 紧急号码 112

112 是一个紧急号码,而且是全球许多国家都通用的一个号码。用手机拨打普通号码时,如果 SIM 卡插错、话费不够了或者不在相应电信公司服务范围内,电话都打不成,可紧急号码却一定能够呼出。与大家熟悉的 110、120、119 这些号码相比,112 的好处在于"全球通用"。GSM 手机标准将这个号码设置为紧急号码。在一些不使用 112 作为本地救援电话的国家,用 GSM 手机拨打这个号码时,电话会被转接到其国内的救援号码上。在我国,用 GSM 手机拨打 112,你则会听到语音提示:"匪警请拨 110,火警请拨 119……"

四、定位系统的使用

除了了解和读懂地图之外,知道如何把地图上的指示和实际的方向对应起来,也是很重要的,这样地图才能有效地为你导航。你固然可以只凭肉眼来判断,但多数情况下,使用指南针是一个更可靠的方法。要善用指南针来确定方向,明确自己的方位,从而更好地导航。

(一)指南针

在使用指南针时,应注意如下问题:
(1)尽量保持水平。
(2)不要离磁性物质太近。
(3)勿将磁针的 S 端误作北方,造成 180°的方向误差。
(4)掌握活动地区的磁偏角进行校正。

(二)太阳

我国大部分地区在北回归线以北,正午太阳位于天顶偏向南方,对着太阳,前面是南,背面是北,左面是东,右面是西。太阳东升西落,早晨起来,面向太阳,前面是东,后面是西,左面是北,右面是南;傍晚对着太阳,前面是西,背后是东,左面是南,右面是北。

(三)辨别方向——太阳和手表

此部分内容在第一节讲述过,在此不再赘述。

(四)GPS 技术

全球定位系统是一种便携式电子定位系统,它用 34 颗轨道卫星测定你在地球表面的位置,误差只有几米。GPS 能帮助你得出起始点和目的地之间的直线距离和方位,但是,只有配合地图使用才能制定出一条最佳路线,并且考虑到路上的风险因素。所以,GPS 要配合指南针和地图使用。

五、准备好救生盒

在任何户外的探险中,救生盒都应是不可缺少的必带品。它必须小巧而紧凑,任何时候都能带在身上,里面存放的物件应该能根据生存的四项基本法则解决问题:保护、位置、水和食物。选一个防水密封、带安全锁扣的金属盒。你当然可以去买一套现成的,但不管怎样,你总要使里面装的东西符合你自己的需求,以及所处环境的要求。救生盒里的物品最好都是高质量、多用途的,举个例子,这个盒子本身可做被子、炒锅,甚至发射信号用的镜子。

第三节　野外生存技术装备

一、绳索

(一)绳索的选择

市场上的尼龙绳,直径从 3～9mm 的各种尺寸一应俱全。从形状来看,除圆形的绳索外,还有扁平状的绳索,主要是用于攀岩时。为此,要根据用途来选择绳索的长度和大小。

在外野营时,需要准备大约是 5mm×5m 长的绳子 5～6 条,运用在野外活动中各种不同的场合。由于它的色彩丰富,因此能够依帐篷用或晒东西用等用途而加以颜色上的区别。

登山的时候,需要准备 3mm×5m 的绳子一条,用来打背包和捆绑杂物等。不论是进行攀岩,或是长途连续的登山活动,进行这些和性命有关的活动时,最好使用登山用的尼龙缆绳,通常使用直径 9～11mm,长度 40～50m 的绳索。但是,如果追求安全性能的话,就依照用途来选择 11mm×50m 的登山绳,因为它的耐水性极强。

(二)绳索的连接

1. 单编结

单编结通常用来连接粗细相同的,或者是粗细不同的两根绳索,比起来把两根粗细相同的绳索系成平结的方法,这种方法更为有效。这种结的制作方法比较简单,在绳索未承受拉力时,它也容易解开。对于材料不同的绳索,特别是潮湿的,或者是结冰的绳索,这种结更为理想。如果制作的方法没有错误的话,而且承受的拉力是稳定而又规则的情况下,这种结不会滑开。将一条绳子弯曲成环状,另一条绳子的活端向右弯,从后面绕过这个环,再将活端从这根绳与另一根绳子之间的环中间穿过。把这个绳子拉紧,当拉力增加时,这种结会自动系紧。

2. 双编结

同单编结相比,双编结更加结实耐用,而且对潮湿的绳索的效果也不错,特别是在两根绳索之间粗细相差比较悬殊的时候。不过,即使两根绳索都很粗,使用双编结来连接它们,结果也十分结实。如果绳索受到的拉力不稳定,普通的单编结就很容易滑落,此时就更能显示出双编结的优点来。具体方法是,将粗一点的绳索弯曲成环状,将细绳的活端穿过这个环,先移动到粗绳的活端的下面,再从前面开始环绕这个环一周,最后从后面将细绳的活端穿过细绳与粗绳的活端之间。将细绳的活端再次环绕这个环绕一周,再穿过这个环外的相同的地方(细绳与粗绳的活端之间)。拉紧细绳的活端,这种结就完成了,如果未拉紧,这种在受力时就容易松动。

3. 带状结

对于表面平滑的材料,例如皮带、布带等材料的连接,这种结的效果不错。当情况紧急、缺少绳索时,甚至可以用被单或者其他织物试一试。方法是,用一根带子的活端制作一个反手结,但是不要把它拉紧。沿着与反手结的运动轨迹的相反方向,将另一根带子的活端穿越这个结。

(三) 绳索的捆绑

用绳索捆绑物体,是讲技巧的。但捆绑的方法随着横梁、圆木、木杆等位置的不同,也会随之而发生变化。在制作遮蔽棚、橡皮筏和一些别的建筑物时,这些技巧是相当有用的。

1. 圆形捆绑法

如果你需要增加横木的长度,或者将两根横木叠放在一起时,可以使用圆形捆绑法。先用绳索在两根横木上打一丁香结,然后绕着横木将结系紧,再用一个丁香结在另一端绑住两根横木,捆绑好之后,在绳子的下面加上一个楔子,使其绷紧。

2. 方形捆绑法

这种方法可以用来捆绑固定横梁,当被捆绑的两个物体呈直角时,方形捆绑相当有效。先制作一个圆木材结,然后将绳索在两个横木的上下方轮流绕横木转一周,再沿着逆时针的方向将绳索上下围绕横木绕好。如果缠绕了三四圈之后,就变换方向,到另一根横木上按着相反的方向缠绕。最后,在一根横木上打个半结,完成缠绕,然后用一个丁香结,在另一根横木上将绳索固定住。

3. 对角线捆绑法

这种捆绑法可以代替方形捆绑法使用,在两根横木不是直角相交时最为有效,特别是在横木处在重压下彼此相互重叠,必须把一个固定到另一个上面系紧时,这种方法更加有效。先绕着两根横木,打一个倾斜状的圆木材结。然后继续缠绕绳索,将圆木材结遮住,然后缚紧,在靠下面的横木的后面将绳索转个方向。接着,按另一个倾斜方向缠绕绳索并且缚紧,再将绳索转个方向,按照正方形缠绕三四圈分别从上面的横木的上部通过,和从下面的横木的下面通过。最后,在一根横木上用一个丁香结结束捆绑。

（四）使用绳索时应注意的事项

在使用绳索时，应注意如下问题：

（1）在使用登山绳的过程中对多余的绳段应收拾好，不能踩踏绳子，尤其在登雪山的过程中，穿冰爪踩踏绳子会造成绳子的断裂。

（2）使用中避免绳子通过岩石、冰块或其他尖锐的物体来回磨损，必须通过时应用麻布块垫好或用绳套增加支点的方法通过，以减少绳子的摩擦。

（3）绳子与支点连接时，不能直接通过挂件、岩钎、扁带等，它们之间的连接可通过铁锁来完成。在使用过程中要经常检查绳子的磨损情况，发现问题应及时进行处理。

（4）使用中尽量避免两条绳子之间相互磨损。

二、安全带

安全带主要是连接主绳和攀登者的安全装备，如图9.22所示。安全带大多为尼龙制品，符合国际标准的安全带承受瞬间拉力在3 000kg左右。作为保护系统的一部分，安全带的作用是为攀登者提供安全、舒适的保护。

（一）安全带的分类

安全带根据使用类型可分为可调式安全带和不可调式安全带。可调式安全带的腰带和腿环的大小可根据体型进行调节，使穿戴者感到舒适、安全，适合不同体型人群使用。

安全带根据形式还可分为坐式安全带、胸式安全带、全身式安全带等。但山地户外多用的是坐式安全带。此类安全带结构简单，质量轻，便于携带，使用安全方便，是登山、攀岩、户外探险的首选。

图9.22　安全带

根据用途还可分为登山专用安全带和攀岩专用安全带。

（二）安全带使用注意事项

在使用安全带时，应注意如下问题：

（1）使用安全带之前一定要检查，查看安全带是否有损坏情况。

（2）使用者要熟悉安全带的使用方法。

（3）安全带上可调节的带子必须收紧，特别是搂带应穿到尾骨以上并收紧。

（4）坐式安全带在寒冷季节使用时，腰带应尽量靠近内衣，不要穿到外衣以外。

（5）所有可调节的带子必须反扣并拉紧。

（6）安全带上的装备环不能受力，因此不能用于任何形式的保护。

三、主锁

主锁是户外运动中用途最广、使用最多的装备之一。主锁的主要用途是连接登山绳与中间支点如图9.23所示。

(一)主锁的性能指标

因为人体能够承受的最大冲击力为12kN,所以当冲击力传达到主锁上时,最大冲击力为18kN。因此主锁的纵向关门拉力必须大于18kN,(1kN≈100公斤力)。CAMP主锁1130.01其纵向关门拉力为24kN,已远远超过UIAA(国际登山联合会)及CE(欧洲安全认证)所规定标准纵向关门拉力大于18kN的规定。

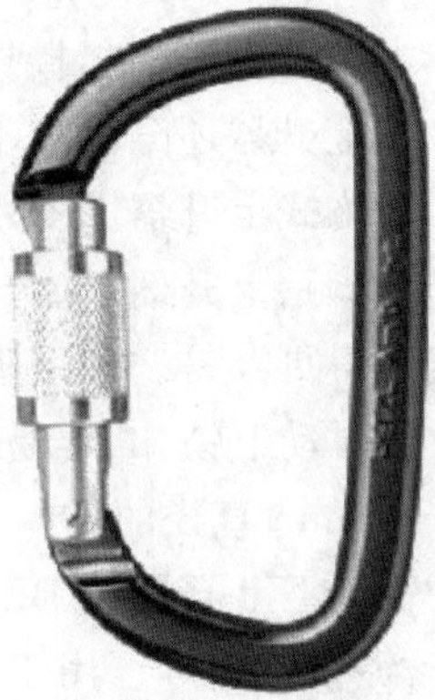

(二)主锁上的标记

CAMP表示品牌(意大利);CE表示经过欧洲安全认证(世界通用);OH表示为可打单环节的HMS型主锁;UIAA表示经过国际登山联合会认证;24表示纵向关门拉力为24kN(约2.4吨);10表示横向关门拉力为10kN(约1吨);表示纵向开门拉力9kN(约0.9吨)。

图9.23 主锁

(三)主锁使用注意事项

在使用主锁时,应注意如下问题:
(1)主锁勿与化学药品接触,尽量少接触泥沙。
(2)当清洗主锁时将其放在低于40℃的温水中清洗,然后自然干燥。
(3)切勿使主锁从高处摔向地面,否则其内部的破坏是肉眼看不到的。
(4)应在干燥、通风处储存,避免与热源接触,不要在潮湿处长期放置。
(5)CAMP的主锁遵循CE及UIAA标准,主锁的寿命与其使用状况有关,使用频率及其使用环境均对其寿命有影响。一般来说,主锁的使用率年限不应超过5年。
(6)在清洗后应对锁门边轴处进行润滑,使用中应避免沙粒进入连轴处。
(7)请在使用前详细阅读以上说明,并正确操作,因操作错误所造成的绳索损坏及事故与品牌商及经销商无关。

四、上升器与下降器

(一)上升器

上升器主要用于沿绳索上升或提拉重物时使用。上升器根据用途不同可分为手柄上升器、胸式上升器、脚踏式上升器,以及多用途上升器。下面介绍几款 Petzl 公司生产的上升器产品。

手柄上升器 ASCENSION,适用于 8~13mm 固定单绳攀爬。符合人体工程学的设计,用单手即可安装于绳上,为手部提供最佳的把手,同时使手腕与拉扯的方向成一直线。弹力橡胶手柄使抓握更舒适。镀铬钢轮有倾斜的齿爪,可抓紧湿滑、冰雪或泥泞的绳索。手柄上升器还分为左手型和右手型。

胸式上升器 CROLL,适用于 8~13mm 的单绳攀爬。可与手柄上升器配合使用。

脚踏上升器 PANTIN 与 CROLL 和 ASCENSION 上升器同时使用时,可使绳索攀爬变得更容易。使用脚踏在攀爬时保持身体直立,使攀爬更快捷及不那么容易疲倦。脚带有自动上锁扣,容易调节。PANTIN 不是保护设备只用于协助攀绳,用于右脚,适用于 8~13mm 直径的单绳。

小型上升器 TIBLOC,体积小巧,便于携带,适用于 8~11mm 单绳。可以用于滑轮系统、绳索攀登等。用 10mm 或 12mm 圆形或椭圆形横切面的上锁安全扣配合使用。

(二)下降器

攀登保护器除了保护以外也能用于下降。除此之外,还有一类专门用于下降的下降器,这类下降器只针对于下降使用,一般不用于攀登保护。由于只针对于下降,因此这类下降器的下降及锁定功能比较优越。

我们常见的专用下降器主要有 STOP、SIMPLE 以及 RACK 等。

STOP 用于单绳下降使用,具有操作把手,当放开把手时,自动制停系统即会运作。适当握住把手,并拉住绳尾,便可控制下降速度。STOP 要求绳索直径在 9~12mm 之间。

SIMPLE 用于单绳下降,用手拉住绳尾便可控制下降速度,在狭窄的沟壑里使用最适合。SIMPLE 要求绳索直径在 9~12mm 之间。

RACK 可用于单绳或双绳下降,能根据绳索及重荷的情况来调节速度。摩擦力平均,有利于保护绳索,下降时绳索不会产生缠绕。RACK 用于单绳时要求绳索直径在 9~13mm 之间,双绳时要求绳索直径在 8~11mm 之间。

五、头盔

头盔是保护头部的装具,是军人训练、作战时戴的帽子,是人们交通中不可或缺的工具。如图 9.24 所

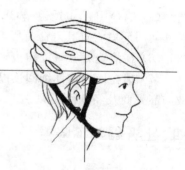

图 9.24 头盔

示,它多呈半圆形,主要由外壳、衬里和悬挂装置三部分组成。外壳分别用特种钢、玻璃钢、增强塑料、皮革、尼龙等材料制作,以抵御弹头、弹片和其他打击物对头部的伤害。中国古代称为胄、首铠、兜鍪或头鍪。

头盔佩戴要保持水平,不能前仰后翘,有些骑友认为头盔前面的帽檐有点阻挡视线,就把头盔向上抬高很多以获得良好的视线,其实可以把帽檐去掉一样能够达到效果。正确的佩戴头盔方法如下:

正确佩戴头盔时头盔调节带的交叉点在耳下(红点)一指的宽度处,大约 1.5cm。整个带子在下颌(绿点)而不是喉部固定。

第四节 野外生存实用技能

一、野外宿营地点的选择与营地的搭建

如何选择搭建棚子的场地,是由你所处的具体环境决定的,但是,通常要考虑四个生存原则:安全、位置、水源和食物。首先,确定周围没有明显的危险,还要方便你发求救信号,如果可能的话,选址时离水源近一点。

(一)选择营地五要素

选择营地的五要素是:提前选点、地势较高、依山傍水、利于防洪和环境安全。

(二)好营地的标准

好营地的标准:是否是你所愿;是否方便他人;是否保护环境;能否欣赏景色;是否接纳阳光;是否防风;是否防雨;是否夜间保暖。如图 9.25 所示为一个好营地。

(三)不能露营的地方

露营时需注意的问题:
(1)不要在排水不畅的斜坡搭建避身所。
(2)不要在太靠近水的地方露营,因为那里有暴发洪水的风险,还会有昆虫和动物出没。
(3)不要在水流声很大的地方露营,因为水流声会掩盖其他本来会令你觉察危险的声音,比如你可能听不到野生动物的靠近、救援的声音和应急口哨声。

图 9.25 好营地

(四)营地分区

选好宿营地点后,要将营区打扫干净,清除石块、矮灌木等各种不平等、带刺、带尖物的任何东西,不平的地方可用土或草等物填平。这些工作都完成后,就要对营地进行分区了。

1. 露营区

如果有数顶帐篷组成的帐篷营地区,在布置帐篷时,应该注意以下几点:一是所有帐篷应是一个朝向,即帐篷门都向一个方向开,并排布置;二是帐篷之间应保持不少于1m的间距,在没有必要的情况下尽量不系帐篷的抗风绳,以免绊倒人;三是必要时应设警戒线,为了预防动物或坏人的攻击,可用在帐篷区外用石灰、焦油等刺激性物质围帐篷区画一道圈,这样可以防蛇等爬行动物的侵入。

2. 就餐区

就餐同用火一般设在一起,这个区域要与帐篷区有一定的距离,以防火星烧着帐篷。就餐区最好有一块大家围坐的草地,"餐桌"可以用一块大平石或者就在地上。"餐椅"同样用石块最好,或者席地而坐,由于地气对人体有害,故可以用各自的睡垫或气枕头代用一下,不要怕麻烦,至少要用雨衣或塑料布。多数就餐时间已经是天黑的时候了,应当考虑照明的位置,灯具应当放在可以照射比较大范围的位置,如将灯具吊在树上、放在石台上或者做一个灯架将其吊起来。

3. 用水区

用水、取水一般都在水源处,盥洗用水与食用水应分开,如是流水,食用水应该在上游处,盥洗生活用水在下游处。如是湖水即同样要分开地方,两种用水处应当距离10m以上。这种划分是出于卫生的需要,另外,取水要经过的河滩地带、乱石灌木等物比较多,没有小路可寻,故应当在白天的时候注意清理一下,不然晚上取水时就不方便了。

4. 卫生区

卫生区即是队员们解手方便的地方,如果只是住宿一晚,可以不必专门挖建茅坑,可以指定一下男女方便处即可。如果队员人数多或者住宿天数在两天以上,即应当挖建茅坑,临时厕所应建在树木较密的地方,就不用拉围帐了。更要注意不能建在行人常经过的地方。如果已建了卫生区,大家的大小便就应该在修建的卫生区里进行,而不应满山排泄,大煞风景。

5. 娱乐区

娱乐区可以在就餐区,待就餐以后打扫出来即可,如果场地大,也可以单独划出一块地,只要场地平整即可,同时场地里绊脚、碰头的东西要少,因而要进行一般性的清理,在玩一些游戏时应在一个划定的圈子里拉上保护绳,以免不注意发生意外事故。

二、火的引燃及实际应用

引火物、可燃物,生火,搭建灶台,烧烤食物的方法,点篝火最好选在近水处,或在篝火旁预备些泥土、沙石、青苔等用于及时灭火。

(一)引火物

要寻找到易燃的引火物,如枯草、干树叶、桦树皮、松针、松脂、细树枝、纸、棉花等。

(二)可燃物

干柴要选择干燥、未腐朽的树干或枝条。要尽可能选择松树、栎树、柞树、桦树、槐树、山樱桃、山杏之类的硬木,燃烧时间长,火势大,木炭多。不要捡拾贴近地面的木柴,贴近地面的木柴湿度大,不易燃烧,且烟多熏人。也可用干粪便、煤炭、油、垃圾等。

(三)取火方法

1. 火柴

火柴是点火的最便利的工具。多携带一些标有"非安全"、"可以在任何地方划着"标记的火柴,把它们扎成一捆放在防水容器内,防止它们相互摩擦,导致自燃,另外也可防止火柴自身变潮。

2. 电池生火

若有电量较大的电池,将正负两极接在削了木皮的铅笔芯的两端,顷刻间,铅笔芯就会烧得像电炉丝一样通红。

3. 敲击法

取两块打火石互相敲击或用刀背抵在打火石上敲击,让四溅的火花点燃火种。打火石不是普通的石头,是燧石,为淡灰色或暗黑色,呈结核状或致密块状,主产于石灰岩中。

4. 聚焦法

将阳光通过凸透镜聚焦后产生足够的热量点燃火种。放大镜、望远镜和照相机的凸透镜均可用。另外,在手电筒反光碗的焦点上放火种,向着太阳也能取火。如果在有冰雪的环境下,将冰块加工成中间厚,周边薄的形状代替凸透镜也是可以的。桦树皮、干草、细木屑、棉花等都是很好的引火物。

5. 摩擦取火法(钻木取火)

利用摩擦生热的原理,取一段干树木横放地上,边缘切开一V字形开口,相对应的地上凿一V字形的浅槽盛放火种。在其开口处不远凿一小洞,再取另一段干树株垂直于小洞处,与之快速钻磨,钻磨点处放些桦树皮、干草、细木屑、棉花等引火物。让钻磨产生的热量点燃火种。

（四）灭火

撤离时,应将篝火彻底熄灭,特别是春秋季节在林区和草原应更注意,以免引起火灾。

（五）灶台的搭建

在野外,利用地形地物建灶台,烧煮食物是野外生活很重要的一项技能,也是野外炊事的基础和必备条件。建立炉灶可以集中热量,节约能量。常用的野外灶台有以下几种：三石灶、吊灶、木架灶、坑灶和火塘灶。

图9.26为搭建灶台的方法。

图9.26　搭建灶台

1. 三石灶

三石炉灶是最简单且历史最久远的一种炉灶。取三块高度相同的石块呈三角形摆放,锅或壶架放在当中,一般情况下锅底或壶底需距地面20cm左右(高度需视所用燃料确定,如用牛粪燃料,高度不宜超过20cm,如用木柴,可适当加高)。灶口应朝风口,空气流通越好,火苗就越旺。

2. 吊灶

找两根上方有杈的树枝平行插在地上,中间横一木棍、树枝或帐篷杆等,将锅或壶吊挂在横木上,下方生火。也可用石块垒一道 U 形墙,在其上架一木棍或树枝,锅或壶吊在木棍上,下方生火。U 形墙口应朝风口,以利于燃烧。

3. 木架灶

在野外找不到合适的石块建灶时,可建木架灶。找 4~6 根长 30~40cm 的粗树枝(最好是新的或湿的),一端用刀削尖,按所用的锅或壶的底面积,呈方形或六角形钉在地上,将锅或壶架在木桩上,下方生火。

4. 坑灶

在既无合适的石块又无树枝的情况下,可在地上挖一坑灶。在地面上挖一深 20~30cm、长约 120cm、宽 30~40cm 的斜形穴坑,坑口向风吹方向,用木棍或帐篷杆架在坑的两边用土堆起的土包上,将锅或壶吊挂在木棍或帐篷杆上(一般锅底或壶底和坑底之间的距离需在 20cm 以上)。

5. 火塘灶

火塘是篝火的一种,选择坡坎下避风处,挖一方形或圆形深 30 厘米左右的塘坑,上支三脚架以供烘烤食物、烧水、做饭。火塘灶可以较好的保存火种,还可以将食物埋在火塘中烘烤。

(六)烧烤食物的方法

烧烤食物的方法如下:

(1) 石板烧。将食物放在石块上,再盖上树叶。
(2) 埋烧。用树叶树皮包好,上面摆上石头,在石头上面生火。
(3) 泥烧。把黄泥红泥用水和成软泥均匀地包在食物上,放在火堆里烧烤。
(4) 架烧。把食物架在木头搭成的架子上慢烤。
(5) 串烧。用鲜树枝(不剥树皮)穿串食物,直接伸到火里烧烤。

三、野外行走的方法

野外活动需长时间走路,掌握一定的步行技巧,能使你减轻疲劳,不同路面和不同的交通工具行进方法亦不同。避免疲劳的要领是:把步幅放小,以同节奏速度来走路。容易疲劳的原因大多是在平地跨大步,加快速度来走路。这破坏了有规律的节奏性。如果是长时间走路,不要慌忙。眼睛看前方,不要看鞋子,手轻握,脚踏出后,膝部伸直。不要一只手插在口袋里,另一只手拿着行李,如遇到意外时很容易跌倒受伤。

（一）山路

1. 上坡

步行上坡时，步幅要放小，手臂摆开，身体微向前倾，不要东张西望，若坡度大可借助外物。如遇到陡峭山路，应避免直线攀升，最好向左向右交替（之字形）上去。

2. 下坡

下坡时，千万不可又跑又跳，慢走，并把鞋带系紧，以免脚尖撞到鞋顶，弄伤指尖。整个脚底要贴在地面。如果斜坡太陡，可以采用之字形下山或侧身而下。

（二）丛林穿越

首先应穿着长袖衫和长裤，小心观察路线及走向，避免迷途。不要紧随前面的人，以免因树枝或草木反弹打伤；要时刻留意草丛内的洞穴或石块，以免失足或摔跤，同时留意草丛内的蜂巢或蚁穴，利用树枝拨开草丛荆棘，并提膝踏步前进，以减低受蛇虫侵袭的危险。

1. 过吊桥

吊桥很容易摇荡，最好是一个个过。假如怕看到桥下的河流，则尽量把视线移在身体前100m的桥上，同时不要改变走路的速度，有节奏性走过去。

2. 过独木桥

过独木桥时，脚步跨开同肩宽，并以外八字走路，眼睛看前方一公尺处，一步步牢固贴在桥上，迅速走路。与其慢慢走，不如稍加速度，保持平衡很快地通过。

（三）雪地

冰面和积雪山坡交界的地方，雪往往很深。行进时必须用绳子把队员串成一组，要两脚站稳后再移动，向前跨步，要用前脚掌踏雪，踩成台阶再移动后脚，不慎跌倒要立即俯卧，防止下滑。体力较强的队员在前，后面的队员沿着前面踩出的脚印行进。走热了，不要用冰雪解渴，骤然吞食冰雪，易得喉头炎。实在干渴得厉害，可用融化的冰雪漱口，尽量不要咽到肚子里，水会增加人体循环器官的负担，影响体力。在松软的雪地上长时间行走时，要跨大步，缩短在雪地行走的时间。行走时要先把脚往后稍退一点，再向上抬脚大步迈向前方。脚后退是使雪鞋前有活动余地，向前迈出时还可以起到拂去附雪作用。走陡坡，要用雪鞋内缘踏坡，尽量避免身体偏向外缘。雪冻结得十分坚硬时，要脱掉雪鞋步行。

（四）沙漠

首先要选择一双合适的鞋子，在沙漠中行军要走得舒服，就得准备一双合适的鞋子，鞋底太软,在沙漠中行走很不舒服,时间长了脚会很难受。防沙套(雪套)是不可缺少的,一旦鞋子里进了沙子,不一会儿脚就会被磨破。负重在沙漠中行军,在松软的沙丘上下翻越,对膝盖构成很大的压力,很容易造成损伤。用双杖行走能减轻膝盖的压力,也能节省很多体力。一望无际的沙海,并不是一马平川。在沙漠中会遇到许多大的沙丘或沙山,一定要绕过去,切忌直越陡坡。要避开背风面松软的沙地,尽量在迎风面和沙脊上行走,因为迎风面受风蚀作用,被压得很实,比较硬,在上面行走比较容易,也省力气;而背风面主要是风积形成的,比较松散,在上面行走,陷入较深,比较消耗体力。如果有驼队的话,踏着骆驼的蹄印走,可以节省很多体力。

在阳光的直接照射下,即使不运动,所消耗的水分也是阴影下的三倍。在新疆的塔克拉玛干沙漠,在最热的季节,如果不带水,在有遮阴的地方休息,可生存3天左右。如果在白天的太阳下行走,只能生存1~2天。在特殊的情况下,也要学会"夜行晓宿"方法。另外,在炎热、缺水、干渴、焦虑的情况下,千万不要被海市蜃楼的假象所迷惑。

(五)自行车行进

首先要保证有性能良好的自行车,要有后座。出发前,要对车各个部件做彻底的检修,最好能在外出时随身携带小型气筒、钳子、螺丝刀等简易实用的工具,以防万一。小拉绳也应多带,留作备用。骑车行进时要保持一定的速度,切忌忽快忽慢,既容易疲劳又十分危险。急刹车时,要同时捏紧前后闸。集体骑车行进不易控制速度,难于协调秩序,且危险性大,因此要注意如下几点:

(1) 队伍应该分组,但分组不宜过多,否则队伍前后间距过大,不宜管理。
(2) 要设有领队、押后。
(3) 拐弯处,前组应留一人等候,在下一组到达后方可离开;或在拐弯处设置路标,路标要醒目。
(4) 行进途中不要并排前进,不可超过行车安全线。

(六)涉水

1. 渡浅水河(水深及腰)

(1) 若水流湍急,涉渡时用一根杆子,支撑在水的上游方向,或手持15~20千克的石头,垂手将石头从水下搬运过去。
(2) 集体渡河时,应当三或四人一排,彼此环抱肩部,身体强壮的应在上游方向。
(3) 若河底多石块,应穿鞋渡河,以免尖石划破脚,同时也更有利于保持平衡。

2. 深水河

用圆木或防潮垫制成"竹筏"。涉水前,应查清涉水路段的水流深度、流速、流向和水底情况。

(七) 沼泽、流沙

使头部和立脚点保持稳定后再前进,这是通过沼泽的要点之一。要避免抓着草或把脚放在潮湿的岩石上,若不得已需要抓草时,就一并抓住好几根草的根部,但记住不要只抓草的尖端。对于沼泽的浮石或枯树,手绝不要碰触,以免发生意外。

行走过程当中一旦发觉双脚下陷,应该立即把身体后倾,轻轻跌躺,并尽量张开双臂以分散体重,增大浮力。不要放下背包或脱下外衣,这些东西可以增加浮力。如果有手杖,可插在身体之下的沙中,也可将手中的水壶、雨伞放在身下。移动身体时一定要小心谨慎。每做一个动作都要缓慢进行,让泥或沙有时间流到四肢下面。快速的移动会使泥或沙之间产生空隙,把身体吸进深处。如有人同行,应躺着不动,等同伴抛绳子、皮带、棍子等过来,让同伴把自己拖出来。自己乱动不但帮助不大,而且会很快精疲力竭。倘只有自己一人,朝天躺下后,应轻轻拨动手脚下面的泥土,用仰泳的姿势慢慢移向硬地。

(八) 攀岩

攀登岩石最基本的方法是"三点固定法",要求登山者的手和脚能很好地配合。两手一脚,或两脚一手固定后,再移动剩余的一手或一脚,使身体重心上移。手脚要很好地配合,避免两点同时移动,一定要稳、轻、快,切忌蹦跳或猛进。根据自己的情况选择最合适的距离和最稳固的支点,不要跨大步和抓、蹬过远的点。

动作要领如下:

拉:在抓住前上方牢固支点,用力上拉引身体向上。

撑:利用台阶、缝隙或其他地形,以手掌和小臂使身体向上或向左右移动。

推:利用侧面、下面的岩体或物体以手臂的力量使身体移动。

靠:利用能够容纳身体的裂缝,用背部靠住一侧岩面,用四肢顶住对面岩石,使身体上移。

胀:将手伸进缝隙里,用弯曲手掌或握拳,以此抓住岩石的缝隙并移动身体。

蹬:用前脚掌内侧或脚趾的蹬力把身体支撑起来。

(九) 休息

1. 休息的原则

在野游途中的休息要讲究方法,不能由着自己的性子来。休息要有一个科学的原则。中途休息一般应是长短结合,短多长少。长短结合,即短时间的休息同长时间的休息应保持一个合理的度。

短休息是途中临时的短暂休息,一般时间短(控制在 10min 以内),并且不卸掉背包等装备,以站着休息为主,这种休息可以多一些,但时间短。

2. 休息方式

（1）没有明文规定，走多少路，应休息多久，大概平地走 50min，休息 10min；山坡路走 30min，休息 10min。休息过长，身体刚刚活动的机能会变得迟钝。休息时不必直接坐在地面上，可坐在高一些的石块上，这样血液不会完全降到臀部。

（2）休息时和出发前，做些轻微的屈伸运动，帮助身体活动。膝部屈伸运动，可消除疲劳。

（3）休息时喝水不可狂饮，遵守"少量多饮"的原则。

（十）野外行走小花招

野外行走需注意如下问题：

（1）防疲劳。预防的关键在于，一要步姿正确，二不要心急，三要会走路，走小路而不走平坦的公路，即使走公路也不走平坦的中心而是走高低不平的路边。

（2）防脚起泡。如果鞋子不适合或走法不对，会出现脚的某个部位有疼痛或摩擦感，可在该处贴上一块医用胶布或在鞋的相应部位贴一块单面胶。

（3）解渴要适可而止。出发前最好准备一壶清茶水，适当加些盐。清茶能生津止渴，盐可防止流汗过多而引起体内盐分不足。

（4）热水洗脚去疲劳，这要看具体条件。

（5）防寒暑。北方徒步旅行要带一些质轻防寒性能好的衣物。南方徒步旅行，夏季要防暑防雨。

（6）随身携带一些常用药品。建议准备一酒精盒浸 1～2 根马尾（用来绑住水泡，这样水泡就不会长大，愈合的时候伤口也比较小）。

四、如何避免迷路及辨认方向

（一）路标

进山之后寻找道路，是一件较为困难的事，走一段路作个标记，观察一下两旁的树木、山石，可给后滞队员指明方向，也有利于自己在迷路后尽快找回营地。

常用路标标志：石块路标、草标、纸标。

注意：设置路标要在行人不易碰到，但容易看见的地方。

（二）怎样避免迷路

必须随时随地观察周围的地形。出发前要对你营地周围那些突出的目标有个清楚的记忆。当离开一条道路、一条小溪、一条小径、一条河流、一座山峰或一座寺庙时，要记住是从哪一边离开的，把这些作为基本路线。记住来时与返回时你经过了多少溪流，旅途经过了多少山峰、多少岔道,将自己走过的路画一个线路图。

(三) 迷路后怎么办

不要急于说自己迷了路,你也许就是几分钟内的迷惑。不要盲目前进,在森林中乱窜乱钻,使自己的处境更糟。立即停下来估计一下情况,仔细回忆一下经过的房屋、溪流或其他地理特征,以追寻自己曾经走过的路线。

有地图的话,先找出自己立足处大概在地图上哪一区。再在地图上找出迷路前的位置,然后回忆一下经过的房屋、溪流或其他地理特征,以追寻自己曾经走过的路线。不论是在林木遮蔽的山林中,还是在丛草盖地的山坡上,低头近看,根本找不出路迹,只有远看,看到几十米以外,才能隐约地看出一条草枝微斜、草叶微倾、叶背微翻的痕迹,然后再由远而近、由近再远、远近比较之后,就能分辨出路来了。

分析山势走向和地理地貌的环境,然后判断出是否有野生动物并寻找到其走过的痕迹,沿着"兽道"走出险境,但必须非常警觉,以免遭到野兽的袭击或狩猎者设下的套、夹的伤害。一般来说山鞍或山脊会有兽道。

争取回到原来有旅游山路的那座山上去。即使你已经下到谷底,而且已经很累,也要咬牙爬上去。不要偷懒,也不要心存侥幸去试别的路。如果已经找不到原来有旅游山径的那座山了,争取找到一条小溪,顺着溪流走。一般情况下溪流迟早会把你引出去。遇到瀑布也要想办法绕过瀑布继续沿着溪流前进。如果山里没有溪流,仍然要想办法登上较高的山冈。根据太阳或远方的参照物(如村庄、公路)辨别好大致的方向和方位,在这个方向上选定一个距离合适、也容易辨认的目标山冈,向目标山冈前进。

人多的话,可以把人员分成两组。一组留在原地山顶,另一组人则下山,向另一选好方向的山冈前进。下山的人要时常回头,征询山顶留守者对自己前进方向的意见。若偏离了正确方向,山顶的人要用声音或手势提醒他们纠正错误。当下山者登上另一个山冈时,他们再指挥原来留守山顶的人下山前进。用"接力指挥"的方式交叉前进,避免在山谷里原地打转了。如果登山者只有一个人,那么他唯一可做的,就在是辨别好方位下山时,要不断抬头看着自己原来选定好的目标山冈前进。只要你沉着冷静地去想办法,就一定会走出大山,脱离险境的。

(四) 如何辨认方向

1. 可借用的工具及方法

(1) 罗盘(指北针)。

一个优质的罗盘是野外旅游的必备品。但要记住:罗盘指针指向"北"或"N",这个方向是磁北方向,与真北方向有一个偏差角度,应计算出磁偏角的数差,以取得准确的罗盘方向。

注意：使用指北针以前，应检查磁针是否灵敏。其方法是，将指北针置平，以铁器多次吸引磁针，每次铁器撤去后，观察磁针能否迅速静止和各次所指分划是否一致。若磁针转动缓慢，较长时间不能静止，或各次所指分划数之差大于1°，则该指北针应予修理或充磁。使用时要将指北针水平放置；要利用指北针寻找路线时，指北针本身的刻度应该要精确到1°～2°；不要靠近金属物品（包括照相机），所以在定位和判读时要远离车辆、磁铁、麦克风等，受磁力作用后方向会出现误差。金属干扰可以影响指北针的判读从20°到60°，因此千万要注意。磁电的区域一样会影响到指北针的准确性。

（2）带指针的手表。

方法一：利用太阳和手表判定。在北半球，用手将手表托平，表盘向上，转动手表，将表盒上的时针指向太阳。这时，表的时针与表盘上的12点形成一个夹角，这个夹角的角平分线的延长线方向就是南方，相反为北方。南半球的方法有所不同，应将12点对准太阳，12点与时针形成的角的平分线即为北方。

方法二：将你所处的时间除以2，再在表盘上找出商数的相应位置，然后将这个数字对准太阳，表盘上12点所指的方向就是北方。如上午10点，除以2，商为5。将表盘上的"5"对准太阳，"12"的方向即为北方。北方一旦确定，其他方向就一目了然了。但要记住，如果是在下午，则应按24小时计时法计算。如下午4点，就要按16点计算。用这种方法求方向不亚于指南针的准确度。

（3）北极星。

北极星是最好的指北针，北极星所在的方向就是正北方向。北斗七星，也就是大熊星座，像一个巨大的勺子，在晴朗的夜空是很容易找到的，从勺边的两颗星的延长线方向看去，约间隔其5倍处，有一颗较亮的星星就是北极星，即正北方。还可以利用与北斗星相对的仙后星座寻找北极星。仙后星座由5颗与北斗星亮度差不多的星组成，形状像W。在W字缺口中间的前方，约为整个缺口宽度的两倍处，即可找到北极星。

（4）立竿见影。

在晴朗的白天，用一根直杆，使其与地面垂直，插在地上，在太阳的照射下形成一个阴影。把一块石子放在影子的顶点处，约15min后，直杆影子的顶点移动到另一处时，再放一块石子，然后将两个石子连成一条直线，向太阳的一面是南方，相反的方向是北方。直杆越高、越细、越垂直于地面，影子移动的距离越长，测出的方向就越准确。

（5）地物特征。

根据蚂蚁的洞穴来识别方向。因为蚂蚁的洞口大都是朝南的；农村的房屋门窗和庙宇的正门通常朝南开；松树、柏树、杉树等树干上分泌出的胶脂，南面多且块大。另外，积雪融化的地方定是朝南方的。

树冠茂密的一面应是南方，稀疏的一面是北方。树皮朝阳光滑，背阳粗糙，阴坡（即北侧）蕨类植物苔藓、菌类植物较发育。可用树干的年轮来判别方向，年轮纹路疏的一面朝南方,纹路密的一面朝北方。向日葵生长期它是跟着太阳转动而转动。

(6) 自制指北针判定方向。

在自然界中选一平静的水面,也可以用一个盆或一个碗(不能是铁制品)放满水代替,把缝衣针穿在麦管或草茎中,让它浮于水面。针在水里旋转一会儿后,最终会停在某一个方向上,此方向就是南北方向,再结合太阳的方位,就可以区别哪儿是南,哪儿是北。

2. 注意事项

缝衣针可以用大头针、弄直的曲别针、圆珠笔夹片、一段铁丝等代替。唯一的要求必须是钢铁的且细长而轻。

麦管也可用干树叶、小纸片、小木块或泡沫塑料等包装填料代替,要求是能把针浮起,而且在水中的阻力小。

盛水的容器不能用铁制品(包括不能用罐头盒),因为铁会对地磁场产生干扰,而应用塑料或铝制、木制容器。

(五) 迷途知返

在深山密林中,不仅会迷失方向,同时也会迷失路径。更多的时候,走在毫无人烟的林间密径,又没留下任何路标,自己还不断地欣赏着"无限风光在险峰"和"山到绝处我为峰"的豪情,当自己开始意识到不对时,已是身处险境,不知原有的路径在何处。心急之下,挥刀而上,砍出一条"血路",却发现眼前山连山、峰挨峰,看不到尽头,来时的路已辨认不清,又生怕再次迷路,是走是留犹豫不定。

1. 风雨中迷路自救

(1) 如有维生袋(能容纳整个人的防水塑料袋),可留在原地等待雨过天晴,如没有维生袋装备,切不可留在原地,应迅速离开。

(2) 如带着地图,查看有没有危险地带。

(3) 溪涧流向显示下山的路线,但不要贴近溪涧而行,应该循水声沿溪流下山。

(4) 下山时留意有没有农舍或其他可避风雨的地方,小径附近通常都可找到藏身之所。

(5) 别走近长着浅绿、穗状草丛的洼地,那里很可能是沼泽。

2. 黑夜迷路自救

(1) 如有月光,可看到四周环境,应该设法走向公路或农舍。

(2) 如果身处漆黑的山中,看不清四周环境,不要继续行走,应该找个藏身之处,例如墙垣或岩石背风的一面。

(3) 如果带有维生袋,应该钻进里面。几个人挤成一团能保暖。这样,即使没有维生袋也能熬过寒夜。中间位置最为温暖,因此应该不时互相易位。

3. 雪地迷路自救

（1）等待乳白天空消失。如等待时有暴风雨来临，应挖空雪堆做个坑，或扩大树根部分的雪坑，然后躲进去。

（2）如有维生袋，在背后垫上树叶枯草，以隔开冰冷地面，然后躲进去。

（3）尽量多穿几层衣服，若最外层衣服有纽扣或拉链，先扣好、拉上，然后套在上身。

（4）在衣服内交叉双臂，手掌夹于腋下，以保温暖。

（5）如必须继续前进，可利用地图和指北针寻找方向。一边走一边向前扔雪球，留意雪球落在什么地方和怎样滚动，以探测斜坡的斜向。如果雪球一去无踪，前面就可能是悬崖。

4. 雾中迷路自救

（1）拿出地图，并转至与指北针同向，然后决定向哪个方向走。

（2）循指北针所指，朝自己要走的方向望去，选定一个容易辨认的目标，例如岩石、乔木、蕨叶等。向目标走过去，再循指北针寻找前面的另一个目标。

（3）连续使用这个方法，直至脱离雾锁。

（4）如果没有地图或指北针，应该留在原地，等待雾霭消散。

五、如何在野外觅食

从自然界中直接获取可以安全食用的食物，是在困境中生存的一个最基本的技能。为此，必须具备必要的知识。野外生存获取食物的途径主要有两种。一种是猎捕野生动物，另一种是采集野生植物。

（一）几种野外常见的可食用植物

可食野生植物包括可食的野果、野菜、藻类、地衣、蘑菇等。我国地域广大，适合各种植物生长，其中能食用的就有 2000 种左右。

我国常见的可食野果有山葡萄、笃斯、黑瞎子果、茅莓、沙棘、火把果、桃金娘、胡颓子、乌饭树、余甘子等，特别是野栗子、椰子、木瓜更容易识别，是应急求生的上好食物。

常见的野菜有苦菜、蒲公英、鱼腥草、马齿苋、刺儿草、荠菜、野苋菜、扫帚菜、菱、莲、芦苇、青苔等。野菜可生食、炒食、煮食或通过煮浸食用。图 9.27 所示为可食用野菜。

1. 常见的可食用野果

（1）山葡萄。性耐寒，分布于我国北部和中部广大地区，多生于次生林内和树林边缘，常缠绕在灌木或小乔木上。属葡萄科，为落叶木质藤本植物，枝条长达 15m，有卷须。叶大，长宽各 8～15cm，宽卵形，有浅三角形齿牙。夏季开花，果实为黑色球形浆果，直径约 8mm。成熟的果实酸甜多汁，营养丰富。民间用山葡萄根皮敷肿毒。

图 9.27 可食用野菜

(2) 酸枣。又称山枣。分布于我国北部和中部地区,耐旱,常集生于海拔 1 000 米以下的向阳或干燥的山坡、山谷、丘陵、平原的路旁或荒芜地区。属鼠李科,为灌木或小乔木,高 1~3m。小枝有刺。单叶互生,果实小,近球形,红褐色,含丰富的维生素 C。

(3) 桑葚。桑树喜光耐旱,对土壤适应性较强,在我国各地都可生长。属桑科,为落叶灌木或小乔木,高 7~8m,单叶互生,叶卵形,粗锯齿或不规则分裂。果实桑葚黑紫色或白色,可食。

(4) 沙棘。耐风沙干旱,适应性强。生长于华北、西北和云南、四川、西藏等地,常长在沟谷、河滩及向阳山坡。为落叶灌木或小乔木,高 5~8m。枝灰色,有刺。叶为线状披针形,有银色鳞毛。春季开花,花极小,带黄色。生长不择土壤,可在沙漠中生长,果实和叶子都可吃,果子酸甜,富含维生素和有机酸。

(5) 桃金娘。生长于福建、广东、台湾等地。为常绿灌木。叶对生,椭圆形,有 3 条叶脉,下面有毛。夏季开花,花淡红色。浆果大如樱桃,熟时暗紫色。

(6) 胡颓子。分布于华东、华中、华南地区。为常绿灌木,有刺。叶椭圆形或长椭圆形,有银色鳞毛。晚秋开花,花生于叶腋,下垂,银白色。果实于次年初夏成熟,红色。除果实可以吃外,其根也是药材,可止血。

(7) 乌饭树。我国南北各地都有野生。为常绿灌木,多分枝,叶互生,卵形或椭圆形,革质。秋季开白色花,筒状卵形。果实为球形浆果,熟时紫黑色,味甜,可食。

2. 常见的可食用野菜

(1) 蕨。生长在山野。要吃其新茎,以热盐水除去气味。浸在流水中 2~3h 时即可。加调味料炒熟了吃,是最好的吃法。

(2) 苔。沿山地的谷间生长,以慢火煮,可除去气味。

(3) 虎杖。河岸及路边等到处都有长。吃其新芽及叶子,有点酸味,吃茎则要剥掉皮。

(4) 山蒜。生长在田地及土地上,从球根到叶,全部都能吃,长 15cm 左右的最好吃。

(5) 笔头菜。生长在原野及土地上。除掉叶梢,简单地煮就行了,可用于各种料理中。

(6) 荷兰芥子。群聚生长在水流清净的河川及池塘附近,生吃烤炒都美味。

(7) 菱。时常可在池边及沼泽看见,可以把星形的果实煮盐水吃。

(8) 莲。吃的是根的部分,果实也可以吃,味道很不错。

(9) 虎耳草。春天时就能吃到,而在夏天也没有问题。炸了就好吃,若要除去青气味,可加入以醋和酱油拌的青菜中。

(10) 土当归。土当归可由春天吃到夏天,吃的部分是新芽,须除去青气味。

(11) 山芋。由于山芋深深地长入土内,因此挖掘时若缺乏耐性就会折断。根蔓附着的像芋的东西是珠芽,当然也可以吃。其根及果实的营养价值都很高。

3. 常见的可食用菌类

(1) 松蘑。生长在红松的根部,所以一般人似乎吃不到,但也许你刚好能随心所欲地吃到它。

(2) 香菇。生长在柯棁等枯树干上。菌伞表面黑褐色,里面是白色的。

(3) 舞茸。重叠生长在水、栗子树的根部,菌伞的直径约 5cm,表面是灰色的,里面是白色的。

(4) 初茸。生长在松林的草地上,淡红褐色,菌伞表面有同心圆形的花样。

(5) 滑子。群生在棁的枯干及残株上,有的菌伞直径有 7～8cm。

4. 常见的可食用的树皮

在特殊情况下,某些树种的树皮也可以作为食物充饥。树皮可供食用的常见树种如下:

(1) 桦树。也称白桦。生于东北和华北的山林中。喜光、抗寒。树干端直,树皮白色,纸状,分层脱落。桦树内皮可食,树汁可饮用。

(2) 榆树。为我国北方常见树种,树身高大,树形似花瓶。叶椭圆状卵形。嫩榆叶及榆树皮均可食。

(3) 椴树。在我国南北部都有生长,单叶互生,常有星状毛或单毛,有锯齿或缺锯齿,皮内可食用。

(4) 松树。在我国广泛分布。常绿或落叶乔木。叶为针形。松树内皮可食用。

(二) 野菜的做法

虽然可供食用的野菜很多,但食时加工方法很重要,加工主要是去毒和去味。

(1) 生食。将已知无毒并具有美味的野菜,如苦菜、小根蒜,择洗干净,用开水烫过即可加调味品食用。另外,可将已知无毒并具有柔嫩组织的野菜,如马齿苋、托尔菜等,用开水烫或煮开3～5min后,将菜捞出,挤出液汁(去除苦涩),加调味品凉拌吃。

（2）直接炒食或蒸食。将已知无毒或无不良味道的野菜,例如刺儿菜、野苋菜、扁蓄、鸭跖草等的嫩茎叶择洗干净,切碎后即可炒食。

（3）煮浸。一些具有苦涩味并可能具有轻微毒性的野菜,如败酱草、胭脂麻、水芹、珍珠菜、龙芽草、水杨梅等,可采用这种方法,采摘嫩茎叶洗净后,在开水或盐水中煮5～10min,然后捞出在清水中浸泡数小时,并且不断换水,除去苦味,然后炒食。海边的海藻类,如海岸和岛屿边生长的绿藻、红藻、褐藻、海索面、鹅掌菜等,也可用此法加工食用。采集海藻应选择附着在礁石上或漂浮在水中的,海滩上的海藻因时间太长可能会腐烂变质。

六、如何保存食物

野外活动中很让人头痛的是如何保存食物。有些食品如饼干、方便面等包装食品易于保存,而新鲜的肉类、禽类、鱼、虾、新鲜蔬菜等在炎热的夏季易变质腐败而无法食用。一般野外活动无法携带冰箱、冷藏柜之类的设备,只能因地制宜采取一些切实可行的土办法加工和保存食物。

注意:千万别把食物储存在避难所或营帐里,以免引来一些不速之客,它们可分辨不出你和它们追逐的食物到底有何不同。

（一）熏晒法

熏制食品可以使食品保存时间延长,且味道适口,如熏肉、鸡、鱼等。晒制或风干,也可以长时间保存食物。

在野外活动钓到鱼就可以用晒制法将鱼晒成鱼干保存或食用,方法如下:把鱼脊骨连头部切开(鱼腹部不要切断)成一片,去掉内脏洗净,在鱼的两面抹上盐,用竹片或木棍在鱼头部撑开,挂起或平摊在阳光下晒,几日后即晒制成鱼干,可供长时间食用。

（二）风干法

把肉、禽类风干也是一种食品保存方法,藏族喜欢吃的一种食品风干羊肉、风干牛肉就属此类食品。

在每年的秋季将牛肉挂在背阴处,靠干燥的风吹,将肉中的水分去掉,风干后食用,一般这类风干方法在内地空气中水分含量大的地区不宜采用,在青藏高原和大西北,空气干燥,湿度低的地区方能采用。风干食品顾名思义靠热风吹干,绝不能在太阳下晒。风制食品另一种方法就是将食物擦上盐及其他调味品,或用酱油浸红,吊在风口处靠风吹至肉硬化后即可。如风鳗、风鸡、风青鱼、风猪、牛肉等风制食品,肉不宜太厚(太厚不易风干)、太咸。食用时将风制食物烹熟食用。

在野外活动中也可将易坏的食物用塑料袋密封,放在流动的河水中保存。我们将羊肉封闭在三层塑料袋中放在冰河里,用石块压好,随吃随取。

七、野外简单生活用具的制造

虽然在野外生存活动之前已经准备了充足的工具,但是在野外,什么情况都有可能发生,利用周围的条件制作一些基本的生存工具是十分必要的。利用周围的条件你可以制作石器工具、木器工具、陶器、狩猎工具等,还可以制作简易的服装。

(一)制作石器工具

选择坚硬且容易以片状形式裂开的石头,竖立放置,用另一块石头在本来就比较薄的石刃上打出比较锋利的边缘,后再在其他石头上磨光。制好后装上手柄即可用作砍伐、狩猎、防御工具。

(二)制作木头、竹食具

找寻适当大小的树枝或木片,不要折断树枝,应找寻被风雨吹断的树枝,或被人捡漏的树枝。选择适当大小的树枝来做餐器较方便,过粗树枝削修较麻烦,过细的树枝不耐用。使用刀削树枝,小心不要受伤。

用刀子削木头,要小心慢慢地削,一旦削坏,就不能恢复原状,又得重新开始。汤匙、碟盘凹处,用刀削不便,可以利用火烤,将凹处削成内刺状,再点火燃烧,当然火烧适可而止,不能完全烧掉。

制作竹制餐具时,沿着竹子平行方向先砍进一部份,连刀带竹腾空,再往硬处劈下去,竹子很容易就裂开。古代祖先常用竹节作为盛酒或水的器具。竹子结实坚固,又有香味,可做杯子和其他餐具。

(三)简易服装的制作方法

如困在野外又遇上寒冷的空气,可以用旅行袋或毛巾被、浴巾、毯子等大块布料制作简易的服装。

(1)浴巾背心。把浴巾对折,在中央开一个口,开口应该适合自己头部大小,缝合时要留出手臂的位置,下摆处留出"开气孔"。

(2)毛毯袍。同上,只是不用缝合而是系上带子。

(四)编织草鞋

草鞋质轻,和光脚走路一样很轻松,下雨被淋湿,经日晒很快就干。走在潮湿的地方,不会被滑倒,泡在水中也不会加重,古时的人,就是穿草鞋攀登潮湿的山石。

草鞋制法并不如大家想象的那样复杂和困难,只要有耐心学习,很快就能学会。如果没有稻草,可利用植物蔓藤或破旧衬衣撕成细条状来做鞋子。人无法光脚走长途,在野外如果鞋子穿坏不能用,不妨试着穿草鞋。第一次穿草鞋拇指和食指会发痛,可擦些软膏。

有的人,仅仅是试穿一会儿草鞋就会大喊脚趾头疼得要命,如果是这样的话,岂能穿着草鞋跋山涉水呢?当你们觉得脚疼时,不妨在穿草鞋之前,先穿一双袜子,或是在与绳子摩擦的脚部擦些软膏,这么一来,也就解决了疼痛之苦。

(五)武器制造

(1)棍棒。一提起棍棒,大概"摩登原始人"之类的形象会映入脑际,可是,这里所说的棍棒是用木材和石头制作的,并用绳子将之捆绑于一根结实有力的木杆顶端,制成十分有用的武器,不但可以保护自己免受野兽的袭击,也可以用来杀死蛇,或是终结在陷阱中挣扎的动物。

(2)弓和箭。能否制作出效果良好的弓,视能否选择适合的木材制作伸缩自如的弓而定。其材质应以结实、长、充满弹性,且没有由分枝所产生的节瘤为主,因此,像紫杉、橡树、桦树和山胡桃等,就是最适合担任这项工作的木材。不过必须用火将它烤上数日,使之干燥,再于两端划出凹痕,并用绳索绑在上面将其拉紧。其中,以桦树的小树枝所制作出来的弓质量最好,而大小宜以60cm、直径约1cm的为主,此外还要确定它们是否是笔直且可靠的,可以提供更大的精确度和力道。如图9.28所示为制作的武器。

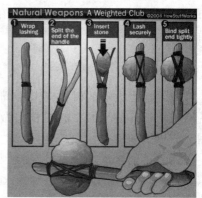

图9.28 武器制造

八、野外如何预测天气

野外天气的好坏直接关系到野外活动的成败以及生命安全,每一次野外活动前应先了解所去区域未来几天的天气状况。除了依靠收听天气预报来掌握天气状况外,还需要掌握一定的气象知识,学会看云、动植物以及身体感知等识别天气,使自己能够从容应对天气的异常变化。

(一)常见的现象

(1)远山可见,天晴;近山模糊,天雨。因为空气干燥,天气晴朗,远处的山才可看清楚。

(2)可很清楚听到列车的声响,会下雨。天气阴沉时,白天与晚上的温差变小,声音容易传远。

（3）看到猫洗脸，会下雨。猫用前脚洗脸的动作，是因为将下雨时，湿度增高，跳蚤在猫身上活动起来。

（4）青蛙叫鸣不停，会下雨。青蛙皮薄，能够敏锐感知湿度的变化，因此比平常叫得更激烈，表示湿度大，就会下雨。

（5）早晨见蜘蛛网上有水滴，会放晴。天气好时，白天与晚上的温差就会变大，遇到冷空气的水蒸气，就变为小水滴。

（6）燕子低飞，会下雨。天气转坏时，昆虫多靠近地面飞行，燕子想吃昆虫，所以低飞。（注：燕子低飞及蜻蜓低飞有雨这一说法不一定正确，这一现象只能说明气压低，有时就不下雨的。）

（7）鱼跃出水面，会下雨。远处天气转坏，迅速传到水中，鱼吃惊而跳跃起来。

（8）冬天雷鸣，会下雨。面临海岸，冬天有雷鸣时，西北季风吹来，会降大雨。

（9）春天吹南风，易引起雪崩。春天吹南风是由于海上低气压引起。温暖的南风，易造成冬去后未解冻的雪崩坍。

（10）蚯蚓钻出地面，蚂蚁搬家，会下雨。天气转坏，湿度增加，地面变暖，蚯蚓就会钻出地面来。

（11）霜受到朝阳照射，发出灿烂光彩，会天晴。霜的成因是夜晚寒冷，与白天温差大，白天温度高，会天晴。

（12）早晨的雨，容易停。古时女性认为，早上下雨，下午容易停，便卷袖洗衣服。

（13）根据身体变化推测天气，如下雨前头发难以梳理，身体有些关节酸胀。

（14）观霞知天气。清晨或傍晚，太阳照到天空，使云层变成红色，这种云彩叫霞，朝霞在西，表明阴雨天气在向我们进袭；晚霞在东，表示最近几天里天气晴朗。所以有谚语"朝霞不出门，晚霞行千里"。

（15）由云预测天气。我们可由云的形状、性质，学习预测天气的变化。当然不能预测将来好几天的天气，但是至少一天之内的气象变化，是可以掌握的。一天的时间似乎很短，但在野外一天的生活是很重要的。如果有倾盆大雨，要停止野外活动，避免山崩、乱石和雷击等意外。

（二）云的种类与性质

（1）卷云。卷云呈条纹状。天空出现卷云，表示低气压接近，半天或一天后将会下雨。

（2）卷层云。卷层云是薄云的一种。常在太阳、月亮周围形成晕。半天后，可能会下雨。

（3）卷积云。卷积云呈鱼鳞状。半天后，就会下雨。

（4）高积云。高积云呈绵羊毛状。由西往东移，天气将变坏；由东往西移，天气将转好。

(5) 高层云。它又称积雨云、雷云。多半云彩出现前先出现高层云。

(6) 层积云。如果由南向北移动,天气将转坏。

(7) 乱层云。朦胧月夜,天空出现阴沉的乱层云,表示数小时后会下雨。

(8) 积乱云。冬天下雨就是此云所致。不过下雨时间很短,还会电闪、雷鸣。

(9) 层云。层云又称雾云。夏天早晨,山麓的层云,逐渐上升,消失不见,表示天气将转好。

(10) 积云。积云呈棉花状。此云出现,天气不会很快转坏。夏天最常见此种云。

复习与思考

1. 帐篷的种类有哪些?
2. 如何选择合理的背包?
3. 荒野生存常用到的电筒有哪些?
4. 绳索是用什么材料制作的?
5. 如何整理背包、摆放物品最合理?

 案例分析

经典案例一

英国学者与妻子离婚同狼群生活一年半

环球网 2 月 19 日消息:英国一名动物学家为深入研究狼的生活和行为,只身到美国爱达荷州的落基山流浪,设法融入狼群,和它们一样茹毛饮血,最终成功成为它们的一分子,过了一年半狼人生活。埃利斯对狼情有独钟,坦言如果要他选择回家睡觉,还是去狼穴度过一夜,他会选后者,也因此而与结婚十一年的妻子离婚。为进一步了解狼的生活和行为,埃利斯决定只身深入美国爱达荷州的落基山,期望遇上野生的狼。靠着在英国军队服役时学到的野外求生技能,埃利斯展开狼人的原始生活,他设陷阱捕野兔吃生肉,并于四个月后遇上第一头狼。经过数月互相熟悉后,埃利斯终于融入狼群,与他们同睡,狼群出外觅食还会带食物回来给他。一年半之后,由于健康出现问题,埃利斯迫不得已返回人类社会生活。

问:如果让你接触野外狼群,你需要携带哪些物品?

经典案例二

鲁滨孙漂流记

出身于商人之家的鲁滨孙,不甘于平庸的生活,私自离家出海航行,去实现遨游世界的梦想。有一次，风暴将船只打翻，鲁滨孙一个人被海浪抛到一座荒无人烟的小岛上，他克服了许许多多常人无法想象的困难，以惊人的毅力顽强地活了下来，在那里度过了28年孤独的时光。

  问：当你流落荒岛，有什么东西可以加以利用帮助你生存？

经典案例三

  1971年圣诞节的前夕，一架美国洛克希德飞机在秘鲁上空失事，乘客中只有一位16岁的德国姑娘朱利安妮活了下来。朱利安妮空难之后，孤身一人失落在茫茫的热带丛林中。由于朱利安妮在14~15岁时，曾和父母同住在南美一个研究站里，在那两年中，学到了许多如何在热带丛林里求生的宝贵知识：她知道森林中哪些野果可食，哪些是有毒的；知道那里的蜘蛛、苍蝇、蚊子和蚂蚁非常多，对人来说都和美洲虎一样危险；还知道能够逃生的办法就是找到一条河，顺着河流就可以到达安全地带。朱利安妮全部的食品就是一袋饼干和一块被雨淋湿了的圣诞节蛋糕。她在许多人丧生的热带丛林中奇迹般地度过10天，在丛林中跋涉了25公里，终于活了下来。

  问：你认为在荒岛上如何选择食物？如何避免蚊虫？

经典案例四

  英阿战争中，在马尔维纳斯群岛登陆作战的英国皇家海军陆战队"特别舟艇勤务突击队"，在和平时期训练中，经常携带防雨斗篷、匕首、手枪、绳索、钓鱼的钩和线、小指北针，由教官率领，在大雪覆盖的深山中，进行为期一周的生存训练。训练中，"特别空勤团"的队员在被其他部队士兵搜捕的情况下，在荒野中度过了许多个艰苦的昼夜。他们只能挖掘陷阱猎捕动物，钓鱼，采食海藻、蘑菇充饥。正是这种严格的训练，使"特别空勤团"士兵能成为生存技术的行家。在英阿马岛战争时，英军在大举登陆前的侦察中，一只"特别空勤团"的橡皮艇被风浪冲到远离目标的南佐治亚半岛附近。艇上的士兵涉水上岸，他们将野外生存的技能付诸实践，坚持了五昼夜，直到该地区阿根廷军队投降。另一个潜伏在阿军阵地中间的侦察组，只携带了14天的压缩干粮，然而他们依靠这些口粮坚持了26天。

  问：在训练中携带的物品应该以何种方式装在背包里？

作 业 要 求

1. 在野外生存如何辨认方向？
2. 说出5种常见的可食用野果，并简单介绍。

第十章

荒岛求生行动

长风破浪会有时,直挂云帆济沧海。

——李白

专业英语词汇

抢滩:Landrush　　　　　　　瞭望:Keep a lookout
极限生存:Extreme Survival　　扣带回:Cingulate gyrus
海滩坡度:Beach slope　　　　哺乳动物:Mammal
雪盲:Snowblindness

学习目标

理解荒岛求生中意志力的重要性;掌握荒岛中寻找水源和处理饮用水的方法;掌握荒岛寻找和食用食物的方法;掌握荒岛上住所的选择和构建方式;理解如何做好自我保护;掌握荒岛求生中的瞭望与求救方法。

学习重点、难点

掌握如何在荒岛上寻找可以食用的食物和水源;遇到不同地区的不同危险,如何应对;常用的求救方法和伤口护理方法。

 案例导入

电视里的贝尔·格里尔斯是一名经验丰富的冒险家,他主持的《荒野求生》节目令人印象深刻,孤身置于野外,各种求生技能让人羡慕惊叹。前天,台报夏令营的小记者们在临海江南街道野外拓展,也像贝尔·格里尔斯那样,学习了不少实用的生存技能。

小记者们6:10准时起床,20min完成洗漱和早餐,6:30列队出发去野外。三伏天太阳火热,小记者们没叫一声苦,110人的队伍延绵在山脚下徐徐向前,这就是小记者们的

"行军拉练"。烈日下 1km 的行程走完,小记者们一头钻进了教官早已搭好的帐篷里。

如何搭帐篷?教官给小记者们作了示范:撑开帐篷,用支柱撑起,固定好 4 个角,拉紧帆布。小记者们亲身试过,才发现简单几个步骤,做起来并不容易。有得住了,还有吃喝问题怎么解决呢?首先要寻找水源,但喝了脏水,可要拉肚子,这时候需要对水源进行过滤。用小刀砍下一截竹子,取下两头的竹节,找些干净的草塞在竹管中,再过滤从溪中汲上的水,就比直接喝干净多了。把竹子按照 3:2 的比例劈成两半,再割些竹屑,利用竹纤维的易燃性摩擦起火。没想到古老的"钻木取火"现在还能用得上,小记者们兴奋得纷纷要上前尝试。三年级的文静女生徐臻得意地说,下次带爸爸妈妈出门野营,自己可以"照顾"他们了。水火齐备,小记者们将带来的米和水倒进竹筒,还加了腊肉、鸡蛋等辅料。米饭在煮时,他们满是期待。半个小时后,喷香的竹筒饭出锅。另外,教官们还做了叫花鸡,煮了肉丝面,忙碌了一上午的小记者们个个狼吞虎咽。

"多动脑筋,团结互助,自己动手,这就是我们今天最大的收获。"小记者王力成说。那么荒野求生的关键是什么呢?

第一节 荒岛求生之意志力

一、意志力的含义

意志是我们最强大的工具,不妨静静地聆听那些幸存者的故事:看着他们如何忍受并熬过各种折磨,以及"隔离监狱"所带来的悲苦。难怪他们会谈到:到最后意志往往会成为他们的避难所、力量的所在、面对痛苦的麻醉剂,甚至是喜乐的源泉。

现在让我们来看看这个真正非比寻常的案例:1996 年,新西兰人贝克·威瑟斯进行了一趟让他名声扫地的珠穆朗玛峰探险之旅,不过短短几天工夫,就有十多位登山队员死于非命。后来在山顶附近下了一场极大的暴风雪,之后贝克就浑身瘫软无力地躺了下来;除了严重的冻疮外,他还极度脱水。不过在经过两天一夜的垂死状态后,他居然还能够起来治疗自己的双脚,并爬下山到达安全的住所。

肯·卡姆勒医师在他的名著《极限生存》(Extreme Survival)中,曾详细地描述,在濒临死亡时人体如何对剧烈的压力作出反应。此外,他也用实物说明,在极端的情况下,在我们脑干深处有个叫扣带回(cingulate gyrus)的区域,有办法拒绝我们脑部所接收到的所有在感官上、情绪上以及理性上的投入,"创造"出它自己的真实情境。有些人曾奇迹似的从"濒死"经历中回到人间,而扣带回就好像是这些奇迹的源头。

但正如卡姆勒医师所说的,尽管科学界已经有能力约束从扣带回所发射的脑波,"但始终都会存在着一种不可测的神秘障碍,阻止我们深入地了解自己。到现在人的基本特质思想仍是不可测知的,因此到最后,我们要如何解释从极端环境中存活的原因?看来除了需要有科学外,还需要佐之以信念"。

那些在生活上极度仰赖这种意志和精神的人,会常常谈到信仰,有时候似乎难以从这些言谈中得到什么结论,但是,却往往很容易明白他们之所以会存活下来的原因。我们全都需要希望。其程度要远超过你的理解,而希望则需要一个家,对我来说,这个家就是基督教信仰。你要到哪儿寻找自己的信仰完全是你个人的事,旁人无从置喙,但耶稣基督确是我永生之火的源头。当你只身处在异地,又怕又冷,而且归乡之路又遥不可及,那最好有谁陪伴在身边呢?是什么东西会让一个骄傲的人大声地说他什么都不需要?

所以我的信念就是,我们每个人都有这种对抗不利情况而生存下来的能力。事实上,它就是我们之所以为人的真正核心之一,如果少了它,人类就永远都不可能走到今天这个地步。可是在我们这个现代化的世界里,我们发现自己备受科技纵容,甚至可以自我保证对抗任何事物,这种想法越多,我们人性中的另一面也就越会被激发出来,我们就会想逃脱这一切。

目前,我们拥有有史以来最多的安全意识,但与此同时,我们也热切渴望着冒险。没错!这正是为什么有这么多的探险家都会说出下面这番话的原因:唯一可以让他们感觉到"真正活着的",就是面对极端危险的时候。不过矛盾的是,当他们直视死亡之时,却往往是和生命有最多接触的一刻。

或许到最后我们得承认,人类和蛮荒世界实际上是紧紧纠缠在一起的,谁也离不开谁,而且也都是上帝美好创造物的一部分。我相信到最后,这一创造的源头是信仰而非科学,不管我们的信仰是什么,一旦少了它,就无异于冒着失去方向舵的风险,也就是相当于冒着失去人类有史以来所拥有过的所有导航图的风险,当然,这种"损失"是我们永远都不想经历的。

二、意志力的力量——林肯的一生

1831年,22岁,经商失败,用时16年才把这笔债还清。

1832年,23岁,竞选州议员,落选了。想进法学院学法律,未果。

1834年,25岁,再次竞选州议员,竟然赢了。

1838年,29岁,争取成为州议员的发言人,没有成功。

1849年,40岁,在自己的州内担任土地局长,被拒绝了。

1854年,45岁,竞选参议员,落选了。

1856年,47岁,在共和党全国代表大会上副总统提名得票不到100名。

1858年,49岁,再度参选参议员,再度落选。

图 10.1　亚伯拉罕·林肯

1860年,51岁,当选美国总统。

由林肯的一生,我们可以知道,意志力的力量对他的人生是一大支柱,意志力的强大成就了他的成功。生存也是如此,生存原则中至关重要的两点:

(1) 下定决心生存下去。不管知不知道所谓的求生技巧,也无论在这方面到底了解多少,知识的重要性永远排在精神或意志力后。只有你才能下定决心是继续苦撑坚持,还是就此放弃,这个决定是让你得以扬名立万的所在,而且痛苦也不可能永远持续下去。

(2) 保持信心。不要过于自大地失掉了信心,要对自己有信心,要对你心中的神有信心,而且你和心中的神也要互相有信心。历史上一次又一次的案例不难证明,信心是人类最强大的盟友和力量所在。

第二节 荒岛求生之登陆

一、救生艇抢滩登陆

在风平浪静的海滩进行登陆,其操纵比较简单。但是,在大风浪中抢滩登陆,却是较难的一种救生艇操纵作业。有时虽驶至岸边,但由于翻花浪的影响而使艇身打横,导致无法靠岸,严重时甚至会发生艇体倾覆的情况。另外,由于潮汐作用,即使救生艇成功抢滩登陆,仍然存在着一些潜在的问题。因此,救生艇抢滩登陆要注意下列情况:

(一) 登陆地点的选择

在抢滩登陆时,对登陆地点的环境、风流情况和浅滩坡度均应事先加以考虑选择。一般应选择下风水流缓和处,泥沙底质,浅滩坡度小,水中无险恶障碍物的地方登陆。

(二) 海滩坡度的判断

海滩坡度有平坦和较陡两种情况,因其岸边波浪情况也不同。海岸坡度很小的浅滩,因其海底平坦而广阔,约距岸边 4~5mile 外就开始有波涛。救生艇安全越过前面的波浪后,靠近岸边的波浪力量就减小了。

(三) 注意海陆风的影响

救生艇能够靠近海岸,但也不一定能登上陆地,因为救生艇或筏会被风或海流推离海岸。如果有海陆风存在,白天,风从海上吹向陆地;晚上,风从陆地吹向大海,因此,在早上应收回海锚,以致可能漂近陆地,在晚上,要放出海锚,不致使艇筏漂离海岸。

（四）登陆时机的把握

救生艇驶近岸边时,趁浪较平静的时机,迅速进行抢滩登陆。如果能确切掌握登陆地点的潮汐资料,准备在登陆地点附近短时间停留的,则应选择在高潮前 2～3h 登陆较好。

（五）抢滩登陆操纵及海锚的合理使用

对于机动救生艇和人力操作的救生艇在抢滩的操纵方法上是不一样的,其在海锚的使用方法上也是不同的。

二、登陆岛屿后的注意事项

救生艇筏上的求生者在海上发现岛屿时的喜悦心情是可以想象的,但是,许多海上遇险后的幸存者的经历都告诫海上求生人员:"要特别注意靠岸时的安全问题","如果一次不假思索的登陆行动遭到失败,可能反被拯救你的陆地所杀害"。因此,接近陆地并准备登陆的求生者必须注意以下几点:

(1) 在岛的下风、缓流方向选择一安全登陆地点,在白天涨潮时登陆,在驶近登陆点时应派一人瞭望,边测探边前进,以保证艇筏和人员的安全。

(2) 在向岸边接近前,应将艇筏上的物品捆牢并收好,全体人员均应穿好救生衣。

(3) 到达海滩后,不可一哄而上,将艇筏丢弃。应将人员分成两组:一组留守在艇筏上;另一组登岛探明情况。应探明的情况是:岛上是否有居民,是否有动物,特别是危害人类的动物、水源、植物、地形。

当探明岛上可以驻留时,应将艇筏和艇筏上剩余的淡水、食物以及其他物资搬到岛上妥善保存好,以备使用。求生者此时应该明确,荒岛上能否驻留的首要条件是有无可供饮用的淡水。决定在无人荒岛驻留,并不意味着遇险人员已经脱险获救。此时,求生者应该根据岛上的实际情况,坚持并坚决执行海上求生的基本原则,在荒岛上维持生活,等待救援。正确的做法如下:

(1) 做好人员保护,建好住所,勿受风雨的侵袭。

(2) 设法获得生存所需的饮水和食物。

(3) 坚持 24h 不间断地瞭望,并随时准备好发出求救信号。

第三节 荒岛求生之生存

一、饮水问题

（一）如何在野外寻找水源

1. 地形

最容易找到河流和溪水的地方是在原有的流域。湖泊和池塘一般是在地势较低的地方。如果两条小道在一处汇合，那么汇合点所指的方向经常会有水源。根据地形地势（地理环境），判断地下水位的高低。如山脚下往往会有地下水，低洼处、雨水集中处，以及水库的下游等地下水位均高。高山地区寻水，应沿着岩石裂缝去找，另外，在干河床的下面，河道的转弯处外侧的最低处，往下挖掘几米左右就能有水。但泥浆较多，需净化处理后，方可饮用。

2. 植物

（1）水树。凡树体积粗大、叶阔大、多生果实，则树身藏水丰沛。只要用利器在树干上挖一洞，即有水流出。但须注意，挖洞时应在太阳西落之后，时已黄昏始能得水。

（2）水藤。分布于 800m 以下溪畔，潮湿地带。将其茎割切一段，即有水汨汨流出，待流尽后，在其上约一尺处也切割一段，水再源源流出。

（3）仙人掌。各种仙人掌含水甚丰，切去顶部，汁液即自切口流出，然后捣碎果壳果果肉以吸管吸取汁浆。但如发现其汁液为乳白色时，则勿饮用，因可能有毒性。

（4）野生蕉。只要在树干上挖洞，水则流出。亦可砍去枝叶，以切口对嘴儿饮之，唯其味生涩，但如无其他方法，则野生蕉亦为最佳植物代用水。

（5）棕榈。此法收集较费时，砍倒树干，割去顶端，斜放地上，用容器在根部盛接，每八小时去茎一段，一日约可得 5~8cc 之水。

（6）竹。如粗大之竹类、麻竹、桂竹、孟宗竹等，茎内均含少许水分，干裁之竹茎内含更多量水分，趁其雨后采取方便，唯须注意筒内水是否清洁。

（7）椰子。未成熟之小椰子可食，成熟之椰子果，其汁液解渴清凉无比。可治便秘消化不良诸症。

（8）野丝瓜。将茎与根部切断，以容器纳入收集，或用塑胶袋包扎切口，次日收回，约可得 5~6cc 之水。

3. 哺乳动物

如果看到有两条动物走过的路径汇合到一处，那么汇合点所指向的方向通常就会有水源。如果你在一个区域看到大量的兽粪，那么也表明附近有水源。大部分大型野生动物主要在拂晓时分和黄昏的时候接近水源。

4. 鸟类

通常在拂晓时分和黄昏的时候接近水源。白天鸟群一般会围在水源周围不远的地方。

5. 昆虫

在有水源的地方,昆虫一般会大量聚集。小溪是最好的水源,因为它们水流较小、流速很快而且被污染的程度比较低。比较理想的情况是,在水流比较急的地方取水。除非是万不得已,不要在水面有浮油层或者水藻生长得过分茂密的地方取水。

单纯地依靠上述方法去寻找水源却不是长久之计,且很复杂很辛苦。只限于少数人员(3～7人)和短时间(3～5天)。不适合人员众多或时间过长。就安全而言,希望朋友们最好不要到远离水源一两天的路程的地方,也不要单枪匹马独闯丛林。

6. 气候及地面干湿情况

如在炎热的夏季地面总是非常潮湿,在相同的气候条件下,地面久晒而不干不热的地方地下水位较高;在秋季地表有水汽上升,凌晨常出现像纱似的薄雾,晚上露水较重,且地面潮湿,说明地下水位高,水量充足;在寒冷的冬季,地表面的隙缝处有白霜时,地下水位也比较高;春季解冻早的地方和冬季封冻晚的地方以及降雪后融化快的地方地下水位均高。

7. 动物、昆虫的活动

夏天蚊虫聚集,且飞成圆柱形状的地方一定有水;有青蛙、大蚂蚁、蜗牛居住的地方也有水;另外,燕子飞过的路线和衔泥筑巢的地方,都是有水源和地下水位较高的地方。再有,鹌鹑傍晚时向水飞,清晨时背水飞;斑鸠群早晚飞向水源,这些也是判断水源的依据。

8. 天气变化

天空出现彩虹的地方,肯定有雨水;在乌黑、带有雷电的积雨云下面,定有雨水或冰雹;在总有浓雾的山谷里定有水源;靠收集露水也可缓解些燃眉之急。

（二）地表水收集方法

（1）泥泞水。首先将茅草制作成一锥形长约一尺左右的草器,将水倒入过滤,在底部以容器盛接,过滤数次,消毒后即可饮用。

（2）雨水收集。下雨时,在大的树干上挖一孔,插入竹筒,雨水即沿此筒聚流,底部以容器盛接即可。如无利器挖孔,可用长布条沿树干缠绕,约留尺许于容器内,雨水即沿布条引入。

（3）露水收集。利用金属板,夜间露天放置,待水珠凝结成时收集之。或可用石头收集：在地上挖一直径三尺左右的浅坑，其上铺一帆布（或纸张、衣料、山芋叶等品），用石头在其上排成高约三尺的 V 字形，则露水沿石而下积聚于帆布内，次日除去石块，即可得 3~5cc 水，然后消毒饮用。

（三）合理安排饮用水

需要注意的是，在水源紧缺的情况下，要合理安排饮用水，不要为一时口渴而狂饮。另外，在野外工作或探险中，喝水也要讲究科学性。如果一次喝个够，身体会将吸收多余的水分排泄掉，这样就会白白地浪费很多的水。如果在喝水时，一次只喝一两口，然后含在口中慢慢咽下，过一会儿感觉到口渴时再喝一口，慢慢地咽下，这样重复饮水，既可使身体将喝下的水充分吸收，又可解决口舌咽喉的干燥。

（四）临时储水容器

有些时候你不得不临时制作盛水的容器，你可以使用塑料袋、烧饭用的锅、盆子、把中间挖空的木头、毛毡（必须想办法把它做成袋状）。

要减少出汗，除非你还有水，否则不要吃东西。白天要减少身体的运动，最好在白天的清晨或者比较晚的时候完成你要做的工作和要走的路。为了减少出汗，工作和行走的时候动作要比较平缓。

（五）安全提示

无论多么口渴，都不要饮用不洁净的水，以防止病菌通过饮水进入人体内。对于无任何绿色植物在周围环境中生长的池塘或者周围出现动物残骨的地方的水源要保持警惕，这些水源可能已被靠近地表的化学物质污染。

在野外最好不要饮用从杂草中流出的水，而以从断崖或岩石中流出的清水为佳。饮用河流或湖泊中的水时，可在离水边 1~2m 的沙地上挖个小坑，坑里渗出的水较之直接从河湖中提取的水清洁。

（六）判断水源是否能饮用

（1）观察水中是否有生物，如一些小鱼小虾，水中的植物有无病状（斑点、枯黄等）。

（2）观察水情，水中有无腐烂的植物遗骸（在死水中尤其重要），凭肉眼观察水质是否被人为或自然污染。

（3）嗅与尝，舀一口水先用鼻子仔细地闻一下，是否有不良气味，再尝一小口，感觉一下有无不正常的口味（苦、酸、咸等味）。

二、食物问题

在没有食物的状况下,我们仍可能存活三个礼拜,只是几天没进食的话,无论身体或心理状态,都会迅速恶化。为了保持健康,就必须找到一种均衡的饮食方式,凡是碳水化合物、蛋白质、脂肪、维生素、矿物质及纤维质等,都要均衡地摄取。如果只吃兔子或鱼的话,可能会要你的老命,因为这无异于过度依赖蛋白质,而缺乏足够的脂肪来支撑你继续挺下去。我们的身体需要一种碳水化合物与脂肪的混合物,正如同需要蛋白质一样。若能了解营养的基本要素,以及为何这些元素全都如此重要的话,一定会有助于你在寻找食物时,掌握到最适合的优先次序。

(一)人类所需

1. 蛋白质

这是构成我们人体最重要的"建材"之一。像我们的肌肉、皮肤和骨骼等,全都需要它才能够成长,至于最常见的来源,则有肉、蛋、鱼、蒲公英、坚果、骆驼奶、羊奶或牛奶及动物的血等。

2. 碳水化合物

这是人体主要的能量来源,人体可以立刻对其加以处理,产生许多的热量,并储存在肝脏中,但是,它们也会很快枯竭。碳水化合物的常见来源有香蒲、坚果类和水果。

3. 脂肪

它是很好的能量储藏形式,但却难于分解,一般常见的来源有骨髓、肝脏、鱼腹、动物的肥肉及骆驼、羊或牛的奶。

4. 矿物质

人体缺铁便意味着无法产生充足的热量,一般常见的矿物质来源包括了动物的血、鱼、蒲公英和荨麻等。

5. 维生素

这是人体新陈代谢作用的必需品,如果所摄取的维生素数量太少,就会产生坏血病,以及不计其数的其他过敏症状。一般常见的维生素来源有松树和云杉的针叶、荨麻、许多种树皮的底层、鱼、绝大多数的可食植物和浆果。

6. 纤维

这是帮助我们的肠子分解食物的必要成分,一旦摄取太少,则可能导致肠胃过敏等症状,一般常见的来源有草和松树的针叶。

（二）求生时可食用的动、植物

（1）香蒲。常见于全球各地的河岸、湖边、溪流旁及湿地中。1～3m高,很容易从种子头部辨识出来,因为该部位就像是钓鱼用的浮标,也有人说像是一根串在棍子上的香肠,它的地下茎会在地表之下呈水平状的扩散。它的根部可食用,含有46%的淀粉,以及10%的糖。可以生食,也可以放在炭火的余烬上烤熟而食,在根部烤好后剥掉外皮而食,就可以品尝到饱含淀粉的甜美滋味,很像栗子。此外,种子的头部也可以用来当成火绒或是绝缘材料。

（2）蒲公英。常见于北半球温带日照充足的空旷地区。它的花为明亮的黄色,在白天盛开,到了晚上则闭合,因此和其他植物的花有所不同。叶子平均长约15cm,边缘呈锯齿状,并贴近于地面生长。富含钙质、维生素A和维生素C,其叶生食、熟食皆可,根可煮熟或烤熟而食,更可制成绝佳的饮料,是咖啡的上好替代品。如图10.2所示。

图10.2　蒲公英

（3）荨麻。在北半球温带地区,常生长在溪流沿岸的潮湿地区。通常会长到一米高,其独特处在于树叶的边缘和底面长有刺人的毛。嫩枝和叶子是可食用的,非常有营养,位于植物顶端的树叶也含有丰富的蛋白质,不过在食用前,宜在水中煮15分钟。

（4）松树。北半球的中纬度地区,但性喜日照充足的地方,遍布于美国、加勒比海地区、中东及部分亚洲地区。有100多个不同的品种,皆属常绿植物,拥有富含树脂且具黏性的树液,以及十分独特的气味。大多数松树的树皮都很厚,且具鳞状薄片,"注明商标"则是树枝以螺旋式生长。饱含水分的白色树皮内层可以生食,或是磨碎后食用,而松针可以泡成营养丰富的茶品,且两种均含有大量维生素 A 和维生素 C。此外,松球种子亦可以食用,而树液则在加热后可做成胶,或紧急情况下的牙齿填充材料。还有,可以用手把松针压碎,然后把压成的树脂涂抹在皮肤上,形成天然的防蚊液,不过,每个小时都得重新涂抹才行。一般来说,云杉和松树皆由于松针富含树脂,因而具备了燃烧快及高热的特性,可以制作成绝佳的焚烧用木柴。

(5)云杉。性喜中纬度地区,进而延伸到南半球极寒之地的山区。属于角锥式圆柱状的针叶树,拥有又长又多刺的针叶,颜色则呈多样化,从深绿色一直到银蓝色均包括在内,可长至 30 米高。把针叶泡在热水中,即可制成富含维生素 C 的绝佳茶品。

(6)蝎子。从学术上来说,蝎子应该算是节肢动物而非昆虫,所以它们拥有八只腿而非六只。只要能够迅速而安全地收拾它们,并注意尾巴的那根针刺,那么其余的部分还是很可口的。处理蝎子的方法是各用一根手指按住它尾端那个毒球的两侧,确保它的螯不会刺到你——不过要记住:通常蝎子越小,毒液越强,所以在选择使用对象时,务必要仔细斟酌一番。

(7)木蠹蛾幼虫。这类蛆虫依靠一种刺槐——木蠹蛾灌木及其他橡胶树的含糖树液而活,它们身躯硕大,呈白色,会食用木材,它们充满了蛋白质与高钙,数千年来就一直是澳大利亚当地居民的主食,可以生食也可以烤烤再吃,蛆虫味道略甜,烹煮后味道有点像蘸了花生酱的鸡肉。它们会在已死的树木、残枝或树根中钻洞,因此,可以在这些地方找到它们。

(8)鸟类。所有的鸟类都是可食用的,只要把它们的内脏清除,并且剥掉羽毛即可,而且生食、熟食两相宜。因此,不要过于神经质,也不必嫌脏,不管用钩子还是设陷阱捕捉,都是可行之策。有时候,鸟类会在你的船上"着陆",此时便可大展身手了,无论用桨把它击毙,用鱼叉叉死它,或是拿东西盖住闷死等,都是可以使用的招数。当然,一个简单的活结式陷阱,也可以发挥出作用,如果能用一片诱饵吸引它站上去,那就再好不过了,而它的脚也就会更容易落入陷阱中。除了这些方法,还可以使用另外一招:把带着鱼钩的钓鱼线扔出去,钩子上放些诱饵,或只留下 3~4 个安全别针当饵,然后再把钓鱼线固定在顶篷的天花板上,这个时候,这些鸟便有可能被鱼钩钩住。至于杀死鸟类的最快方式,则是先抓住翅膀,然后扭断脖子。

(三)食物安全的七大步骤

先闻植物的气味,如果闻起来苦涩,或像是杏仁或梨的气味,那就扔掉吧,比方说生长在热带的士的宁树果实状如橘子,就应避免食用。

压碎植物,并把树液所形成的油脂涂抹到肌肤较柔嫩的手背,如果出现任何疹子,或是感觉到疼痛的话,那就立即扔掉。

如果前两关都没有问题,那就把少量的树液放到嘴唇和牙龈内侧,然后静待 5min,如果有任何不良的作用,那就把它给丢掉。

接着再咀嚼少量的植物,然后把咀嚼后所产生的汁液吞下肚,但是剩下的果肉要吐掉。接着静待 8h,并且确定这段时间内,没有吃下或喝下别的任何东西,免得让测试失效。

如果一切都没有问题,再进行相同的程序,不过这次的量要大些,并静待 5h。

最后再吃下更多数量的该植物,并静待 24h。

如果一切正常,即代表该植物在食用上是安全的。

三、住处的选择和建立

即使来到穷乡僻壤,一旦谈到如何搭建"巢穴"时,来自于房地产中介的传统智能仍然十分管用,那就是"地点即一切"这句话,而选择适当地点的最佳方式,首先要牢记的就是一流避难所的关键属性为何。这时你一定会问,到底是哪些?首先也是最重要的,就是良好的保护,免于风雨的干扰。在高山地区,你会面对大自然所带来的各式各样的威胁,它们统统会破坏你的好事,让你在求生之路上屡受挫折,比方说像烈日、大雨、强风及极端温度等,处处都会考验你的能耐,看看你的精心杰作究竟可否免于受困。一言以蔽之,避难处必须坚固、稳定,远离一些如洪水、落石之类的天灾,避免野生动物、昆虫和蜂群的干扰。有鉴于此,不妨多花点时间研究周遭的地形,如果所在地直接暴露于风雨之中,比方说在山脊的高处,那就得考虑换个地方。

我们的目标是寻找面向南方的斜坡,因为这儿的树木和石头都会保持它们的温度,但又不至于受到阳光过久的暴晒。一般来说,较有意义的做法就是往下走直到山谷间,但又得避免山谷的最底部,因为这儿或许有河流、有湿地,因此有遭受洪水的危险。而且一入夜之后,在冷空气下沉后温度往往会迅速降低。在山区过露宿生活的最理想地点,当属山谷最底部之上约 30m 的平坦地面,如果这儿有大树或岩石可以吸热,能受到它们的保护,那就更理想了。因为离山谷最底部约 30m 的这种高度,会为避难所带来相当程度的保暖作用。还要避免任何有明显动物足迹的地方,因为这里动物经常出没,如果把避难所搭建在这里,就无异于阻挡了它们觅食或饮水的道路,因此别指望它们会善待你的心血结晶。再者,在搭建之前,也要抬头仰望一番,看看上面的树木是否有腐朽的树枝,许多徒步旅行的人一不留神,就会被正巧落下的枯枝砸到,轻则头部疼痛难忍,重则枉死。因此在搭盖避难所时,要确定绝对不会有腐朽的树枝落在自己脑袋上。

1. 注意事项

(1) 考虑能保护求生人员免受风雨日晒和野兽蛇虫的侵袭。在构造形式上应根据季节、地区和气候等因素而定,注意住宿地方应尽可能干燥通风,在寒冷气候条件下,要注意能避风保暖,夜间可燃起篝火取暖,同时可避免野兽靠近。

(2) 住宿的位置应注意考虑易于被发现,便于行动和解决饮水与食物,尽量减少困难从而节省体力。

(3) 便于瞭望,以便及时发现过往船只飞机,并及时发送易于察觉和发现的视觉信号。

2. 住所构造形式

(1) 应考虑季节、地区、气象等因素,注意住所的干燥通风和避风保暖。

(2) 住所要用树枝构成 A 形架支撑,外面要用油布、帆布,或树皮、棕叶等进行遮掩,以防风雨侵袭。

(3) 住所周围应挖掘一排水沟。

(4) 可利用救生筏改成一个住所。

(5) 睡眠宜用吊床或用干草垫高。

四、在冰雪区内荒岛求生

(一) 在 0℃ 以下地区的生存之道

1. 原则一:保持温暖和干燥

温度过低是 0℃ 以下地形的头号杀手,这并非表示正常的室外温度会要你的命,而是指强风和潮湿会把损害效应更进一步扩大,因此要好好保护自己免受强风的侵袭,并保持干燥。此外,更要像对待亲爱的子女一样,呵护并善待自己的四肢、头部和其他末端部位——随时保持警戒,并妥善照料好它们。

2. 原则二:在雪地里搭建避难所

利用四周环境保护好自己,应该把雪视作最棒的朋友,而非最恶毒的仇敌。在雪地中最基本的避难所就是那些可以快速且轻松完成的,记住:雪是大自然中最棒的朋友之一,既然熊能够在雪地中冬眠,可见它并非一无是处。

3. 原则三:制作雪杖

在冰天雪地的地区里,具有某些支撑、保护和刺戳等作用的工具,应该算是一件十分重要的附属物,如果不慎踩破薄冰而跌落到冰河的缝隙或山下,它就可以立即阻止你继续往下滑落,并且帮助你以更快的速度和更轻松的步伐穿越崇山峻岭。

4. 原则四:制作若干雪鞋

在经过极深的雪区时,就必须把体重尽量往四周扩散或延伸。只要是坚韧且有弹性的材料,那么不管数量有多少,都可以制成雪鞋,然后绑缚在脚底。其实,其制作过程很简单,远比你所想象的还要容易。

5. 原则五:永远都不要失去信心

在危险下你可能会害怕得蜷缩成一团,并决定就此放弃,而面对这样的诱惑,你必须不惜一切代价地加以抗拒。要想在极度寒冷的环境下生存下去,就得有持续不懈的决心才行。可是容我说一句肺腑之言,你已经具备了这样的条件,记住:只要把自己想象成人中之龙、人中之凤,那么即使面对 500 万名竞争对手,仍然可以上山下海,或是在漆黑一片中胜出。因此在内心深处,你永远都是优胜者。换句话说,只要相信,就必定能存活下去。

(二)注意事项

(1)防风雪。充分利用雪块建立一堵防风雪的墙,最好建造一座雪块房子,所建雪屋必须设雪进出口及通风孔,才不会被雪封锁。另外,制作好雪靴、眼镜,为在雪地上外出行动做准备。

(2)保存体力。当下冰雹、大雪或气候极端恶劣时,不要离开雪屋外出。如果屋外是漫天纷飞的冰雪,根本看不见东西,容易迷路,也会无谓地消耗自己的体力。

(3)雪地行走。深雪中行走时,要用一根棍子在雪中探路,发现深雪下面有冰雪裂缝时,要及时绕道避开,以防坠入冰雪的裂缝之中。

(4)冰面行动。要防止压碎河面上的薄冰。为防止压碎薄冰、跌入冰水中,应匍匐而行,以分散压力。

(5)防止迷失方向。在千里冰封的雪原上行走,很容易迷失方向,外出时必须随时设置路标,记住周围地形特征。

(6)夏天可从湖泊和水溪中获得饮用水。

(7)冬天,需要大量的燃料才能将冰雪融化而得到饮用水,冰比雪暖并比雪可获得更多的水。

(8)可以尝试捕猎海豹,海豹可为求生者提供肉食,兽皮可做靴鞋,脂肪可作燃料。

(9)可以搜找雪松鸡,它常躲藏在松软的冰雪下面,有时候发现他们的时候,已经僵死在里面。

(10)清晨外出较容易捕捉到鸟类。

五、瞭望与救助

(一)瞭望

(1)登岛后,应立即安排由全体人员轮流担任的 24h 瞭望值班。

(2)瞭望位置应设在能全面观察岛屿周围海面和天空,而不为地形或任何物体遮挡的地方。

(3) 瞭望人员应使用一切有效的手段对海空进行不间断瞭望,发现过往船舶或飞机应及时发出易于被他们察觉、发现的求救信号。

(二) 求救

(1) 利用艇筏上的应急无线电台和应急示位标发出无线电求救信号。

(2) 在面向大海的沙滩或山坡上用石头、贝壳和植物等堆砌成 SOS 或 Survivor 字样,字母越大越好。

(3) 准备好足够火种或木柴等,以便发现飞机或船舶经过时,能及时发出易被察觉的求救信号。

白天,用熊熊燃烧的火堆去点燃潮湿的植物,以形成浓烈的烟柱最有效。夜间,燃烧干柴,以发出强烈的火焰最有效。

第四节 荒岛求生之自我保护

一、大自然的危险

(一) 蛇类

蛇是冷血动物,夏天性喜待在阴凉处,冬天则往阳光处钻。所以,在没有先以棍子查探之前,千万别把手脚伸进漆黑一片的空间、岩石或木头下方,或是地下的洞穴中。附带一提的是,这些"禁地"还包括你的靴子,所以每天清晨的第一件事就是摇晃下靴子,以免爬进了不速之客。除非受到打扰,否则蛇是不会主动攻击的,所以一旦进入蛇的地盘后就要注意了,如果无法清楚看到前方的路径,就要踏着稳固的步伐前进,并以一根长长的树枝试探前方的路。蛇对于震动是十分敏感的,而且除非被逼入角落,否则通常会悄悄溜走的。如果确实看到蛇,那就先不要乱动,直到掌握它的确切位置为止。不过,千万不可以转过身去背对着它,否则极易引起蛇的攻击,而是要面对着它缓缓地倒退回去。最好用较重的树枝或石头击打,杀死它,然后尽量从靠近脖子的背部处把它折断。如果可能的话,不妨先用带有尖叉的树枝把它刺穿。

(二) 水母

水母会用刺丝囊捕捉它们的猎物,这是位于触须上的小型器官,专门用来刺人的,很像迷你型的鱼叉,尾端还带有倒钩,会把毒液注入猎物的体内,好让对方麻痹。虽然曾发生过人类因此而致命的案例,但通常被害人在遭受到极端痛苦的折磨后,仍然会幸存下来。如果不幸被水母刺到,那就要在伤口上撒尿,尿液中的酸性会有助于中和毒液中的蛋白质成分。在全世界 2 000 种的水母中,会对人类构成威胁的约有 70 种。

（三）水蛭

在湿地或是沼泽中，水蛭几乎是无法避免的，不过如果拿东西好好覆盖住身体，遭袭的可能性便会大为降低。它们会追寻发热的东西，而且具有不可思议的能力，不管衣服的间隙有多么小，它们都有办法穿透。被水蛭咬过的伤口通常不会疼痛，但却往往会发痒，且由于它们会注射天然的抗凝血剂，因此也会导致大量出血的情形。

对付它们就像对付扁虱一样，只要涂抹盐、酒精或是营火的余烬，通常就会迫使它们放开其吸盘，或是用凡士林或某些种类的树液使其窒息。不过千万不要硬拔出来，否则伤口几乎一定会引发败血症。

（四）蜜蜂

如果侵犯到蜂巢，但距离仍在 5m 开外的话，那就安静下来别动，这时蜜蜂会寻找正在动的东西，因此会对你视而不见。如果受到攻击，那就往茂密的草丛跑去，或是潜入湖内或河中。不要用力拍打它们，这只会更激怒它们，并吸引蜂群加入战斗。

（五）冰上碎石堆和冰脊

一到了北极，我们经常可以看到大面积的冰上碎石堆，看起来就像冰雪下的废弃建筑遗迹，到处都是破碎冰雪所形成的巨大土墩。它们其实是由许多大浮冰彼此挤压和碰撞而成的，并且可能在没有任何预警下，突然在一片从前尚十分平坦的景观中现身，宛如旱地拔葱般。一些北极探险家在过夜时明明将一切都安顿好了，可是第二天清晨醒来，却往往发现他们的营帐已被由碎石堆所形成的巨大土墩包围了。

冰脊大致上也和冰上碎石堆颇类似，不过却是由冰间水路不断聚集后所造成的，而且，它们的边缘会彼此堆叠在一起，甚至这种情况所产生的压力还会把冰块推向半空中。如果想要越过地势不平坦的地方，那么最好避免走冰上碎石堆抑或是冰脊，因为它们有可能会扭伤脚踝，或是让情况变得更糟。有鉴于此，我们应该寻找开阔又无任何障碍的地方代替，这样在通过时危险性便大为降低，不过如果真的没有其他选择，那就要有十足的耐心，并且要以谨慎的态度前进。

（六）雾

在北极，雾是一个让我们痛苦不堪的东西，其中又以春季最严重。当接近浮冰边缘的冰间水路变大时，而且大面积的开阔水域导致来自南方的暖空气与海平面温度之间的温差拉大时，所产生的水汽便会凝结成雾。在这样的情况下，冰间水路和薄冰会变得相当难以辨识，除非亲自走在它们上面。一旦来到多雾的地区，行进时就要更加小心。

（七）雪盲

照到雪上的阳光如果再反射出去，往往会把由太阳辐射线所造成的损害效应进一步扩大，并且可能导致雪盲。因为阳光的紫外线会灼伤眼睛的角膜，而雪盲就是因此而发生的，其症状包括视力模糊而导致的暂时性失明。

只要我们有一片细长的树枝，或是中间有一道细长裂口的布片，就可以轻易制作出雪地专用的护目镜，此外，若是用木炭在眼睛下方的部位涂上几笔，也可以有效降低阳光的刺眼程度。即使在阴暗的环境下，这些东西看起来是没有必要的，也千万不可随意脱掉或是卸除，别忘了你仍然需要保护，而这也是雪盲何以频频发生的原因。

二、遇事急救

（一）一般处理方法

急救的一般处理方法如下：

（1）一般擦伤会出现少量出血和组织液的渗出，一般几天后可以痊愈。如挫伤有皮下出血形成的斑块和脓包、肿块等，要先冷敷，再热敷，促进消肿，可涂抹跌打药水。

（2）划伤、切割伤、刺伤等出血量大，立即止血。拔出或清除异物（深度刺伤除外），清洗伤口，包扎伤口，注射破伤风抗毒素。

（3）如有断肢，应包扎好后应及时送医院治疗。如果天气炎热，应将断肢做冷藏处理。

（二）烫、灼伤处理方法

可用香烟以冷开水浸湿，或老松树皮焙干、研粉，用开水调和敷覆伤处，一日两次。或取柏树叶捣烂，涂在患处，包扎两三日即可治愈。

（三）外伤止血

一个人若失血1000ml以上，会出现失血性休克。

1. 医学上把外伤出血大致分为三种情况：

（1）毛细血管出血。血液缓慢流出，血色鲜艳。在血小板的作用下一般可自凝。

（2）静脉出血。血液连续涌出，血色较暗。根据静脉粗细不同，血液急促或缓慢流出。

（3）动脉出血。为喷射状出血，血色鲜艳。出血量大，有生命危险。

2. 处理方法：

（1）加压包扎止血法。

伤口覆盖无菌敷料后，再用纱布、棉花、毛巾、衣服等折叠成相应大小的垫，置于无菌敷料上面,然后再用绷带、三角巾等紧紧包扎,以停止出血为度。这种方法用于小动脉以及静脉或毛细血管的出血。但伤口内有碎骨片时,禁用此法,以免加重损伤。

(2) 指压止血法。

用手指压迫出血动脉能迅速止血。人体受到创伤往往会引起出血,严重的出血可致生命危险。各类血管出血中以动脉出血危险性较大。此时用手指压迫出血动脉作为应急措施,可使出血暂时停止。动脉血流方向是离心的,因此要在伤口近心脏的一端压迫动脉以阻断血源。压迫动脉应选择该动脉下方接近骨的部位,用力压向下方的骨面以闭合血管达到临时止血的目的。如面颊部出血可以下颌体表面、咬肌前缘处向下颌骨压迫面动脉,使出血停止。

(3) 止血带法。

适合四肢的止血,医院一般用橡胶带作止血带。在野外,可用绷带、布带代替。注意捆绑的松紧度要适宜。

(4) 流鼻血。

如果遇到鼻子出血时,一定要保持冷静,千万不要慌张,否则血压升高,会加重出血。用堵住鼻孔的方法止血是不正确的,应用拇指和食指压迫鼻梁处,并适当冷敷。如果感到有血流到口中应尽量吐出,以免刺激胃部。如果出血剧烈或者反复出血应及时到医院就诊。

(5) 屈肢加压止血法。

用木棒、纸卷、绷带卷等放在肘窝、膝盖窝等处,屈曲肢体,可压迫止血。当前臂或小腿出血时,可在肘窝、膝窝内放以纱布垫、棉花团或毛巾、衣服等物品,屈曲关节,用三角巾作8字形固定。但骨折或关节脱位者不能使用。

(四) 外伤包扎

包扎是野外急救的主要措施之一。包扎可保护伤口,压迫止血,固定骨折,减轻疼痛,防止污染。

包扎的主要材料是纱布、绷带、三角巾、胶布等。在野外如果没有现成的包扎物品,可就地取材,用手帕、干净的衣服、毛巾、床单等代替。

包扎方法如下:

(1) 三角巾帽式包扎法。

① 普通头部包扎。先将三角巾底边折叠,把三角巾底边放于前额拉到脑后,相交后先打一半结,再绕至前额打结。

② 风帽式头部包扎。将三角巾顶角和底边中央各打一结成风帽状。顶角放于额前,底边结放在后脑勺下方,包住头部,两角往面部拉紧向外反折包绕下颌。

(2) 胸、背部三角巾包扎。

① 普通胸部包扎。将三角巾顶角向上,贴于局部,如系左胸受伤,顶角放在右肩上,底边扯到背后在后面打结;再将左角拉到肩部与顶角打结。背部包扎与胸部包扎相同,唯位置相反,结打于胸部。

② 双胸包扎法。将三角巾一底角对准肩部,顶角系带围腰在对侧底边中央打结,上翻另一底角盖住胸部,在背后V字形打结固定。

(3) 侧胸部三角巾包扎。

单肩包扎法:把三角巾一底角斜放在胸前对侧腋下,将三角巾顶角盖信后肩部,用顶角系带在上臂三角肌处固定,再把另一个底角上翻后拉,在腋下两角打结。

(4) 腹部三角巾包扎法。

腹部包扎法。腹部伤口处先用碗罩住,然后将三角巾从顶角到底边中点(稍偏左或偏右)打折,折成燕尾式,前面一尾比另一尾稍大,然后燕尾朝下,把三角巾贴在腹部;折成燕尾,在底边形成的一角与顶角在腰部打结;再将大燕尾从两腿中间向后拉紧,绕过大腿与小燕尾在大腿外侧打结。

(五) 骨折急救

处理方法:

(1) 止血。

(2) 止痛。口服止痛药或肌肉注射杜冷丁。

(3) 复位。先牵引肢体,然后试验性地、缓慢地把伤肢恢复到原来的位置。

(4) 包扎。开放性骨折的患者应做包扎处理,以免伤口感染,也有止血和安慰伤者的作用。

(5) 固定。利用夹板或牵引架固定。

(6) 骨折后的恢复。活螃蟹一只,洗净捣烂,黄酒送服。

复习与思考

1. 救生艇抢滩登陆应注意哪些问题?
2. 如何操纵救生艇抢滩登陆?
3. 登上荒岛后如何解决住宿、淡水和食物,以及如何等待救援?
4. 采用止血带止血法操作时应注意哪些事项?

案例分析

经典案例一

  2012年10月1日约晚上8:18,适逢当日举行香港庆祝中华人民共和国国庆烟花会演,南丫四号载有香港电灯职员及家属在参观南丫发电厂及进行海鲜晚宴后,本来欲前往香港岛中环对开海面欣赏烟花会演。南丫四号从南丫岛榕树湾码头启航,于启航约5分钟后(晚上8:23),航行至南丫岛北角村西北的西博寮海峡时被海泰号拦腰猛撞。南丫四号被撞击后船舱迅速入水,船尾于一至两分钟内侧倾翻沉。船舱其他部分亦随之沉没,只余下船头露出水面;南丫四号上127人全部坠海。

  问:当海难发生后,我们应该怎样做才能避免人员伤亡呢?

经典案例二

  2009年11月17日,满载铁矿砂的朝鲜籍货轮JISONG 5轮在由朝鲜南浦开往秦皇岛的途中,遭遇寒潮袭击,在大连附近海域沉没。经交通运输部北海救助局、北海第一救助飞行队全力救援,截至18日22时记者发稿为止,船上20名朝鲜船员中,已有14名成功获救,3名遇难,失踪的3人仍在搜救中。

  17日12:35,交通运输部北海救助飞行队大连救助基地突然铃声大作,原来是辽宁省海上搜救中心打来了紧急救援电话:在大连东南75n mile海域朝鲜籍货轮JISONG 5轮失去联系,应急无线电示位标报警,船上有船员20人,请求救助!

  应急无线电示位标是出海船只必须配备的,一旦船体沉没,应急无线电示位标会自动报警!消息传来,北海救助飞行队立即启动紧急救助程序,救助直升机B-7313受命从烟台前往搜救。

  13:20,直升机抵达了事发的大连海域,救援人员从空中望去,整个海面上泛着大片大片的油污,搜寻非常困难。14:20,在油污的尽头,救援人员终于发现了1名漂浮在海面上的遇险船员。救生员立即下到海面,将这名遇险船员救上了飞机。船员说的是朝鲜语,经过艰难的交流,救援人员获悉,船上其他人员乘坐两艘红色救生筏,被海浪冲走了。继续搜寻,截至15:50,却始终没有搜寻到其他遇险船员,直升机只能返航大连!

  直升机赶赴救援的同时,交通运输部北海救助局同时从烟台派出两艘专业救助船舶"北海救196"轮和"北海救131"轮全速驶往事发海域展开地毯式搜寻,全力搜救其他遇险人员。

  在浩瀚的大海上,6~7级的大风中,救生筏如沧海一粟,救助船如何搜寻到?不能大面积撒网,必须有重点地搜寻!"北海救196"轮根据当时海上的风向、风力以及流向、流速,经过复杂计算,推算出了最终的救助基点:沉船海域东南15n mile。由于定位精准,虽然在夜间视线不佳,且风浪较大,雷达回波混乱,"北海救196"轮还是在18日凌晨6点搜寻到了两个红色救生筏的踪迹。结果，13名遇险船员获救。为避免在涌浪的作用下，救助船将遇险船撞翻，"北海救 196"轮顶风滞航，训练有素的救助船员将救生绳索抛至救生筏上，将救生筏慢慢拖至救助船一侧，并迅速铺设了救生网，13名遇险船员在救助船员的帮助下，通过攀爬救生网，被成功营救到救助船上。

遇险船员虽然都穿了保温救生服，但一个个都已全身湿透，再加上长时间没有进食，站在救助船上直打哆嗦！救助船上的船员立即将遇险船员带进了船上的休息室。里至保暖内衣、外至大衣外套、棉鞋，救援人员全部给遇险船员换上了新的。看到两名遇险船员没有穿袜子，冻得脚都红了，救助船员当即脱下了自己的袜子递给船员。同时，救助船厨房赶紧给遇险船员准备起了饭菜。

当记者18日晚告诉13名获救船员还有他们1名同伴已被救助飞机救起时，他们的眼中立刻闪烁出了温暖的光芒。一位年长的获救船员特意向记者要了纸和笔，写下Thanks China，然后举给每一个在场的中国人看。

截至18日22时记者发稿为止，船上20名朝鲜船员中，已有14名成功获救，3名遇难，失踪的3人仍在搜救当中。

问：船只来救援时应该如何做？

作 业 要 求

1. 简述在不同环境下如何寻找水源。
2. 实际操作：用一块大的三角形布料尝试包扎头部、肩部等。